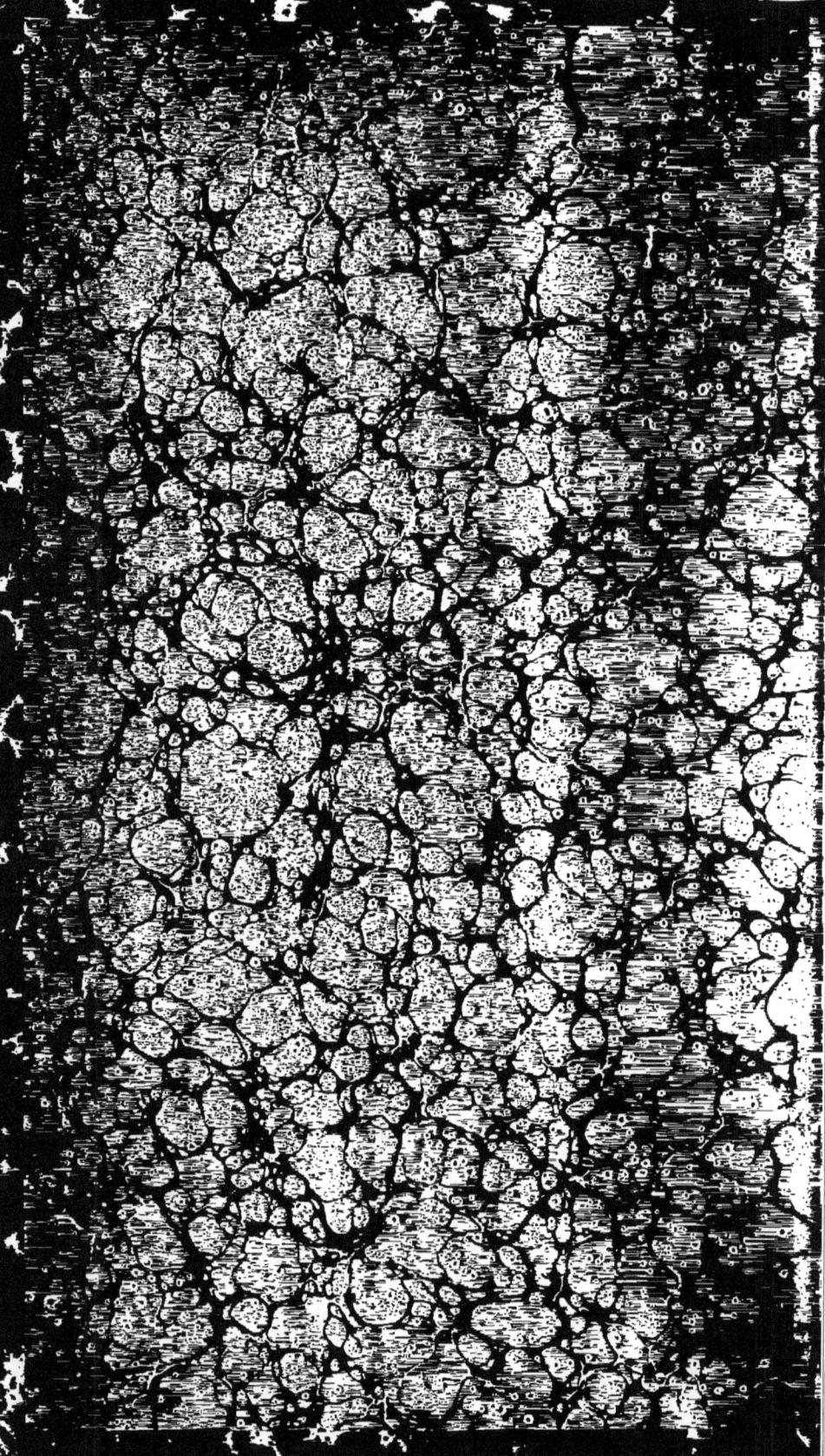

LK7
888

HISTOIRE

PITTORESQUE ET ANECDOTIQUE

DE

BELFORT

ET DE SES ENVIRONS.

HISTOIRE

PITTORESQUE ET ANECDOTIQUE

DE BELFORT

ET DE SES ENVIRONS

CONTENANT UN ABRÉGÉ DE L'HISTORIQUE DE CETTE VILLE, LA RELATION DES SIÈGES QU'ELLE A SOUTENUS ET CELLE DE SA CONSPIRATION ; SA STATISTIQUE, LA DESCRIPTION DE SES MONUMENTS PUBLICS ET PRINCIPAUX ÉTABLISSEMENTS, ETC.

Par A. CORRET.

Lecteurs vous trouverez dans cet ouvrage-ci
Du passable, du bon et du mauvais aussi,
C'est sur ce pied qu'on vous le livre ;
Du reste chacun le sait bien
Que c'est le portrait de tout livre,
Or donc, c'est le portrait du mien.

Du Cerceau.

Belfort, Typographie de J.-B. Clerc.

1855.

AVANT-PROPOS.

> Un auteur à genoux dans son humble préface,
> Au lecteur qu'il ennuie a beau demander grâce...
> BOILEAU.

Ce petit livre n'est pas un objet de spéculation ni un ouvrage littéraire, c'est tout simplement un recueil abrégé des diverses choses qui peuvent intéresser les habitants de Belfort, et être utiles aux personnes qui ont affaire dans cette ville.

Voyant que la plus mince bourgade possède sa notice historique, que la plupart des villes ont un annuaire ou leur guide du voyageur, et que rien de semblable n'existait à Belfort, nous avons formé le projet d'employer nos moments perdus à remplir cette lacune tant bien que mal ; notre tâche a été d'autant plus difficile que nous n'avons trouvé que fort peu de documents publics capables de nous aider dans notre travail.

Le temps, malgré la lenteur apparente de sa marche, n'en accumule pas moins siècle sur siècle, la poussière de l'oubli couvre insensiblement le passé, et lorsqu'une main savante ou curieuse voudrait feuilleter et interroger les archives de l'histoire, elle les trouve ensevelies sous de tels amas de décombres, qu'elle se rebute souvent à n'exhumer que des ruines sans valeur. Plantons donc, sur notre chemin, quelques jalons, indiquant à nos neveux la route qu'ont suivie leurs devanciers, pour qu'ils puissent la suivre ou la côtoyer.

Quelques amateurs de cette ville, qui conservent de père en fils d'anciennes notes manuscrites sur le pays, ont bien voulu nous les communiquer; ces notes anonymes et copiées la plupart les unes sur les autres, offrent, séparément, assez peu d'intérêt; aussi nous sommes-nous borné à ne leur emprunter que ce qu'elles renferment d'utile et de conforme aux traditions avérées; pour le reste, indépendamment de notre propre travail, nous avons fouillé dans maints ouvrages, tels que les histoires d'Alsace par Schœpflin, et le père Laguille, jésuite, et divers autres écrivains plus ou moins anciens; nous avons également compulsé les annuaires, les revues et les volumineux dossiers de nos vieilles archives communales.

Si notre travail ne répond pas à l'attente du lecteur, auquel nous n'avons pas la prétention d'inspirer un intérêt excessif, nous le prions au moins de ne pas en accuser notre bonne volonté, car nous avons employé à ces recherches tout ce que nous possédons d'activité et de patience.

Aujourd'hui que Belfort va être doté d'un chemin de fer, et que cette ville d'une assez grande importance sous le rapport de sa position géographique et de ses fortifications, est susceptible d'être visitée par un plus grand nombre d'étrangers, nous avons pensé que le moment était venu de livrer au public cet abrégé de l'histoire de notre localité, avec différentes indications qui intéressent son commerce.

Nous regrettons, pour l'agrément du public, que certains collaborateurs qui nous avaient promis leur assistance, nous aient fait défaut au moment décisif; nous sentons combien il est imprudent, à un sexagénaire peu lettré, d'entreprendre seul une compilation dont la variété de style aurait été le principal mérite, mais comptant sur l'indulgence du lecteur, dont nous réclamons la bienveillance, nous avons fait nos efforts pour mener à bonne fin ce petit opuscule tout-à-fait populaire, et que nous avons renfermé dans des limites telles, qu'il soit accessible à toutes les familles du pays.

HISTOIRE DE BELFORT.

> Belfort n'était point tel en ces temps orageux,
> Qu'il paraît de nos jours aux habitants heureux ;
> Ce fort qu'avaient bâti la fureur et la crainte,
> Dans un moins vaste espace enfermait son enceinte.
> Ces faubourgs aujourd'hui grands et considérés,
> N'étaient que des hameaux de jardins entourés.
> *Paraph. de la Henriade. Chant VI.*

Belfort, que quelques géographes écrivent *Béfort*, et même *Beffort*, est une petite ville fortifiée de l'ancienne province du Sundgau annexée à l'Alsace ; c'est le chef-lieu du troisième arrondissement du département du Haut-Rhin ; il fait partie de la 6e division militaire et du diocèse de Strasbourg, dont la métropole est Besançon ; sa population, depuis le dernier recensement officiel, fait en 1851, est en totalité de 7857 habitants. Belfort était autrefois le siège d'une direction du génie qui a été supprimée par le gouvernement républicain en 1848.

Belfort a toujours été tellement négligé par les historiens, que Montbéliard, Thann, Altkirch, Ferrette, Eguisheim et autres villes plus ou moins considérables des environs, sont cités par eux vingt fois, quand c'est à peine si Belfort se trouve mentionné une seule; ses premiers commencements sont non seulement inconnus, mais on n'est pas même d'accord, excepté dans le pays, sur l'orthographe de son nom. Il en est de même de ses armoiries: d'après le dictionnaire géographique de l'Alsace, par Baquol, les armes de Belfort, dont il donne la représentation avec la couleur des métaux et des émaux, consistent en une tour crénelée surmontée d'un donjon, et cantonnée des lettres B. F. d'or en champ d'azur; la girouette tournée au côté sénestre est d'argent, ainsi que le sol ou terrasse sur lequel repose la tour.

Et d'après l'*Alsatia illustrata* de Schœpflin, le champ est de gueules à la tour surmontée d'un dôme avec quatre clochetons girouettés d'or; dans la gravure de l'original latin, qui représente les armoiries, les girouettes sont tournées à dextre. Nous laissons aux amateurs de l'art héraldique le soin de décider cette question de blason qui n'est pas de notre compétence.

Belfort est à environ 450 kilomètres de Paris, et à 70 de Colmar qui est le chef-lieu et le siége de la cour impériale; sa position géographique d'après l'annuaire du bureau des longitudes est de 47, 38, 13 de latitude et de 4, 31, 44 E de longitude pris à l'angle occidental du sommet de la citadelle; ce point est élevé de 428 mètres au-dessus du niveau de la mer.

La ville est séparée de ses principaux faubourgs par un pont en pierre de taille de 6 m. 75 de largeur et de 35 m. de longueur, percé de six arches sous lesquelles passe la rivière torrentielle de la Savoureuse qui prend sa source au ballon de Giromagny, et va se jeter dans l'Allaine, près de Sochaux, à trois kilomètres de Montbéliard.

C'est à tort que quelques géographes répètent, d'après Vosgien, que Belfort possède un moulin à poudre; le nouveau dictionnaire de l'Alsace a également été mal renseigné quand il dit que l'étang de la forge reçoit des eaux minérales venant d'Offemont; ils ont également fait erreur ceux qui écrivent que la ville est bâtie sur la rive droite de la rivière, et que cette rivière se perd à Bourogne; d'autres se trompent aussi en prétendant que depuis le château on aperçoit le Rhin, la Lorraine, et la Bourgogne, car avec la vue fabuleuse de Strabon le Sicilien, aidée des meilleurs instruments d'optique, on ne pourrait découvrir les endroits cités, masqués qu'ils sont partout à l'horizon par des rideaux de montagnes, des collines et autres accidents de terrain.

Belfort est au point de rencontre des routes de Paris à Bâle, de Lyon à Strasbourg, des Vosges à Porrentruy, et de Belfort à Montbéliard; aucune de ces routes n'est obligée de passer sous les portes de la ville, elles contournent les glacis, ce qui est très-avantageux aux voyageurs et surtout aux voituriers qui peuvent à leur gré continuer leur marche pendant la nuit; indépendamment de ces routes principales, il y en a plusieurs autres qui viennent y correspondre dans des zônes peu éloignées.

Cette position rendait autrefois le commerce de Belfort très-florissant, principalement pour le transit des marchandises qui, de l'intérieur, étaient expédiées en

Alsace et en Suisse, et pour l'exportation des vins, des fers et des produits fabriqués dans les nombreuses manufactures de ces pays, qui étaient dirigés vers le Sud et l'Ouest ; l'établissement du canal du Rhône au Rhin, qui passe à Bourogne, distant de dix kilomètres, lui a enlevé une grande partie de ses avantages.

La température de Belfort est très-variable ; l'air y est vif, les brusques changements du climat, occasionnés par le voisinage de la chaîne des Vosges, contrarient certaines cultures telles que celles des arbres à fruit et de la vigne qu'on n'a pas pu y acclimater ; mais le fourrage est abondant et les céréales y sont cultivées avec profit. Les forêts autrefois très-giboyeuses sont maintenant presque dépeuplées de gros gibier par l'abus de la chasse et du braconnage.

Dans le dénombrement de Belfort on compte peu de familles aborigènes : l'agrément du pays, la bonté hygiénique de son climat, l'abondance et le bas prix des choses nécessaires à la vie, l'aménité du caractère des habitants envers les étrangers, sont de puissantes causes de l'augmentation croissante de la population. Il est peu de régiments de la garnison dont quelques officiers et soldats ne s'y établissent ; aussi la colonie commence-t-elle à se sentir à l'étroit dans la ceinture restreinte de ses remparts.

Les mœurs et les coutumes du pays n'ont rien de particulier : la médiocrité des fortunes rapproche assez les distances ; ce qu'on dit partout des petites villes se retrouve à peu près de même ici ; le fond de la conversation roule ordinairement sur l'anecdote du jour, augmentée et enjolivée suivant l'esprit, l'humeur ou l'intérêt de ceux qui la racontent. Faute de lieux convenables de délassements publics, les cafés sont assez fréquentés même par les gens d'élite; il n'y a guère que quelques personnages retenus par le décorum qui s'en abstiennent, et qui peut-être en secret, comme Louis XIV au passage du Rhin, se plaignent de leur grandeur qui les empêche de suivre l'exemple.

Dans les classes inférieures la culture des lettres et des beaux-arts a été sinon méconnue du moins fort négligée autrefois à Belfort; mais grâce à nos écoles, à notre collège, peut-être aussi grâce à la facilité des communications, on voit maintenant quantité de jeunes gens qui s'adonnent à l'étude, et qui ont du goût pour la poésie, le dessin, la musique, ainsi que pour les sciences physiques et mathématiques. Il faut aussi leur rendre cette justice, qu'à l'imitation des enfants de Sparte, la plupart ont pour la vieillesse ces égards honnêtes et polis, qui dénotent une bonne éducation.

L'instruction des jeunes personnes est aussi en progrès, mais chez elles l'aptitude pour la musique prédomine particulièrement; aussi dans presque chaque maison entend-on continuellement résonner les cordes du piano sous les doigts féminins.

Le sexe est généralement beau et spirituel à Belfort; les jeunes filles de toutes les classes sont fort jolies et surtout remarquables par la fraîcheur de leur teint, la vivacité de leurs couleurs et la beauté de leurs cheveux dont elles ont un soin particulier.

Avant et pendant la durée de l'Empire français, Belfort possédait des femmes d'une beauté tellement rare, qu'elles n'avaient rien à envier à celles de la Géorgie; le souvenir fugitif de ces merveilles est resté dans la mémoire de beaucoup de monde. On parlera longtemps de certaines charmantes demoiselles dont nous tairons les noms ; mais nous ne pouvons nous dispenser de citer Mlle Schtouder, tellement jolie qu'un colonel, nouveau Pâris, en étant devenu passionnément épris, l'enleva. Nous dirons aussi deux mots de l'admirable Marie-Anne Cruchandeau, fille d'un bourgeois de la ville. Cette belle personne réunissait tous les genres de perfection que les sculpteurs grecs ont prêté aux Grâces et à la mère des Amours ; jamais on ne vit rien de plus beau que cette ravissante tête de femme, dont les cheveux blonds et soyeux, tombaient en boucles onduleuses sur des épaules d'albâtre ; on admirait les traits fins et gracieux de son visage, si bien encadrés dans l'ovale de sa figure ; cette bouche charmante et voluptueuse dont les lèvres souriantes laissaient voir deux rangées de perles de la plus éclatante blancheur ; une taille droite et majestueuse, des mains de duchesse, un pied d'Andalouse et la démarche de Cléopâtre, en un mot elle était parfaite et ne fut pas la seule.

On a souvent fait la remarque que les beautés exotiques, transplantées dans notre pays, perdaient bientôt de leur fraîcheur, comme ces fleurs du tropique qui dégénèrent dans un autre climat ; telle fille ou femme étrangère qui arrive à Belfort, parée des grâces les plus enchanteresses, voit chaque jour ses attraits se faner et s'effeuiller comme une rose détachée de sa tige, au seul contact de l'air de notre contrée.

Dans un essai topographique sur Belfort, par feu M. le docteur Lollier, de cette ville, et inséré dans le journal de la société des sciences et arts du département du Bas-Rhin, (Strasbourg, 1826, 3ᵉ volume), on trouve un article de M. l'abbé Descharrières où ce savant écrivain ecclésiastique, que nous citerons quelques fois, lance envers le sexe de Belfort une insinuation peu bienveillante, et que nous essaierons de réfuter. Voici les propres paroles de l'auteur :

« On a accusé les dames de Belfort d'avoir un peu
« conservé de la frivolité de la comtesse de la Suze,
« Henriette de Coligni, épouse du comte de la Suze,
« conquérant du comté de Belfort et voisinage, et qui
« avait presque toujours été dans l'attitude d'un camp
« volant et d'une guerre d'avant-poste ; cela prouve
« que la galanterie a un empire plus héréditaire sur
« le beau sexe que la retenue et la sévérité des
« mœurs ; car les mêmes dames ont aussi eu l'exem-
« ple de Jeanne de Montbéliard-Bourgogne, com-
« tesse de Katzenellenbogen, fondatrice en 1342 de
« l'ancien chapitre de cette ville, et en 1349, d'un
« hôpital pour dix pauvres, un chapelain et deux in-
« firmières. Ces bienfaits, dans un pays peu riche,
« ne valaient-ils pas quelques mauvaises rimes d'une
« femme suspecte à son mari et la fable de son ar-
« mée. »

Sans nous ériger en redresseur de torts, surtout envers un homme qui n'est plus de ce monde, nous ne laisserons cependant pas planer sur le sexe de notre ville une imputation aussi injurieuse et que rien ne peut motiver, si ce n'est la haine portée autrefois à la personne citée comme modèle, parce qu'elle était, ainsi que son époux, de la religion protestante ; non-seulement on blâme le sexe de Belfort, mais du même coup on attaque la comtesse de la Suze dans ses mœurs et dans ses écrits poétiques, et l'on ternit encore la mémoire de son mari, Gaspard de Champagne, comte de la Suze, de Belfort et de Ferrette, général d'armée, chef d'une province conquise par ses hauts faits, et que l'on peint sans raison comme un camp volant ou un partisan espagnol. Nous laissons au lecteur le soin de juger l'impartialité de l'écrivain.

Disons à la louange de nos dames que les étrangers n'ont jamais remarqué que le sexe de Belfort fût ni plus frivole ni plus galant que celui des autres villes, nous pourrions même prouver le contraire. Nous ne voyons pas non plus quelle comparaison on peut faire entre la bonne et vénérable comtesse Jeanne de Montbéliard, respectable douairière, mariée trois fois, qui, depuis passé 300 ans, avait doté Belfort de pieux établissements dont les habitants lui sont certainement reconnaissants, et la jeune, belle et spirituelle comtesse de la Suze, épouse d'un général-gouverneur, entourée des séductions du luxe et des fêtes de toute espèce, à une époque surtout où la galanterie était à la mode, puisque la cour en donnait l'exemple. C'est comme si on reprochait aux Belfortains d'aujourd'hui d'avoir emprunté aux fréquentations militaires, cet air ouvert et dégagé qui les distingue, plutôt que d'avoir conservé les façons bénignes de leurs anciens et vénérables capucins d'autrefois.

Nous donnerons s'il y a lieu à la fin du volume des notes sur la vie et les œuvres poétiques de la comtesse de la Suze, qui se convertit à la foi catholique en 1653, afin, comme le disait la reine Christine, qui l'honorait de son amitié, d'être séparée de son mari dans ce monde-ci et dans l'autre. (1) Voici ce que ses contemporains disaient d'elle :

<pre>
    Nul d'entre les mortels ne la peut égaler
    Le maître des neufs sœurs n'eût point été son maître ;
</pre>

---

(1) Voltaire, écrivain du siècle de Louis XIV, article Suze.

Pour faire des captifs elles n'eut qu'à paraître,
Et pour faire des vers elle n'eut qu'à parler.

Voici d'autres vers que l'on mit au bas de son portrait et que l'on retrouve jusque dans les almanachs de 1854 :

Quelle divinité vers nous descend des cieux?
Est-ce Vénus, Pallas, ou la mère des dieux
Dont nous ressentons la présence?
C'est toutes trois en vérité ;
Oui, c'est Junon par sa naissance,
Minerve par sa science,
Et Vénus par sa beauté.

Chacun est libre de choisir entre ce portrait et celui qu'en a fait son détracteur.

Le contact journalier des habitants de Belfort avec la garnison, la vue continuelle des manœuvres et des exercices, tout cela donne aux hommes une allure martiale qui fait que les jeunes gens destinés au service sont promptement instruits de leurs devoirs militaires lorsqu'ils deviennent soldats, carrière pour laquelle ils ont un penchant prononcé.

Aux époques où les circonstances ont nécessité la formation des gardes nationales, notamment en 1830 et 1848, celle de Belfort, au dire des inspecteurs du gouvernement et des voyageurs étrangers, rivalisait pour sa tenue, son instruction et sa discipline, avec les troupes de ligne ; nulle part cette milice volontaire n'a mieux mérité le nom qu'on lui donnait alors de soldats-citoyens.

Depuis la suppression de la garde nationale dans les petites villes, le goût pour l'uniforme militaire a considérablement fait accroître la compagnie de sapeurs-pompiers, dont le zèle et le dévouement sont au-dessus de tout éloge. Le capitaine, M. le notaire Mény, lui a donné beaucoup de soins, en récompense

18 HISTORIQUE.

desquels il a reçu une médaille d'honneur en 1854.

Comme nous allons prouver tout-à-l'heure que Belfort ne remonte pas à une haute antiquité, nous ne voyons aucune nécessité d'entretenir le lecteur des guerres et des entreprises des Celtes et des Romains, des Gaulois et des Germains; quand nous redirions que César, à la tête de ses Rauraques, a vaincu Arioviste et les Triboques en Alsace; (1) quand nous répéterions tout ce que l'on a écrit sur les Alains et les Vandales; quand nous citerions sans propos Attila, Clovis, Dagobert, Pépin et Charlemagne, tout cela nous éloignerait inutilement de notre sujet unique, qui est Belfort, dans les murs duquel nous allons rentrer.

Belfort, qui peut aujourd'hui s'enorgueillir à bon droit du nom de ville, était il y a 600 ans une chétive bourgade, si minime que c'est à peine si son nom se trouve cité dans les volumineuses histoires de l'Alsace et des provinces voisines. Les anciens auteurs ne sont pas même d'accord sur la question de savoir si la roche où l'on construisait le premier château, appartenait à l'Alsace, à la Lorraine ou à la Bourgogne. Mais puisque l'histoire nous fait connaître que les

---

(1) Dans l'Histoire d'Alsace, par le père Laguille, il est dit que l'armée de César, marchant contre Arioviste, prit sans doute le chemin de la Saône pour venir du côté de Vesoul et entrer en Alsace près de Belfort. Comme cette trouée était l'unique passage, il est évident qu'il a voulu parler de la route près de laquelle se trouvait Belfort de son temps, puisqu'il ne parle plus de cette ville qu'en 1632. Il dit bien aussi que César comprit dans la Gaule germanique le pays renfermé depuis Sélestadt jusqu'à Mayence. Eh bien! alors Sélestadt n'existait pas plus que Belfort, puisque sous Charlemagne c'était un petit village. Il est évident que le père Laguille, pour mieux se faire comprendre, a eu l'intention de dire que cette limite partait du point où se trouvait Sélestadt quand il écrivait.

comtes de Ferrette étaient issus du sang des Bourguignons, seigneurs de Montbéliard, il est rationnel de croire que le château de Belfort, placé entre ces deux villes, et que nous retrouvons plus tard dans les possessions des comtes de Montbéliard, faisait jadis partie des terres de Bourgogne.

Aujourd'hui les villes comme les particuliers n'ont plus besoin d'invoquer l'antiquité de leur extraction pour se donner du relief; Belfort peut même, tout nouveau qu'il apparaît dans la famille des villes françaises, se glorifier d'être parvenu à conquérir son rang actuel, par son constant amour de l'ordre, sa fidélité et son obéissance aux lois, sa fermeté dans sa croyance et son énergie à défendre ses remparts : il est donc inutile de chercher à fausser l'histoire pour lui donner une antiquité qu'il n'a pas.

Ce qui prouve que la ville n'est pas ancienne, c'est qu'on n'y trouve aucun reste de monuments du Bas-Empire; il n'en est fait nulle mention dans les commentaires de Jules César sur la guerre des Gaules, ni dans les auteurs subséquents qui ont rapporté les campagnes d'Auguste, de Drusus et de Germanicus dans la Séquanie, la Rhétie et la Rauracie, tandis que plusieurs villes qui nous entourent s'y trouvent citées; par exemple Besançon, (*Vezontio*), Montbéliard, (*Mons Belligardus*), Mandeure, (*Epamenduodorum*), Colmar, (*Argentovaria* ou *Columbaria*), et tant d'autres qu'il est inutile de citer.

D'anciens géographes parlent d'une ville appelée Grammatum, dont on ne peut retrouver l'emplacement, mais nul indice ne peut faire soupçonner que ce soit Belfort.

Il y a une vingtaine d'années que M. l'abbé Froment (1) a découvert dans la forêt de l'Arsot, près d'Offemont, à quatre kilomètres de notre ville, des fondations de maisons et des débris dans lesquels on a cru reconnaître des bains romains, par la présence de quelques fragments de tuyaux en plomb et en poterie, et un caveau funéraire renfermant des ossements humains; puis enfin des médailles, des morceaux de vaisselle, des armes rouillées, et tout ce qu'on rencontre toujours en pareil cas. Des trouvailles du même genre avaient déjà été faites à Brasse, sans que rien ait pu indiquer si c'était là que s'élevait autrefois la ville perdue de Grammatum, que quelques personnes croient être Cravanche. Quoi qu'il en soit, la découverte de ces débris de constructions romaines à une pareille distance, n'a aucun rapport avec l'origine de Belfort, où l'on n'a jamais rien trouvé d'antique, quoique le terrain ait été fouillé en tous sens.

Nous laisserons aussi de côté une version qui a circulé anciennement dans le pays, et par laquelle on prétendait que les premiers habitants de Brasse, appelés *Brassentes*, furent nos pères, lesquels étaient toujours en guerre avec un peuple appelé *Giromantes*, de Giromagny, etc.

Il est étonnant que vu la grande consommation de bière que l'on fait en Alsace, l'auteur de cette comique anecdote n'ait pas eu l'idée de tirer plutôt de Brasse

---

(1) M. l'abbé Froment, chevalier de la Légion-d'Honneur, aumônier de l'hôpital militaire, occupe ses loisirs à l'étude des sciences naturelles et de la philotechnie. Il a amassé avec le temps et à peu de frais une collection de minéraux et quelques échantillons des trois règnes, ainsi qu'une petite galerie de tableaux et diverses antiquités. C'est au milieu de ce musée, unique dans le pays, que ce savant, aussi distingué que modeste, passe sa vie entre la méditation et la pratique des bonnes œuvres.

l'origine des brasseries. Cette limpide étymologie, qui coulait de source, eût été bien mieux goûtée des amateurs de jeux de mots, sans parler de la grande quantité de bières que, par sa destination, Brasse absorbe chaque année avec plus ou moins de pompes.

Nous trouvons encore dans les manuscrits dont nous avons parlé, qu'un ancien instituteur de Belfort, jaloux d'étaler son érudition et de faire pièce à un haut fonctionnaire qui l'avait blessé dans son amour-propre, avait cherché à lui prouver par des dissertations et des déductions très-savantes, que Belfort tirait son origine des champs et des jardins de Brasse, dont l'étymologie *Brassies*, en basse latinité, dérivait de tête de choux, que par conséquent Belfort signifiait tête de choucroute : quoique cette définition, émaillée de citations latines, ait pu faire les délices des partisans de l'auteur de ce singulier syllogisme, on comprend que nous n'avons pas cru devoir prendre au sérieux cette plaisanterie, qui a eu les honneurs du feuilleton il y a un demi-siècle.

Suivant tous les historiens, le château de Belfort aurait été bâti au 12ᵉ siècle ou au commencement du 13ᵉ, par un seigneur de Montbéliard, afin de s'opposer aux empiètements de ses voisins tant de Besançon que de Porrentruy et de Ferrette. C'est effectivement la tradition la plus vraie et la seule dont on puisse fournir des preuves.

Le nom euphonique de *Beaufort* ou *Belfort*, qui date évidemment du moyen âge, paraît avoir été donné à la ville à cause de son château. Cette position ne pouvait pas manquer d'être tôt ou tard fortifiée puisqu'elle se trouvait, comme elle se trouve presque encore maintenant, sur le passage obligé des peuples qui de la Germanie ou de l'Helvétie veulent pénétrer en France, ou qui depuis la France veulent se rendre en Allemagne et dans le nord de la Suisse.

Le plus ancien titre qui soit cité dans les histoires d'Alsace, relativement à Belfort, est un traité de paix fait entre le comte de Ferrette et celui de Montbéliard, au 13e siècle ; l'original de cette pièce, écrite en latin, a existé dans les archives de Montbéliard jusqu'en 1839, époque à laquelle le gouvernement a réparti les précieuses archives de cette principauté dans les chefs-lieux des départements du Doubs, de la Haute-Saône, du Haut-Rhin, et au dépôt des archives nationales à Paris ; heureusement que depuis longtemps des personnes de Montbéliard qui s'occupaient de l'histoire du pays avaient pris des copies de quelques-uns de ces titres.

Comme parmi les historiens qui ont écrit sur l'Alsace, les uns ont fixé la date de l'accord ci-dessus en 1226, d'autres en 1228, il nous importait de recourir à la source afin de donner ici cette date et les détails de cet accord de la manière la plus précise. M. le maire de Montbéliard, à qui nous avions demandé ces renseignements, a eu l'obligeance de nous les faire transmettre par l'intermédiaire de M. Wetzel, architecte de la ville, qui, en nous donnant le détail qui précède sur les vicissitudes des archives de la principauté, a eu la complaisance de nous envoyer une copie du traité en question.

Nous allons donner la traduction de cette charte qui est en même temps un pacte de réconciliation et un contrat de mariage ; on verra qu'il est question dans ce traité d'alliance de voir démolir le château de Montfort qui portait ombrage au comte de Montbéliard, maître du château de Belfort. M. Trouillat, professeur à Porrentruy, a prétendu, en appuyant son opinion de plusieurs preuves, que ce fort de Montfort devait exister jadis à la place où se trouve aujourd'hui la pierre de la Miotte, dont le terrain était la limite des domaines du comte de Ferrette; celui-ci prétendait avoir des droits sur la roche de Belfort, où son contendant avait bâti le château; de là la cause de la guerre pendant laquelle le comte de Montbéliard eut l'avantage, et manifesta le désir de faire disparaître le château de son compétiteur, nous en reparlerons.

Nous allons d'abord rapporter la traduction de l'intéressant document dont nous avons parlé; il peint les mœurs de ces siècles éloignés et jette le plus grand jour sur les premiers temps de Belfort.

« Si les faits sont consignés par écrit, c'est dans la
« crainte que le temps dans son cours, amenant l'ou-
« bli après lui, ne prive entièrement la postérité de
« la connaissance du passé, ou que la malveillance et
« la mauvaise foi ne cherchent à dénaturer la vérité
« pour l'avenir, en l'absence de tout élément maté-
« riel de preuve.

« En conséquence, il est donné à connaître à l'u-
« niversalité des fidèles que la discorde et les hosti-
« lités qui, depuis longtemps, ont divisé les nobles
« seigneurs Frédéric, comte de Ferrette, et Richard,
« comte de Montbéliard, ont enfin, par un bienfait
« du ciel, fait place à la bonne harmonie, et trouvé
« un terme dans un heureux accommodement, en
« présence de Conrad évêque de Porto, en qualité de
« légat du St-Siége apostolique, ainsi qu'il suit, savoir :
« Afin de cimenter le présent accord, il est conve-

« nu que Thierry, fils aîné du comte de Montbéliard,
« épousera Alix, fille du comte de Ferrette, dans le
« délai de deux ans, à partir de la Pentecôte pro-
« chaine. Le comte de Ferrette donnera en dot à sa
« fille, 500 marcs d'argent, à la sûreté desquels il a
« affecté comme garantie, jusqu'à paiement intégral,
« le domaine de Trobe et l'advocatie (district) de
« Lure, avec leurs dépendances. Deux hommes d'ar-
« mes, dont l'un sera commis par le comte de Mont-
« béliard de son côté, et l'autre, par le comte de
« Ferrette également du sien, feront déposer les re-
« venus desdits domaines à percevoir en leur temps,
« à Lucelle, entre les mains de l'abbé, qui en con-
« servera fidèlement le dépôt pour le rendre au fils
« et à la fille desdits comtes après la célébration du
« mariage.

« Ces revenus, ainsi que les 500 marcs d'argent
« stipulés ci-dessus, serviront à l'acquisition de pro-
« priétés immobilières aux environs de Montbéliard,
« du côté de Ferrette, pour dotation desdits con-
« joints; toutefois, antérieurement à tout dépôt à
« faire à Lucelle desdits revenus, le comte de Mont-
« béliard prélèvera sur iceux, 40 marcs d'argent
« pour le rachat de l'advocatie même de Lure, qui
« en ce moment se trouve engagée pour cette somme,
« entre les mains du comte de Toul.

« Il est entendu que si l'un des futurs époux vient
« à mourir avant la célébration du mariage, tout dé-
« pôt fait antérieurement à Lucelle sera restitué au
« comte de Ferrette ou à ses héritiers.

« Quant à ce qui concerne le château de Montfort,
« il a été prévu et arrêté d'un commun consentement,
« que le comte de Montbéliard restera en possession

« de l'advocatie de Delle, et en percevra librement
« les fruits, aussi longtemps que ledit château de
« Montfort restera debout ; mais que si le comte de
« Ferrette consentait à le démolir, ou à payer au
« comte de Montbéliard 200 marcs d'argent en le
« laissant subsister, l'advocatie de Delle retournera
« libre et entière au comte de Ferrette ou à ses hé-
« ritiers.

« En outre, le comte de Ferrette a fait abandon au
« comte de Montbéliard de tous les droits qu'il pré-
« tendait avoir à exercer sur le château de Belfort,
« s'engageant hautement à lui laisser la libre et pai-
« sible jouissance de tous ces droits, et ce, avec l'a-
« grément d'Ulric et de Louis, fils dudit comte de
« Ferrette, sans que jamais ni le père ni les fils
« puissent élever à cet égard aucune réclamation.

« S'il survenait quelque grief, du fait de l'une des
« deux parties au préjudice de l'autre, l'auteur de ce
« grief sera tenu à réparation dans les quarante jours ;
« en cas de refus, l'évêque de Porto, désigné plus
« haut, aura, du commun consentement des parties,
« plein pouvoir de frapper d'excommunication le
« coupable et ses adhérents, et de jeter l'interdit sur
« leurs terres, qui ne pourront en être affranchies
« qu'après que satisfaction aura été donnée.

« A dater du présent accommodement, qui a été
« rédigé ce jour, le comte de Montbéliard promet à
« tout jamais de ne faire aucune entreprise, et de
« s'abstenir de tout dommage ou acte de violence
« quelconque sur les terres du comte de Ferrette.

« La fidèle observation du présent traité et le main-
« tien perpétuel de la paix ont été jurés par lesdits

« comtes de Ferrette et de Montbéliard, la main sur
« les Saints Evangiles, et assistés de dix hommes
« d'armes d'un côté et de dix hommes d'armes de
« l'autre.

« Fait à Granwil (1), l'an du Seigneur 1226, aux
« ides de Mai. »

C'est donc ici que se déchire le voile qui cachait le berceau de Belfort. On voit par le traité qui précède, que le comte de Montbéliard possédait le château de Belfort, dont la construction pouvait au plus remonter au commencement du XIII⁰ siècle. On découvre aussi très facilement, qu'ayant eu l'avantage de la guerre sur le comte de Ferrette, celui-ci avait dû se résoudre à faire la paix à des conditions onéreuses, et qu'enfin, pour dégager son advocatie de Delle et jouir de ses revenus, il se sera décidé à démolir son château de Montfort, bâti à la Miotte, château qui non-seulement ne lui rapportait rien, mais qui encore pouvait devenir par la suite un nouveau sujet de discorde.

La preuve que Frédéric II, comte de Ferrette, fit démolir son château de Montfort, se trouve d'abord dans l'absence de toute mention ultérieure de l'existence de ce château, et ensuite parce qu'on a des témoignages qu'en 1235, les comtes de Ferrette jouissaient de leur advocatie de Delle.

La guerre que depuis longtemps se faisaient ces deux seigneurs voisins, étant venue à la connaissance du pape Honoré III, le souverain pontife avait envoyé le cardinal Conrad, appelé aussi Cuno, ancien abbé de Clairvaux et de Cîteaux, alors évêque de Porto,

---

(1) On ignore si c'est Grandvillars ou Granvelle (Hte-Saône).

près de Rome, en qualité de légat *à latere,* afin de ramener l'accord entre ces deux seigneurs.

Ce légat, qui devint saint Conrad, était beau-frère de Frédéric II, comte de Ferrette, qui avait épousé en premières noces Hilvide, sœur du légat, lequel légat se trouvait encore frère de Berthold, abbé de Lucelle. C'est ce qui explique le choix de ce pacificateur.

L'ignorance des populations de ces temps demi-barbares ne leur a pas permis de nous transmettre par écrit ce que nous serions si curieux de connaître aujourd'hui. Quelques hauts personnages et les clercs seuls avaient de l'instruction. Il n'existait aucune école pour le peuple et peu de livres, puisque l'imprimerie ne fut découverte et mise en pratique en Alsace même qu'en 1440, c'est-à-dire, passé deux cents ans après l'époque dont nous parlons. Les anciennes archives des cloîtres et des châteaux, seuls monuments qui auraient pu nous éclairer, ont dû périr avec les manoirs où elles se trouvaient renfermées, dans notre pays cent fois ravagé par des guerres de toute espèce.

Ce qu'on sait néanmoins avec certitude, c'est que les souverains, les seigneurs, les comtes et les barons d'alors étaient très dévotieux, qu'ils bâtissaient d'immenses basiliques, fondaient des chapelles et des monastères qu'ils embaumaient même du parfum de leur piété, tandis que, par un contre-sens inconcevable de nos jours, le peuple était dans le servage le plus absolu. Félicitons-nous d'être nés six cents ans plus tard que nos aïeux, et continuons de vivre en paix à l'abri des lois qui sauvegardent nos biens et qui maintiennent nos libertés dans de justes mesures.

Belfort était donc, en 1226, un fief du seigneur de

Montbéliard. Ces chefs de petites principautés avaient droit de justice, levaient les impôts et battaient monnaie. En 1228, Thierry III de Montbéliard offre en fief-lige à Mathieu, duc de Lorraine, son aïeul maternel, le château de Belfort qui était menacé par le duc de Bourgogne, sous la réserve qu'il l'aidera par la consécration de ce château envers toute créature qui puisse vivre et mourir. En 1257, Richard de Belfort, fils de Guillaume de Roppe, achète de l'abbé de Lure, pour 850 livres, l'église de Tavey et les dîmes qui lui compétaient. Vers la fin du XIIIe siècle, on trouve une famille noble qui portait le nom de Belfort. Guillaume de Belfort, chapelain de Marie, reine de France, fut choisi comme arbitre, en 1284, avec Henri d'Isny, évêque de Bâle, pour terminer les différends qui existaient entre l'empereur Rodolphe de Habsbourg et Philippe, comte de Savoie.

Puis, en 1285, le même Guillaume de Belfort prend le titre de chanoine de Montbéliard, assistant comme témoin au serment de fidélité que prête le prévôt de Porrentruy à l'évêque de Bâle. On trouve dans un acte de 1295, que ce Guillaume était frère de Richard de Belfort. Leur sœur avait épousé Henri de Delémont, écuyer, qui retenait de Renaud de Bourgogne, comte de Montbéliard, la dîme et le moulin de Bethonvilliers, ainsi que différents biens à Bessoncourt, Petit-Croix, Lachapelle et Vézelois. Par suite de descendance, il arriva que, vers l'année 1280, une héritière de nos seigneurs, nommée Wilhelmine, comtesse de Montbéliard, épousa Renaud de Bourgogne, lequel obtint par ce mariage tous les revenus, maisons, châteaux et forêts, qui composaient l'apanage de son épouse et qu'il devint seigneur suzerain de Belfort.

Ce seigneur eut grandement à se plaindre de la conduite tenue à son égard, en 1288, par l'empereur Rodolphe, car ce prince, sous prétexte de châtier Besançon, qu'il accusait de favoriser sourdement les ennemis de l'Autriche, était venu à la tête d'une armée de douze mille hommes, avec l'intention de ravager la Franche-Comté ; mais il fut battu devant Besançon par Robert, duc de Bourgogne, et par le comte de Ferrette, son allié, de sorte qu'il fut contraint de se retirer, mais en pillant et rançonnant les pays qu'il traversait, comme c'était l'usage alors. Dans sa retraite, passant par Montbéliard, il exigea du comte Renaud de Bourgogne 8,000 marcs d'argent pour contribution des frais de guerre. Cette somme était énorme pour l'époque. C'est pourquoi, en l'année 1307, soit que Renaud de Bourgogne eût besoin d'argent, soit qu'il connût ou qu'il pressentît la révolution des Suisses, nos voisins, qui arriva dans le même temps (1), il se décida, comme nous le dirons tout à l'heure, à vendre l'indépendance aux habitants de Belfort. Il faut remarquer que les peuples commençaient à s'émanciper et qu'ils avaient soif de liberté. Déjà depuis plus d'un siècle, le roi de France Louis VI, d'après les conseils de l'abbé Suger, son ministre,

---

(1) Chacun se rappelle le dévouement de ces trois hommes de cœur, du canton d'Uri, qui, en l'année 1307 ou 1308, firent sur la montagne du Grütli le serment de mourir ou d'affranchir leur patrie du joug autrichien et qui eurent la gloire de réussir. Ce fut encore la même année que l'héroïque Guillaume Tell leur prêta son appui, après avoir percé d'une flèche l'infâme Gresler ou Gessler, gouverneur tyrannique d'Albert 1er, duc d'Autriche, qui, voulant venger la mort de son digne représentant, fut tué lui-même peu de temps après à Bade, en Argovie, par Jean de Souabe, son neveu, qui, lui aussi, voulait jouir de l'indépendance.

avait affranchi ses communes pour en faire des bourgeois. A son exemple, Louis IX avait également, en 1228, rendu la liberté aux serfs de son royaume, et, dans le moment dont nous parlons, Louis X vendait aussi à ceux de ses provinces leur franchise pour de l'argent. Tous ces exemples devaient être contagieux. D'ailleurs, le seigneur de notre pays devait être assez indifférent au sort d'une petite ville qu'il n'habitait pas. Toutes ces raisons furent probablement ce qui le détermina à octroyer, moyennant finance, aux habitants de Belfort, l'affranchissement de leur vasselage. Les conditions de cet accord sont détaillées dans une charte qu'il serait trop long de rapporter en entier, mais dont certaines dispositions portaient que les habitants auraient le droit d'élire un Magistrat, espèce de Conseil municipal ou de Jury, composé de neuf bourgeois chargés d'administrer les affaires civiles et judiciaires de la ville, des terres du Rosemont, de Bavilliers, etc, lui seigneur se réservant la nomination du Prévôt ou intendant supérieur, dont l'autorité s'appliquait particulièrement à l'examen et à la décision des causes criminelles.

Le prix de cette espèce de rançon, appelée redevance allodiale, fut fixé à une somme annuelle de mille livres *estevenants*, qui, ainsi que l'ancienne livre tournois, équivalait à environ quatre-vingt-trois centimes de notre monnaie.

Il fut en outre convenu que, moyennant qu'ils entretinssent en bon état les murs, château, tours et portes de la ville, les habitants jouiraient en toute propriété de la forêt du Salbert, qu'on a depuis longtemps diminuée du côté de la plaine, pour faire face à différents travaux, mais qui est encore aujourd'hui la plus précieuse ressource de la commune.

Cet acte fut signé par Renaud de Bourgogne, seigneur cédant, Wilhelmine, sa femme, Othenin, leur fils, et corroboré du seing de Hugues de Bourgogne, frère du contractant, signé et scellé par l'official de la cour de Besançon.

Othenin, fils du comte Renaud susdit, ayant succédé à son père et étant mort sans enfants, en 1331, ses biens furent partagés l'année suivante, entre ses deux sœurs, dont l'une était la comtesse Jehanne ou Jeanne, qui épousa d'abord Ulric, comte de Ferrette, puis en secondes noces Rodolphe Hesson, margrave de Bade, et enfin en troisièmes noces Guillaume de Katzenellenbogen, dont elle n'eut pas d'enfants.

Dans le partage, la comtesse Jeanne obtint pour son lot les seigneuries de Belfort et d'Héricourt. Une fille qu'elle avait eue du premier lit, ayant épousé, en 1319, Albert, duc d'Autriche, landgrave de la Haute-Alsace, cette alliance fit par la suite entrer la seigneurie de Belfort dans la maison d'Autriche.

En l'année 1342, la comtesse Jeanne, suzeraine de Belfort, fonda en cette ville un chapitre ou église collégiale, composé d'un prévôt et de onze chanoines, dont huit devaient être ordonnés prêtres, et les quatre autres simples clercs ou tonsurés (1).

Le prieuré de Meroux et ses revenus avaient été annexés à ce chapitre, ainsi que le produit du moulin de Danjoutin et de celui de Belfort, avec d'autres

---

(1) Sébastien Munster, d'abord cordelier puis luthérien, a écrit par erreur dans sa Cosmographie Générale, que cette collégiale devait son existence aux comtes de Pfirt ou de Ferrette. (*Livre III, art. Sundgau.*)

dîmes en blé et en argent. Les chanoines n'avaient aucun droit à un logement particulier ; cette faveur était réservée au prévôt seul. L'église collégiale devint l'église de la paroisse par la réunion de l'ancienne cure, dont le curé fit partie du chapitre.

Cette église fut placée sous l'invocation de St-Denis et de St-Christophe, que le chapitre et les Belfortains avaient pris pour leurs patrons.

L'église, construite au pied des roches, sous le château, étant devenue trop petite par la suite pour la population qui s'augmentait, obligea Vauban, lorsqu'il traça le plan de la nouvelle ville, à ménager une place pour y construire l'église actuelle, qui fera l'objet d'une description particulière.

Indépendamment des obligations religieuses imposées aux chanoines par leur état, ils étaient tenus, chaque lendemain de Pâques et de la Pentecôte, ainsi que le jour de la Toussaint, de la St-Christophe et le dimanche suivant, d'aller dire la messe et les vêpres à la chapelle de Brasse, où ils se rendaient en procession suivis des fidèles.

A cette époque, Belfort se divisait en trois parties, savoir : le château, le bourg et la ville basse. Comme nous sommes trop éloignés de ces temps de servitude pour être bien curieux de connaître la description de ces antiques constructions dont il ne reste plus le moindre vestige, nous nous bornerons à donner l'esquisse de ce qui existait alors de plus saillant.

D'abord, comme aujourd'hui l'ancien château était construit sur le rocher escarpé qui domine la ville. Le donjon était protégé à l'extérieur par des tourelles et des fossés assez profonds. Le voyageur qui passait devant les murs de la ville, pouvait voir reluire au soleil l'armure du varlet qu'on appelait aussi hoqueton. Ce gardien du château, ayant le pot en tête et la hallebarde sur l'épaule, faisait silencieusement sa ronde pour éviter toute surprise ou camisade. Cette espèce de lansquenet, à la solde du châtelain, formait seul la garde du château ; les bourgeois et manants n'y avaient aucun accès, et n'étaient tenus qu'à la surveillance des portes de la ville.

D'après les anciens formulaires de ce temps, qui sont parvenus jusqu'à nous, il paraîtrait que les châtelains étaient soumis à des obligations qui sembleraient aujourd'hui bien humiliantes à celui à qui l'on confierait la garde d'un fort. Ce châtelain, choisi parmi les personnes de condition, devait faire serment entre les mains de son seigneur de lui être fidèle et obéissant, de veiller à ses intérêts, de garder jusqu'à la mort le secret le plus absolu sur ce qu'il pourrait voir, entendre ou surprendre, de ne laisser pénétrer dans le château aucune personne sans son ordre ou celui de ses grands officiers, d'assister à l'ouverture et à la fermeture des ponts, portes et barrières, dont il devait toujours avoir les clefs ; de ne confier ces clefs qu'à un valet assermenté, et seulement en cas de maladie constatée ou d'absence autorisée; de ne jamais ouvrir pendant la nuit, ni faire baisser le pont-levis le matin, qu'après s'être assuré qu'il n'existait aucune embuscade au dehors ; de garder avec soin les prisonniers, et, en cas d'alerte, de faire sonner la cloche du beffroi et allumer les feux d'alarme pour appeler du secours.

En 1348, la peste vint désoler l'Alsace, la Suisse et les pays circonvoisins. Les Juifs, que l'ignorance de ces temps de barbarie faisait accuser d'être ou les auteurs ou la cause de ce fléau, étaient publiquement et impitoyablement brûlés en grande cérémonie, sans qu'une voix généreuse s'élevât en leur faveur.

Les avantages dont jouissait la ville naissante de Belfort, y attiraient beaucoup d'étrangers qui venaient s'y fixer pour profiter d'un peu de liberté. C'est vers ce temps que les Belfortains commencèrent à se livrer au commerce et à établir des tanneries qui prospérèrent au point d'attirer plus tard la jalousie des villes voisines. La comtesse Jeanne voyant l'accroissement de cette population, dota la ville, en 1349, d'un hôpital pour dix malades indigents. Cet asile fut appelé l'hôpital des *poules*.

En 1415, Catherine de Bourgogne, duchesse d'Autriche, se montra également généreuse en faveur de cet hôpital. Elle lui donna en toute propriété le moulin de Danjoutin, à charge par le chapelain de chanter tous les samedis une messe de Notre-Dame, et de donner au maître d'école qui l'assistait un pain blanc et une pinte de bon vin.

En 1441, Frédérich, duc d'Autriche, confirma cette fondation, qui fut plus tard réunie au chapitre avec obligation d'en acquitter les charges.

Par la suite, cet hôpital étant tombé en ruines, il fut vendu ; c'est alors que les bourgeois et les négociants fondèrent l'hôpital actuel, consacré sous le nom de Ste-Barbe, patronne des marchands.

Les Belfortains changèrent plusieurs fois de maîtres par suite de la mort de leurs seigneurs ou du partage de leurs fiefs ; mais ils étaient contents de leur sort, lorsqu'en 1375 (1), leur tranquillité fut troublée.

---

(1) Voltaire, dans les Annales de l'Empire, place cet événement en 1378.

Enguerrand de Coucy, gentilhomme français, par son mariage avec l'une des deux filles de Léopold Ier, prétendant avoir des droits sur le comté de Belfort, vint pour s'emparer de cette ville, avec la permission de l'empereur Charles IV, qui ne croyait pas qu'un gentilhomme picard pût lever une armée. Il avait réuni pour cette expédition toutes les bandes d'Anglais et autres soldats mercenaires et vagabonds appelés *malandrins*, qui, depuis la bataille de Poitiers, étaient restés disséminés en France et dans les pays voisins, errant sans chefs et sans discipline, et ne vivant que de maraude et de pillage.

En peu de temps, Enguerrand se trouva à la tête d'une armée de plus de cinquante mille hommes attirés par l'espoir du butin. Ils ravagèrent toute l'Alsace. Les habitants des villages environnant Belfort vinrent se retirer dans la ville, avec leurs effets, provisions et bestiaux. La tour des Bourgeois, qui existe encore, leur servit de lieu de refuge. Tout le pays fut dévasté ; mais Belfort, protégé par ses fossés et ses murailles garnies de fauconneaux, résista et ne fut pas pris. Ces fauconneaux étaient de petites pièces de canon dont on commençait à se servir, ainsi que des arquebuses, car la poudre avait été inventée à la fin du siècle précédent par un cordelier allemand, nommé Berthold Schwartz, qui périt, dit-on, victime de sa découverte.

Dans ces temps de dissensions continuelles, Belfort, grâce à ses fortifications, resta assez tranquille jusqu'à la fin du XIVe siècle, époque à laquelle la ville fut presque entièrement consumée par un effroyable incendie. La cité avait alors à peu près la figure d'un trapézoïde : le côté du levant était formé par la roche du château, et les trois autres côtés par une ceinture de murailles et de tours de forme ronde, placées aux angles saillants et sur les grandes faces, à distance de la portée d'une flèche, arme dont on se servait lorsqu'on les construisit. (Voyez planche Ire.)

Devant le grand front de l'Ouest passait la Savoureuse ; au sud-ouest était la tour de Montbéliard ; au nord-ouest la tour de l'Ecluse ou du Moulin. Ces deux tours, les plus importantes, étaient, ainsi que les tours portières, beaucoup plus grandes que les tours intermédiaires. Ces principales tours étaient voûtées et à trois étages qui servaient de magasins. Elles étaient garnies de mâchicoulis et d'embrasures qu'on utilisa quand on fit usage des armes à feu.

Ces tours étaient couvertes d'un petit toit pointu surmonté d'une girouette. Les tours portières, au nombre de trois, outre les portes à deux battants, avaient une seconde porte avec une herse dans l'intervalle. Les autres petites tours avaient leur sommet en plate-forme garnie de créneaux.

Dans la ville haute, au dessous de la roche, se trouvait l'église paroissiale dont nous avons déjà parlé. La halle se trouvait alors où est maintenant le collége. Plus loin il existait un autre bâtiment appelé le Cloître, où logeaient les chanoines. Sur une partie de l'emplacement de cet ancien cloître, on a bâti un pavillon militaire dont on a substitué le nom à celui de la vieille rue du Rosemont.

Belfort était, en ces temps-là, tout entier sur la rive gauche de la Savoureuse. On ne voyait sur la rive droite ni habitations ni faubourgs, mais seulement quelques rares jardins et les chenevières de Brasse, petit hameau très ancien.

Pour reconnaître les preuves de dévouement que

les Belfortains donnèrent à leur souverain, Frédéric III, ce prince augmenta leurs franchises et leur accorda le droit de débit du sel, ce qui était une grande faveur à cette époque.

Parmi ces nouvelles franchises, nous citerons les suivantes, qui ont été confirmées en 1698 par le conseil souverain d'Alsace :

Les art. 1er et 3 des statuts de la corporation des cordonniers et tanneurs portaient qu'on ne pouvait être reçu cordonnier sans avoir fini son apprentissage et fait son chef-d'œuvre ; l'art. 8 disait que les maîtres ne pouvaient pas avoir plus de quatre ouvriers et un apprenti, afin que chacun eût de l'ouvrage ; mais par l'art. 20, il était permis aux cordonniers et aux tanneurs d'exercer les deux professions, à charge de n'employer les cuirs confectionnés en souliers qu'après avoir été examinés par un comité pris dans les deux corps d'état. Un arrêt du conseil souverain d'Alsace, en date du 18 janvier 1720, rendu dans l'intérêt de la bonne confection et de la haute réputation des cuirs de Belfort, défendit aux cordonniers de tanner des cuirs sans avoir fait d'apprentissage (1).

En 1425, Catherine de Bourgogne, voulant donner aux Belfortains de nouvelles preuves de sa sollicitude,

---

(1) Les bannières de ces corporations ont été perdues ou anéanties à la suppression des maîtrises, et les statues des saints ont été publiquement brûlées sur notre place d'armes à la révolution. Mais la corporation des cordonniers a maintenu une respectable tradition de ce corps de métier, en conservant précieusement la statue de Saint Crépin, son patron. Cette statue, soigneusement peinte et dorée, représente le saint debout, tenant une palme d'or dans la main gauche et une alêne dans la main droite. Elle est toujours déposée chez un des plus notables ou des plus anciens cordonniers de la ville, et se trouve aujourd'hui confiée à la garde de M. Jeansen.

leur abandonna en toute propriété les fossés de la ville, à charge par eux de les nettoyer et de les tenir en bon état. On ne trouve plus maintenant la trace de ces fossés qui ont été comblés et convertis en rues ou surmontés de bâtisses. L'agrandissement continuel de nos faubourgs semblerait exiger que l'on comblât de nouveau les fossés existants pour les reporter aux extrémités des habitations, comme on vient de le faire au Hâvre et à Toulon, car ces portions de remparts, construits depuis 200 ans, qui se trouvent maintenant au centre des habitations, ne remplissent plus l'objet de leur destination primitive.

L'archiduc Sigismond, successeur de Frédéric, se trouva, en 1468, dans la nécessité de faire la guerre aux Suisses qui étaient venus commettre plusieurs dévastations en Alsace; mais, touché de l'extrême détresse de ses propres sujets, il ne vit d'autre parti pour acheter les secours de Charles-le-Téméraire, duc de Bourgogne, que d'engager les comtés de Ferrette, le Sundgau et le Brisgau, pour une somme de soixante-dix mille florins d'or.

Charles-le-Téméraire, ayant accepté cet arrangement, envoya en Alsace, en qualité de gouverneur, son intendant Pierre de Hagenbach, homme d'un caractère hautain et cruel, assez semblable à celui du gouverneur Gessler, dont nous avons parlé.

Ce Hagenbach commit toutes sortes de concussions, de meurtres et de rapines. Sébastien Munster, dans sa Cosmographie, rapporte qu'il fut accusé d'avoir fait décapiter quatre individus du conseil de Dann (1), d'avoir fait violence à des femmes et à des filles,

---

(1) D'autres auteurs disent de Thann.

même à des nonnains, que le nombre de ces exactions et de ces crimes fut la cause de plusieurs guerres, mais qu'enfin ce Pierre de Hagenbach fut pris et jugé à mort, dégradé de noblesse sur un échafaud, où l'on brisa ses armoiries, et décapité à Brisach. Son corps, réclamé par ses parents, fut envoyé à Hagenbach en Bavière, son lieu de naissance, où on l'enterra auprès de ses ancêtres.

Nous extrayons ce qui suit de la traduction d'un ouvrage allemand qu'on a bien voulu nous donner en communication et qui traite des titres de la seigneurie de Belfort. Ce morceau de manuscrit ne porte ni nom ni date :

« En 1573, la seigneurie de Belfort se composait de cinq mairies alors considérables, puisqu'elles comprenaient toute la contrée : c'étaient Châtenois, Perouse, Bethonvilliers, Bavilliers et Buc. Les habitants de ces contrées et villages en dépendant, étaient sujets du seigneur, lequel avait le droit de les châtier, lorsqu'ils commettaient des délits. Il les obligeait à toutes les corvées d'homme et de cheval pour réparer les bâtiments et meurtrières du château, et à fournir autant de gardes que la nécessité requérait, auquel cas on délivrait à ces gardes un potage et du pain. Il en était de même pour les corvées des récoltes; alors on ajoutait à la pitance une portion de fromage, mais point de vin. »

En 1619, l'archiduc Léopold, d'accord avec les baillis et bourgeois de Belfort, érigea en cette ville, sur la plaine dite des *lépreux*, un couvent de dix-huit capucins, qui fut augmenté en 1766, et supprimé, comme tous les établissements de ce genre, à la première révolution. Ces religieux qui vivaient de quêtes et d'aumônes autorisées, ont été disséminés comme corporation ; mais on les a tolérés ensuite isolément avec le titre d'aumôniers dans les hôpitaux. (1)

Le moulin de la ville et le four banal, qu'on peut encore voir place Grande-Fontaine, au coin de la Pierre-du-Poisson, et sur le pied droit de la voûte duquel on lit le millésime de 1625, appartenaient au seigneur. Les habitants étaient tenus d'y aller moudre leur blé et cuire leur pain moyennant une rétribution, sous peine d'amende et de confiscation.

Comme la guerre de Trente Ans n'est pas étrangère à l'histoire de notre pays, nous allons succinctement raconter les faits de cette guerre qui nous touchent le plus.

Gustave-Adolphe II, dit le Grand, roi de Suède et fils de Charles IX, auquel il succéda, avait reçu une éducation purement militaire. Son entourage lui persuada que la religion luthérienne, qui progressait en Allemagne depuis un siècle, était la seule véritable et que les catholiques n'étaient que des idolâtres.

Dans son ardeur guerrière et religieuse, se croyant appelé à ramener les peuples à une doctrine unique qu'il regardait comme la seule orthodoxe, ce monarque fit une ligue avec les princes protestants d'Allemagne contre l'empereur Ferdinand III, duc d'Autriche, et les princes catholiques. Par une fausse po-

---

(1) Le décret de l'Assemblée nationale relatif à cette suppression, est du 13 février 1790. Il porte, art. Ier, que la loi ne reconnaîtra plus de vœux monastiques solennels des personnes de l'un et de l'autre sexe; qu'en conséquence, les ordres ou congrégations où l'on fait de pareils vœux sont supprimés en France, sans qu'il puisse en être établis de semblables à l'avenir.

litique, Louis XIII se déclara pour lui en 1631.

Gustave, en moins de deux ans et demi, parcourut les deux tiers de l'Allemagne le fer et le feu à la main, portant la guerre depuis la Vistule jusqu'au Danube et au Rhin.

Quoiqu'il fut, dit-on, naturellement sensible et charitable, et qu'il eut pour maxime que la clémence est préférable à la force pour se rendre maître des places, ses soldats n'en semaient pas moins la désolation sur leur passage, bien que leur roi eût défendu sous des peines sévères de faire le moindre tort aux habitants.

Gustave, au milieu de ses triomphes, fut tué en 1632, à l'âge de 38 ans, sur ce même champ de bataille de Lutzen qui, cent quatre-vingts ans plus tard, devait être illustré par une victoire remportée par les Français sur les Russes et les Prussiens. Pufendorff, dans son Histoire de la Suède, donne à entendre qu'il fut assassiné par Albert, duc de Saxe, qui avait été gagné par les Impériaux et qui servait près de Gustave en qualité de volontaire.

Après la mort de Gustave, la guerre continua et s'étendit avec fureur jusqu'en Alsace (1). Plusieurs villes de cette province ouvrirent leurs portes aux Suédois, entre autres Schelestadt, Haguenau, Colmar, Rouffach, Munster, Thann et Cernay. Dès lors, Belfort dut s'attendre à être attaqué, pour plusieurs raisons : d'abord pour être resté fidèle à ses princes et à sa re-

---

(1) M. Henri Bardy, auteur de *Belfort au moyen âge* et de divers articles sur le Sundgau qui ont paru en feuilletons dans le journal de la localité, a fait insérer dans la *Revue d'Alsace* du mois de janvier 1853, la relation très détaillée de cette guerre, qu'il a intitulée les *Suédois dans le Sundgau* ; les curieux la verront avec plaisir.

ligion, n'imitant pas l'exemple de plusieurs villes environnantes, qui avaient embrassé avec empressement le culte réformé, telles que Mulhouse, Montbéliard, Héricourt et cinquante villages qui en dépendaient ; ensuite parce que cette place était la clef du passage de la Franche-Comté et de la Bourgogne.

Le rhingrave Othon (Louis) était donc en Alsace à la tête des troupes suédoises, et s'avançait sur Belfort après avoir réduit Altkirch, Ferrette et les alentours. Beaucoup de Belfortains, voyant arriver cette formidable armée débordant comme un torrent, furent se réfugier à Montbéliard, ville protestante, qui jouissait pour lors de la neutralité. Mais cette hospitalité ne fut accordée qu'à un petit nombre de bourgeois qui avaient des relations de commerce avec Montbéliard, car depuis le commencement de la réforme, il n'y avait plus entre ces deux villes cette antique et solidaire alliance qui les unissait autrefois.

Plusieurs habitants de Belfort se virent obligés de se jeter dans les montagnes des Vosges, pour y chercher un asile ; d'autres se répandirent dans les principautés de l'évêque de Bâle et à Porrentruy, Soleure et Fribourg.

Le rhingrave Othon, qui commandait l'armée scandinave, ayant appris la fuite de la plupart des habitants et la faible résistance qu'on pouvait lui opposer, se présenta devant Belfort pour le faire capituler ou le forcer par un siége. La ville, privée des moyens de se défendre, sur la promesse de ce chef d'armée d'épargner les vaincus, ouvrit ses portes à la fin de décembre de l'année 1632. Le château qui tenait toujours, se fiant à l'apparente clémence des vainqueurs, se rendit également peu de jours après.

Les Suédois une fois maîtres de la place forte, ne gardèrent plus aucun ménagement. Ils commirent tant d'atrocités dans le pays, que les campagnards des environs jusqu'au Rosemont, se voyant ruinés et n'y pouvant plus tenir, se levèrent en masse pour leur résister, et formèrent une réunion de plus de quatre mille hommes déterminés. S'ils eussent pris cette résolution quelques mois plus tôt, Belfort n'eût pas été occupé; mais les mauvais traitements de ces farouches vainqueurs excita seul leur désespoir et les poussa à cette révolte.

Bientôt l'exaltation vengeresse de ces montagnards ne connût plus de bornes, et cette nuée d'hommes en fureur renversa tout sur son passage. Ces paysans, armés de tout ce qui leur tombait naturellement sous la main, se portèrent sur Ferrette et sur Altkirch dont ils brisèrent les portes, et tous les Suédois furent égorgés sans miséricorde.

Le rhingrave accourut aussitôt vers Thann, où il rassembla ses troupes; ensuite il marcha à la poursuite des révoltés. Les ayant rejoints à Dannemarie, il en fit un tel massacre qu'il en resta 1600 dans le cimetière de cette petite ville. Tel est le jeu incertain des batailles : une victoire aujourd'hui, demain une défaite.

L'*Espion turc* rapporte qu'il y avait des héroïnes habillées en hommes dans l'armée des Suédois, et qu'une de ces amazones, dans un combat corps à corps avec le prince Albert, le désarçonna et lui fit des blessures qui furent cause de sa mort.

Pendant ce temps, les Suédois étaient toujours restés les maîtres du château de Belfort et par conséquent de la ville. En 1633, les paysans ayant tenté une seconde révolte, furent tués les armes à la main ou mis à mort étant prisonniers. On dit qu'il en resta passé trois mille dans un terrain auquel la tradition a conservé le nom de *Pré de guerre*. Les gens du pays de père en fils le montrent aux étrangers en leur indiquant un ruisseau où le sang coulait comme de l'eau.

Ce champ de bataille ou plutôt de boucherie se trouve entre Perouse et Danjoutin d'une part, et de l'autre entre le bois de la Perche, derrière le château, jusqu'à Vézelois. Ce dernier village fut brûlé, ainsi que la vieille église dans la tour de laquelle plusieurs de ces malheureux campagnards s'étaient réfugiés et où ils furent grillés tout vifs.

Deux autres villages furent si complètement détruits dans ces guerres d'extermination, qu'à peine si leur nom est resté dans la mémoire des hommes du pays. Seulement on peut retrouver une partie de leur emplacement par quelques arbres fruitiers, végétant çà et là, abandonnés qu'ils sont aux soins de la providence, et à deux ou trois puits non comblés qui, ainsi que les oasis du désert, permettent au voyageur égaré de se désaltérer à leur source.

Il existe encore chez quelques-uns de nos montagnards du Rosemont et de Giromagny une ancienne légende en vers patois non rimés qui rappelle cette malheureuse époque. C'est un récit naïf en forme de complainte qui retrace la manière dont le seigneur Généry, bailli ou sénéchal du pays de Vescemont, souleva les habitants de la contrée pour courir sus aux Suédois qui s'en retournaient gorgés de butin, emmenant avec eux jusqu'aux troupeaux des villages. On raconte que Richard Prévôt (ce nom est encore en honneur dans le pays), qui avait été choisi parmi les plus courageux pour porter la bannière ou le drapeau de ces paysans révoltés, fit des prodiges de valeur, et qu'il reprit aux ennemis tous les bestiaux. Le conseil que ce rude montagnard donne aux messieurs de Belfort de se déchausser pour passer la rivière paraît être un sarcasme contre la mollesse supposée des habitants des villes. Il se plaint aussi de n'avoir pas été secondé par ses confédérés, qui, ainsi que cela arriva en 1815 à Waterloo, lui firent défaut au moment favorable. Il finit par dire que s'ils fussent venus lestement se joindre à lui en passant par les villages d'Angeot et de la Rivière que ces hardis enfants des montagnes du Rosemont eussent complètement battu et dépouillé les pillards, et qu'ils seraient alors devenus des seigneurs ou des messieurs, c'est-à-dire des gens à leur aise.

Cette vieille ballade aussi belle que les anciens lais de la Normandie et de la Bretagne mérite d'être conservée. Les premiers vers et quelques autres ont une couleur ingénue tout à fait romantique, surtout pour une époque aussi éloignée et pour un pays agreste où la rime n'était pas encore connue. Néanmoins quoique les vers soient blancs et choquent par conséquent l'oreille, ils ont quelque chose d'agréable par l'harmonie du nombre qu'on y trouve passablement observée.

Cette romance commence à se perdre. Elle semble aussi avoir été légèrement altérée en passant de bouche en bouche. Nous la donnons ici d'après les meilleures traditions, car nous avons consulté plusieurs personnes âgées et compétentes du pays, afin de rétablir le texte primitif interprété diversement par ceux mêmes qui prétendent bien connaître cette légende ; la voici :

LE CHANT DU ROSEMONT

OU LES SUÉDOIS.

I
Ço d'Genéry de Vescemont, que Duc le boute en gloire,
Al o vortchie tros djous, tros neus por rassembia son monde.

II
Al o vortchie tros djous, tros neus por rassembia son monde.
Adue vue die, Reucha Preveux! veus qu'a veute bonnîre?

III
Adue veu die, Reucha Preveux! veus qu'a veute bonnîre?
— Neu l'an layie là dedans Tcha, dedans Tcha la djeulie;

IV
Neu l'an layie là dedans Tcha, dedans Tcha la djeulie,
Où ia laichie cinq cents pietons por vadjai la bonnîre.

V
Où ia laichie cinq cents pietons por vadjai la bonnîre.
Dechu la breutche di Vadeau neu ranscontran dé mires.

I
C'est Généry de Vescemont, que Dieu le mette en gloire,
Il a trimé trois jours et trois nuits pour rassembler son monde.

II
Dieu vous garde, Richard Prévôt! où est votre bannière?

III
— Nous l'avons déposée à Chaux, à Chaux la jolie.

IV
Où j'ai laissé cinq cents hommes de pied pour garder la bannière.

V
Aux avenues du Valdoie nous rencontrâmes l'ennemi en face,

HISTORIQUE. 47

VI
Dechu la breutche di Vadeau neu ranscontran dé mires,
Et tant pietons que cavailies neu-z-étins quinze mille.

VII
Et tant pietons que cavailies neu -z- étins quinze mille.
— Détchassie vos, coqs de Béfô, por pessa la revîre ;

VIII
Détchassie vos, coqs de Béfô, por pessa la revîre ;
Cé qui n'saront pessa lou pont pessrant dans la revîre.

IX
Cé qui n'saront pessa lou pont pessrant dans la revîre :
Regaidje en hâ, regaidje en bé, ne sa qué tchemin panre ;

X
Regaidje en hâ, regaidje en bé, ne sa qué tchemin panre,
Al an tirie en contre vâ, devé lai croux de pîre.

XI
Al an tirie en contre vâ, devé lai croux de pire.
Dechu la breutche des Ainans neu -z- an repris la pridge,

XII
Dechu la breutche des Ainans neu-z-an repris la pridge,
Tos les pos et tos les motons, tote lai boirdgerie.

VI
Et tant fantassins que cavaliers nous étions quinze mille.

VII
— Déchaussez-vous, messieurs de Belfort, pour passer la rivière ;

VIII
Ceux qui ne pourront passer le pont passeront au gué ;

IX
Ils regardent en haut, en bas, ne sachant quel chemin prendre,

X
Et ils ont fait demi-tour à la croix de pierre.

XI
Sur la plaine des Ainans nous avons repris notre butin,

XII
Tous les porcs et tous les moutons, toute la bergerie.

XIII

Tos les pos et tos les motons, tote lai boirdgerie.
Al ou piqua s'tchouva moirat por satai lai bairîre,

XIV

Al ou piqua s'tchouva moirat por satai la barrîre,
Son tchapai a tchu en dèrie, no voyu le recudre.

XV

Son tchapai a tchu en dèrie, no voyu le recudre.
Tos lais dgens de Dgéromingny tchaulins quement des
[andges,

XVI

Tos lais dgens de Dgéromingny tchaulins quement des
[andges,
Et tos cé de Serminmingny brelins quement des tchîvres.

XVII

Et tos cé de Serminmingny brelins quement des tchîvres.
S'il avint pessa poi Angeot, revnu poi Larivîre,

XVIII

S'il aivint pessa poi Angeot, revnu poi Larivîre.
Tos les afants di Rosemont srint tos avu des chires.

XIII
(Richard Prévôt) éperonne son cheval gris-pommelé pour sauter
[la barrière ;

XIV
Son chapeau tombe à terre ; il ne daigne pas le ramasser.

XV
Tous les gens de Giromagny chantaient comme des anges,

XVI
Et tous ceux de Sermamagny bêlaient comme des chèvres.

XVII
S'ils avaient passé par Angeot et fussent revenus par Larivière,

XVIII
Tous les enfants du Rosemont seraient devenus des messieurs.

Nous ferons grâce à nos lecteurs de tous les combats dont notre pays fut la proie et nos ancêtres les victimes ; nous dirons seulement que, pour comble de malheur, la famine et la peste vinrent joindre leurs fléaux à celui de la guerre. L'histoire rapporte que le pays déjà entièrement dévasté fut, en 1636, affligé d'une épidémie et frappé d'une disette si affreuse, qu'un chirurgien, ayant coupé un bras gangrené à un soldat blessé, demanda pour son salaire ce membre afin de le manger.

Nous allons nous rapprocher de l'époque qui nous a définitivement fait admettre dans la nation française.

Pendant les longues guerres qu'eut à soutenir Louis XIII, roi de France, on se battit en Franche-Comté, en Lorraine et en Alsace. Le cardinal de la Vallette et le duc de Saxe-Weimar prirent plusieurs villes aux Impériaux. Gaspard de Champagne, comte de la Suze, qui était gouverneur de Montbéliard pour le roi de France, protecteur des princes de Wurtemberg, trouvant Belfort à sa convenance, s'en empara, en 1636, après une capitulation qui fut, dit-on, honorable pour les habitants presque déjà Français par leurs mœurs et par leur langage.

Pour récompenser cette conquête, le roi, par un simple brevet, nomma, la même année, le comte de la Suze seigneur de Belfort ; mais il ne jouit de cet honneur et des avantages qui y étaient attachés que jusqu'en 1654 ; car s'étant mis du parti des princes pendant la minorité de Louis XIV, il se trouva plus tard naturellement disgrâcié par ce monarque. Ayant voulu résister au roi, qui n'avait pas réservé ses droits dans le traité de Munster, il fut assiégé, en 1654, par le maréchal de la Ferté et forcé de se rendre à merci.

Nous voici arrivé à l'époque de la réunion de l'Alsace à la France. Cet événement qui mit fin à la guerre de Trente Ans, eut lieu en 1648, par le traité de Munster, qu'on appelle aussi traité de Westphalie, du nom de cette province d'Allemagne.

Par l'art. 3 de ce traité, l'Empereur, tant en son propre nom qu'en celui de la sérénissime maison d'Autriche, cède tous ses droits, domaines, possessions et juridictions, qui jusqu'ici ont appartenu à la maison d'Autriche, sur le landgraviat de la Haute et Basse-Alsace, le Sundgau, etc.; item tous les vassaux, habitants, sujets, hommes, villes, bourgs, châteaux, forteresses, métairies, bois, forêts, minières d'or, d'argent et autres métaux, rivières, ruisseaux, pâturages et tous les droits régaliens et autres sans aucune exception, et les transporte tous et chacun d'iceux au roi Très-Chrétien et au royaume et couronne de France, auxquels ils appartiendront dorénavant et à perpétuité, sous la réserve toutefois que le roi Très-Chrétien devra et sera obligé de conserver en tous et chacun de ces pays la religion catholique, comme elle y a été maintenue sous les princes d'Autriche, et d'en bannir toutes les nouveautés qui s'y sont introduites pendant la guerre.

Cet arrangement diplomatique qui intéressait la politique et la religion, fut obtenu par les soins du cardinal Mazarin, conseiller d'état pendant la minorité de Louis XIV, dont il était le parrain.

Le cardinal-ministre obtint du roi, en 1659, la seigneurie territoriale de Belfort et dépendances, c'est-à-dire Ferrette, Altkirch, etc. Ces droits échurent plus tard aux Valentinois et à leurs descendants jusqu'à la révolution de 1789.

A la restauration, les héritiers de ces donataires rentrèrent en possession des immeubles et biens fonciers de toute espèce qui n'avaient pas été vendus comme propriétés nationales, de manière que la famille de Grimaldi et ses alliés reprirent leurs droits non pas seigneuriaux puisqu'ils avaient été abolis, mais ils retrouvèrent presque intactes dans nos pays les immenses forêts de St-Nicolas, du Puy, de la Goutte, du Ballon, de l'Arçot et celles des cantons de Ferrette et d'Altkirch, qu'ils vendirent peut-être par prudence au moment de la révolution de 1830, de peur sans doute d'une nouvelle expropriation forcée, quoique les lois de 1799 et de 1820 eussent déclaré ces aliénations irrévocables. Mais ces héritiers d'origine italienne n'ignoraient pas que l'empereur Galba retrancha, quand il fut maître, les prodigalités de Néron, ne laissant aux donataires que la dixième partie des munificences faites aux dépens de la nation romaine. Ils réalisèrent donc et tout fut vendu.

Il serait curieux en effet de voir ce qui serait advenu de nos jours si, après notre conquête d'Afrique, le roi Charles X avait donné la seigneurie d'Alger à M. de Polignac, avec les mines et les forêts de l'Atlas !

Enfin le temps qui détruit tout a aussi le privilége de consacrer à la fin certains droits de légitimité : ces propriétés sont donc maintenant incommutables entre les mains de leurs possesseurs actuels, d'autant plus qu'ils les ont achetées à beaux deniers comptants. Revenons aux suites du traité de Westphalie.

Louis XIV, devenu maître de plusieurs nouvelles places de guerre, fit démolir les fortifications de Colmar et de Schelestadt, et résolut de faire fortifier selon la science moderne Huningue, Brisach et Belfort. Convaincu de l'importance future de Belfort, qui jusque-là s'était trouvé perdu à l'extrémité des limites de toutes les nations qui se l'étaient approprié, il chargea l'ingénieur Leprestre de Vauban de se rendre sur les lieux et de tracer le plan d'une nouvelle ville à fortifier d'après son système. On prétend même que le roi qui venait de prendre ou d'acheter Strasbourg, charmé de sa nouvelle conquête, la voulut voir par ses yeux; qu'il vint à Belfort sans suite, et qu'il logea à l'hôtel des Trois-Rois, auberge très importante alors et qui était située rue Sur-l'Eau, aujourd'hui les maisons Boltz, serrurier, et Walliang, cafetier (1). Ce qui fortifie cette assertion, c'est qu'il résulte des régistres de l'ancienne collégiale déposés dans les bureaux de notre mairie, qu'en 1683, le Dauphin, fils de Louis XIV, et Marie-Thérèse d'Autriche, reine de France, furent parrain et marraine à Belfort de mademoiselle Marie-Thérèse de Saint-Jus, née et baptisée le 20 mai de ladite année, fille du très-noble vicomte Maurice de St-Jus, général, gouverneur des ville et château de Belfort, et de Charlotte de Flavigny, son épouse.

En 1686, Vauban consacra à l'agrandissement de la ville un terrain qui parut considérable pour l'époque et qu'on prit en dehors des anciens murs d'enceinte. Ce terrain qu'on appela *la ville neuve*, comprend tout ce qui se trouve entre la ligne formée par la maison Bardy, qui joignait la porte de l'Horloge, du côté du nord, le derrière du Canon-d'Or, la rue de la Botte et le derrière des maisons bordant l'ancien

---

(1) Lorsqu'on reconstruisit ces maisons, on trouva sous une colonne en pierre qui avait, dit-on, été érigée lors de ce passage, entre 2 croisées de l'hôtel, une médaille commémorative dont s'emparèrent les ouvriers.

quai, jusqu'à la ligne parallèle formée par les casernes à l'ouest.

On laissa un espace suffisant entre le lit de la rivière pour former les fossés et les glacis. On marqua l'emplacement des édifices et établissements militaires, tels que casernes, pavillons, hôpital, arsenal, magasins, etc. On traça les nouvelles rues et la Place d'Armes, sur le côté de laquelle on réserva un immense carré pour construire l'église future.

Vauban inscrivit la ville dans un plan dont la magistrale est un pentagone régulier. Il fit réparer ce qu'il y avait de bon à conserver dans les anciennes fortifications à commencer par le château. Pour défendre un bastion qui avait été tracé d'après le système du chevalier Antoine de Ville, il le couvrit d'un ouvrage à cornes dont le mérite est encore apprécié; puis il fit d'autres travaux importants dont nous parlerons à l'article Fortifications. (Planche 2.)

Notons en passant que, pendant le séjour que fit M. de Vauban à Belfort, il fut, en 1688, parrain d'un enfant de la ville, ainsi que le prouve la mention suivante, écrite en latin, que nous avons recueillie dans les anciennes archives de la collégiale, déposées à la mairie, et dont nous donnons la traduction :

« Sébastien, fils de noble et puissant seigneur François Huet, gouverneur pour le roi des ville et forteresse de Belfort, et de dame Geneviève Chaperoy, son épouse, a été baptisé avec toutes les cérémonies du culte, cejourd'hui 12 mars 1688.

« Son parrain fut très-noble et très-illustre seigneur Sébastien de Vauban, général des armées françaises, et sa marraine Madame Lucrèce Noblet, épouse de Monseigneur Denis de Baudoin, commissaire royal à Belfort.

« Signé Vauban et Noblet. »

Dans la nouvelle ville, les rues furent alignées au cordeau. Il assujettit les façades à l'uniformité; il régularisa le cours du canal, qu'il borda d'un quai solide qu'on voit encore en partie; il traça les casernes, qui devaient faire entièrement le tour intérieur des remparts, laissant un intervalle pour le chemin de ronde qu'il se repentit plus tard de n'avoir pas exécuté; mais il faut dire que, soit effet de la jalousie qu'inspirait son grand mérite ou soit économie mal entendue du surintendant Louvois, qui exigeait que les généraux lui rendissent compte de leurs projets et de leurs actions, ce qu'ils firent tous à l'exception de Turenne, ses plans ne furent pas toujours acceptés par le ministre.

Les Belfortains qui ont vu les grands travaux de défense exécutés à Belfort depuis une trentaine d'années, seront sans doute étonnés d'apprendre que ces principaux ouvrages, savoir : le fort de la Miotte et celui de la Justice, avaient été projetés par Vauban, en 1688, avec le futur fort des Barres, dont la nécessité a été également reconnue par tous les ingénieurs militaires qui se sont succédé dans la place. Comme, depuis ce temps-là, tous les lieux, excepté la Miotte, ont changé de nom, Vauban appelait *les Fourches* ce que nous appelons maintenant la Justice, parce que c'était sur cette hauteur que se trouvaient les fourches patibulaires ou les potences, et que ce que nous nommons les Barres s'appelait la montée d'Essert.

Cet illustre ingénieur voulait placer dans le bassin

situé entre ces trois forts et le château, un camp retranché pour 50,000 hommes. Ce plan, réalisé en partie depuis ce temps, suffit pour montrer le génie créateur de cet homme de guerre que le roi fit maréchal.

Comme nous le dirons plus tard, les fortifications de Vauban ont subi diverses modifications et métamorphoses. Mais on voit encore plusieurs ouvrages d'art de son temps qui sont remarquables par leur solidité et par leur élégance. Parmi les premiers, nous citerons la face nord de l'ouvrage à cornes de l'Espérance, avec ses angles saillants en maçonnerie de bossage qui semble défier les siècles; et parmi les autres, on admire toujours ces trophées d'armes sculptés en relief dans la pierre, au-dessus des deux portes de la ville. A la porte de Brisach, le soleil emblématique ainsi que la devise un peu orgueilleuse : *Nec pluribus impar*, se sont conservés intacts à travers les révolutions; seulement les fleurs-de-lis des écussons ont été brisées dans les moments de trouble en haine de la royauté, puis replacées à la Restauration, puis effacées de nouveau en laissant la place vide (1). Nous ferons ici la remarque qu'à l'instar du grand siècle, les armes de France devraient briller au fronton des portes des villes de guerre, aussitôt qu'elles paraissent sur les monnaies, sur les timbres et sur les panonceaux qui servent d'enseignes aux notaires.

On aperçoit encore à la partie supérieure des anciens bastions, des culs-de-lampe dont quelques-uns sont armoriés, et aux angles des tours et des remparts

---
(1) Par un décret de la Convention, en date du 22 septembre 1792, les attributs de la royauté furent abolis officiellement sur les armoiries et les timbres publics.

de jolies petites échauguettes en pierre de taille, couronnées d'un toit pointu et ornées en amortissement d'une pomme de pin sculptée.

Ces observatoires militaires, placés là-haut comme des nids d'hirondelle, sont d'un aspect assez agréable.

Sous le règne de Louis XIV, Belfort fut encore menacé d'un siége qu'il évita, grâce à la tactique de Turenne.

Pendant les campagnes que fit le grand roi en Alsace, vers 1674, pour résister aux tentatives de l'empereur d'Allemagne qui, inconsolable d'avoir perdu sa belle province d'Alsace, cherchait à la reconquérir par la voie des armes. L'électeur de Brandebourg détacha un corps de 6,000 hommes, commandé par le duc de Holstein, pour pénétrer dans la Franche-Comté. On sait que cette province s'était rendue à Louis XIV, en 1668, par une capitulation dont la seule réserve était que Besançon, qui en est la capitale, conserverait son Saint-Suaire. (Cette précieuse relique, à laquelle on attribuait une foule de miracles, a été perdue pendant la révolution.)

Le duc de Holstein, en passant devant Belfort, voulut s'emparer de cette place. Il la fit canonner par vingt-quatre pièces d'artillerie, tandis que les Impériaux investissaient Brisach. Mais Turenne, avec vingt mille hommes, accourut au secours de Belfort en débouchant par la vallée de Thann, qui était remplie de neige. Le duc de Holstein, ainsi que l'armée des Impériaux composée de 70,000 hommes, ayant été par cette habile manœuvre complètement battus à Belfort, à Turckeim, à Mulhouse et à Colmar, furent obligés de repasser le Rhin, le 6 janvier 1675.

Comme beaucoup de personnes ne connaissent pas

les intéressants détails des derniers moments de Turenne, surnommé le père du soldat, et les vicissitudes de la sépulture de ce grand homme de guerre, nous croyons devoir les donner ici par digression.

Turenne, à l'âge de 64 ans, fut tué le 27 juillet de cette même année 1675, d'un coup de boulet en allant reconnaître une batterie à Saltzbach, dans le pays de Bade. A l'endroit où il reçut la mort, on lui a érigé un monument commémoratif, respecté par toutes les nations, et qui est gardé à perpétuité par un invalide français. Le boulet qui tua Turenne est gros comme le poing et pèse 1 kilogramme 510 grammes. Il a été placé en 1854 à la bibliothèque des Invalides, à côté d'une statuette en argent de l'illustre maréchal.

Louis XIV ordonna que le corps de Turenne fût enterré à St-Denis, dans la sépulture des rois de France. Voici l'épitaphe qu'on lui fit alors :

> Turenne a son tombeau parmi ceux de nos rois.
> Il obtint cet honneur par ses fameux exploits ;
> Louis voulut ainsi couronner sa vaillance
> Afin d'apprendre aux siècles à venir
> Qu'il ne met point de différence
> Entre porter le sceptre et le bien soutenir.

En 1793, les révolutionnaires de Paris, sous prétexte de se procurer gratis du plomb pour faire des balles, exhumèrent tous les tombeaux des rois de France enterrés depuis quinze cents ans dans les caveaux de St-Denis. Cette ville fut elle-même débaptisée pour prendre le nom de *Franciade*. On trouva le corps de Turenne parfaitement conservé, et, par un singulier respect dû à ce qu'il n'avait pas porté la couronne, son corps seul, sans en excepter même celui d'Henri IV que l'on mit dans la fosse commune du cimetière, fut déposé dans la sacristie de l'église dévastée, où il resta huit mois; puis de là, on le transporta au Jardin des Plantes, jusqu'au 24 germinal An VII. Alors un arrêté du Directoire ordonna sa translation au Musée des monuments français. Enfin un décret du premier consul Bonaparte décida que le 5e jour complémentaire de l'An VIII, à l'occasion de l'anniversaire de la République, l'apothéose de Turenne serait célébrée avec solennité, et que les cendres de ce grand homme seraient déposées dans le temple de Mars. C'est ainsi qu'on appelait alors l'église des Invalides bâtie par Louis XIV. On y voit aujourd'hui le tombeau de Turenne en regard de celui de Vauban. Revenons à notre sujet.

Lorsque Belfort fut fortifié et pourvu d'une bonne garnison, sa population s'augmenta successivement, son commerce s'étendit peu à peu ; des habitations se formèrent dans le grand faubourg, vers 1749, et s'accrurent tellement qu'aujourd'hui les maisons dépassent en nombre et en importance celles de la ville.

Depuis longtemps, les marchands bourgeois de Belfort jouissaient de certains priviléges accordés ou confirmés par les empereurs et les archiducs d'Autriche, leurs anciens souverains. Ces priviléges, tombés maintenant en désuétude, leur avaient été maintenus par Louis XIV et par Louis XV. Nous allons rapporter quelques articles des lettres patentes de ce dernier roi, qui, en leur confirmant ces droits, les obligeait aussi à remplir certains devoirs.

Les marchands, ayant sainte Barbe pour patronne, devaient faire célébrer chaque année le jour de sa fête une messe solennelle avec diacre et sous-diacre, et tous les marchands, garçons et apprentis étaient tenus d'y assister en corps, à peine de vingt sous d'amende, moitié au profit de la masse de la maîtrise et moitié à l'hôpital Ste-Barbe. Et à l'égard des garçons, dix sous au profit de leur boîte commune. Par un autre article, il était enjoint au plus jeune ou dernier reçu dans le corps des marchands de faire gratuitement les corvées pendant un an, soit pour avertir les marchands de se rendre aux assemblées, soit pour les prévenir d'assister aux enterrements. Tout marchand qui ne se rendait pas aux assemblées sans empêchement légitime, ou qui, s'y trouvant, proférait des injures, donnait un démenti ou se livrait à l'emportement, était puni d'une amende de trois livres.

Les fils des marchands pouvaient passer maîtres à l'âge de 17 ans, en justifiant de leurs connaissances dans la science du commerce, la tenue des écritures, le change, les lois et les statuts de leur spécialité.

Les apprentis marchands devaient demeurer deux ans chez le même maître qui ne pouvait en avoir plus de deux à la fois. On ne recevait dans le corps des marchands aucune personne entachée d'hérésie (sic); les aspirants étrangers qui voulaient s'établir, devaient d'abord se faire recevoir bourgeois et payer vingt livres pour le droit d'installation. Les fils des bourgeois et ceux qui épousaient la fille de leur maître ne payaient que dix livres. Il était défendu aux marchands, sous peine d'amende, d'ouvrir leur boutique les jours de fête et les dimanches, excepté lors du passage des troupes : dans ce cas, il était toléré d'ouvrir à moitié après les offices divins.

Les immunités des commerçants de la ville consistaient principalement en ce qu'il était expressément défendu à tout marchand étranger de vendre en détail quelque marchandise que ce fut, sauf les comestibles, pendant aucun jour de la semaine, excepté le jour et le lendemain de la foire.

Au décès d'un membre de la corporation, tous les marchands, avertis par le clerc de la maîtrise, devaient assister au convoi funèbre, ayant chacun un cierge à la main. Les garçons devaient assister de même à l'enterrement d'un garçon, à peine pour les maîtres de dix sous d'amende et de cinq sous pour les garçons. Les nouveaux codes ont aboli tous ces usages.

Le 11 novembre 1744, Sa Majesté Louis XV, à son retour du siége de Fribourg en Brisgau, a passé à Belfort ; mais elle ne s'y est arrêtée que pour changer de chevaux et recevoir les hommages des autorités et de quelques députations, notamment celle des dames religieuses nobles du célèbre monastère de Massevaux dont la fondation, qui remonte au 8ᵉ siècle, est attribuée par quelques auteurs, au duc Athic, seigneur d'Alsace, parent de saint Léger et père de sainte Odile ; et d'après une inscription qu'on voit dans la chapelle latérale, à droite du jubé, de l'église neuve de Massevaux, cette abbaye aurait été fondée par le prince Mason (1), frère de saint Attale, neveu de saint Léger, afin de confier à la garde de ces pieuses chanoinesses le corps de son fils, le prince Mason, qui, encore en bas âge, se noya en 730, en tombant dans la Doller. Les restes de ce jeune prince, enfermés dans un cercueil de plomb, ont été définitivement

---

(1) D'après les chroniques, le prince Maso ou Mason était fils d'Adelbert petit fils du duc Athic, souche par la ligne masculine des ducs de Lorraine et de la maison de Habsbourg, et par la ligne féminine, des rois de France de la race Capétienne.

transférés en 1842 dans ce caveau mortuaire qui est vis-à-vis celui des comtes de Rosen et de Rothenbourg, anciens seigneurs de ce pays.

En 1747, Madame la Dauphine et le Dauphin ont séjourné à Belfort et ont logé dans l'Hôtel-de-Ville actuel, appartenant à M. Noblat, prévôt de la seigneurie, qui l'habitait. Ce magistrat présenta, selon l'usage, le vin d'honneur à ses illustres hôtes, dont la présence fut l'occasion de plusieurs réjouissances.

En 1754, Belfort prit le deuil en apprenant la mort de Monseigneur Pierre de Grammont, archevêque de Besançon. La carrière de cet éminent prélat mérite particulièrement d'être mentionnée ici.

Monsieur de Grammont, d'une famille dont le lustre brille encore aujourd'hui, étant capitaine de cavalerie, fut nommé, sous Louis XV, colonel commandant d'armes à Belfort. Il demeurait au *Marteau d'Or*, dans la maison Thové, qu'on a démolie pour construire l'Arsenal actuel. Cet officier supérieur était très charitable ; il fréquentait peu le monde et s'habillait fort simplement. Voulant un certain jour faire ses dévotions, il se présenta au père gardien des capucins, vêtu d'une simple capote. Le religieux, le prenant pour un soldat, le renvoya en lui disant : « Allez-vous-en, je ne confesse pas de soldats ; ce sont tous des libertins. » Le colonel se retira sans mot dire. Quelque temps après, M. de Grammont donnait un repas aux officiers de la garnison. Le capucin ne manqua pas de profiter d'une si belle occasion pour venir faire sa quête. M. de Grammont, revêtu de son grand uniforme, le reconnut, et lui donnant quelques pièces d'or : « Voilà, mon révérend père, lui dit-il, pour l'amour de Dieu, et voici le double pour qu'on entretienne dans votre couvent un confesseur pour les soldats libertins tels que moi. »

Cet officier, dont le service militaire n'était pas la vocation, quitta cette carrière pour embrasser l'état ecclésiastique plus conforme à ses sentiments. Par sa piété, par ses hautes connaissances, peut-être aussi à cause de sa naissance, il devint, comme nous l'avons dit, archevêque de Besançon, où il mourut très-regretté.

En 1788, un sergent-major du régiment de Royal-Liégeois, en garnison à Belfort, comptant sur l'appui de ses camarades excités par lui et qu'il avait ameutés contre les chefs, exigea, avec voies de fait et menaces, que ses officiers rendissent publiquement certains comptes, en prétendant que les soldats du corps avaient été spoliés dans diverses distributions. Cette grave atteinte à la discipline, jointe à une injurieuse accusation qui fut reconnue fausse, obligea de faire un exemple terrible. Ce militaire fut jugé et condamné à être pendu. L'exécution eut lieu sur la place du Manége, avec l'appareil formidable que l'on déploie dans les bagnes pour soumettre les caractères rebelles. Excepté quelques compagnies ayant les armes chargées et prêtes à faire feu, tous les hommes du régiment furent obligés d'assister à cette affreuse scène, à genoux et la tête découverte, avec défense expresse de proférer un mot en faveur du coupable. Après cette exécution, six soldats du régiment, qui avaient trempé dans ce complot, furent dégradés et ignominieusement chassés du corps.

Nous allons entrer dans la période de la révolution française, qui préluda en 1789 par la prise de la Bastille. Dire les causes qui amenèrent cette révolution, le bien et le mal qui en résultèrent, n'est pas de notre ressort; nous n'avons qu'à nous occuper de ce qui se rapporte à Belfort, et nous allons par conséquent raconter les scènes dont les habitants furent acteurs ou témoins en nous abstenant de tout commentaire.

En 1790, Belfort fut le théâtre d'une espèce d'insurrection. Voici à quel sujet.

Les officiers de hussards de Lauzun, 5ᵉ régiment qui arrivait de Nancy, où le brave et généreux Desilles venait de périr victime de son dévouement, donnèrent, contrairement à une récente ordonnance qui interdisait en ce moment toutes ces sortes de réunions, un repas de corps à leurs collègues de Royal-Liégeois. Ce festin, qui eut lieu au café-restaurant Béchot, dont le fils est devenu général, finit à peu près par avoir les suites de l'orgie de l'année précédente à Versailles, où les gardes du corps avaient foulé aux pieds la cocarde tricolore. On rapporte que, dans son enthousiasme bachique, un major tira son épée dans la rue, qu'il mit au bout son mouchoir blanc, et qu'enflammé d'une ardeur guerrière, il présentait ce drapeau aux bourgeois inoffensifs, en les forçant à crier : Vive le roi ! Les Belfortains, se rappelant les récents massacres de Nancy, tinrent tête à ces officiers. Il s'ensuivit une émeute générale entre le civil et le militaire : chacun cherchant un adversaire. Kléber, qui avait déjà fait ses preuves et dont le courage fut plus tard apprécié sur le champ de bataille, se trouvait habitant de Belfort, où il exerçait la profession d'architecte inspecteur des bâtiments publics de l'arrondissement. (1)

---

(1) Il logeait sur la place d'Armes, dans la maison de M. Parisot, pharmacien, dont il était l'ami.

Il provoqua en duel plusieurs de ces officiers, dont aucun n'osa se mesurer avec lui. C'est qu'il faut dire que Kléber était un Hercule dont le regard était pétrifiant, et qu'il faisait des armes comme Cyrano de Bergerac. La municipalité se constitua en permanence ; elle fut outragée par la garnison qui voulait la forcer à se disperser, mais elle résista. Le grand-père du cafetier Menrad Stroltz, porte-drapeau de la garde nationale en 1830, se trouvait à cette époque à la tête de la municipalité de la ville. Cette souche d'une famille de géants jouissait d'une stature imposante et d'une fermeté de caractère digne des temps antiques. Voulant calmer une effervescence qui pouvait occasionner de grands malheurs, il ceignit son écharpe tricolore et se coiffant du bonnet rouge, dont la mode était officiellement obligatoire pour un fonctionnaire, il se présenta au colonel de Royal-Lauzun, auquel il adressa l'allocution suivante : « Citoyen co-
« lonel, ton régiment est la cause du désordre qui
« règne en cette ville. Je viens d'en informer l'As-
« semblée nationale pour que les auteurs soient pu-
« nis, et pour provoquer le prompt départ du régi-
« ment. En attendant, je t'engage à maintenir tes
« soldats dans le devoir, car au moindre conflit, je
« fais descendre mes montagnards au bruit du tocsin
« et alors je ne réponds plus de ce qui peut arriver. »

Le conseil général de la commune, en instruisant l'Assemblée nationale de cette émeute, eut la précaution d'envoyer sa plainte par une estafette pour qu'elle ne fut pas interceptée. Peu de jours après, l'Assemblée nationale envoyait un décret sanctionné par le roi, pour faire arrêter et conduire sous bonne garde, à la prison de l'Abbaye St-Germain, à Paris, le sieur de Latour, représentant le ci-devant colonel propriétaire du régiment Royal-Liégeois, le sieur Greinstein, major audit corps et le sieur Châlon, adjudant de place, qui expièrent douloureusement la faute d'avoir excité cette manifestation. L'Assemblée nationale fit connaître que l'insurrection provoquée à Belfort se rattachait à un complot du général Bouillé, ancien gouverneur de la Lorraine, pour livrer notre ville aux émigrés, qui attendaient à Coblentz l'effet d'une échauffourée sourdement préparée de longue main.

En 1792, on se mit en mesure d'exécuter le décret du ministre de la justice Danton, qui ordonnait de faire des visites domiciliaires et de désarmer et arrêter les suspects. Bientôt tous nos pavillons, casernes et autres monuments publics se trouvèrent remplis de gens arrêtés sur la moindre dénonciation. La plupart de ces victimes tremblaient pour leur vie, surtout quand elles apprirent le massacre des prisons de Paris.

M. Christophe Lapostolest, aïeul de la famille de ce nom, en sa qualité de riche et notable négociant, n'était pas tranquille. Une excellente idée le tira d'inquiétude et le sauva. Comme il avait des fils au service, il fit peindre en gros caractères sur la façade de son habitation les mots suivants :

CETTE MAISON APPARTIENT A UN PATRIOTE
PÈRE DE DOUZE GARÇONS
DONT SIX SERVENT LA NATION ET LES SIX AUTRES
SONT PRÊTS A PARTIR.

Les volontaires des nombreux bataillons qui se portaient sur le Rhin et des rangs desquels, malgré leur chétive apparence, la France devait voir un jour surgir les plus grands généraux dont elle ait à s'enorgueillir, voyant cette inscription capable d'entretenir le feu sacré qui les entraînait aux frontières, ôtaient respectueusement leur chapeau en criant : Vive la liberté ! Peu s'en fallut qu'au lieu de conduire en prison ce paisible négociant on ne le portât en triomphe.

Dans le même temps, Belfort fut témoin d'une scène dramatique des plus émouvantes. Un Suisse qui avait bu avec des militaires de la garnison, ayant été accusé d'embauchage, fut arrêté, jugé et condamné à être guillotiné sur la place publique de Belfort. Ce nouvel instrument de supplice n'avait été inventé que depuis deux ans à peine par un médecin de la ville de Saintes, nommé Guillotin, membre de l'Assemblée, et qui mourut de chagrin de voir l'horrible abus que l'on faisait d'une machine qu'il avait cru, par humanité, devoir abréger les souffrances des criminels condamnés à mourir.

Les habitants de Belfort et des lieux circonvoisins, curieux de voir fonctionner cet instrument, dont la terrible réputation n'était pas encore établie, se portèrent en foule à cet affreux spectacle, qui s'efface peu à peu de nos mœurs.

Le patient ayant été amené sur l'échafaud, un homme de loi lui lut son jugement. A chaque pause, le condamné disait : « C'est bien, ou, c'est vrai; mais on me laissera parler ensuite. » Mais lorsque la lecture fut achevée, et qu'il vit que les exécuteurs s'emparaient de sa personne pour l'attacher à la fatale bascule sans lui permettre de haranguer le peuple, il fit de tels efforts que les trois exécuteurs qui étaient novices dans ce métier, eurent infiniment de peine à venir à bout de leurs préparatifs. Enfin la chute du triangle d'acier n'ayant pas séparé la tête du tronc, le supplicié et la foule jetaient des cris épouvantables. L'exécuteur en chef, éperdu et consterné, monta sur la machine pour presser avec son genou le sanglant couperet, mais voyant que ses efforts étaient infructueux, il tira de sa poche un grand couteau avec lequel il acheva de décapiter cette infortunée victime. Les clameurs de la multitude indignée résonnent encore aux oreilles des personnes vivantes, qui ont vu cette exécution et qui prétendent que ce malheureux martyr de ces moments de discorde, est mort innocent du crime d'embauchage pour lequel il a souffert une mort cruelle et ignominieuse.

La Révolution française faisant des progrès, l'effervescence des Belfortains devint à son comble, lorsqu'on apprit que les Autrichiens se rapprochaient de nos frontières. Les citoyens excitaient la municipalité à ordonner le départ en masse. Le conseil du district, pour répondre au vœu général, fit publier que les volontaires eussent à se faire inscrire à la commune, afin de régulariser la formation des bataillons. Belfort fournit son contingent, et bientôt on y compta une foule d'officiers distingués dont plusieurs devinrent généraux.

Le 9 août 1792, d'après les nouvelles de ce qui se passait aux frontières, un parti se forma spontanément à Belfort, pour faire une incursion dans le pays de Porrentruy, dont la majeure partie des habitants demandait son annexion à la France, malgré l'approche des Autrichiens qui venaient dans cette contrée, et les renforts prêtés maladroitement par le duc de

Wurtemberg prince de Montbéliard, qui s'était fait leur allié. Mais déjà Porrentruy était occupé par les troupes françaises, commandées par le général Custine, qui ne s'attendait pas à périr sur l'échafaud l'année suivante. Ce chef reçut du ministre Dumouriez l'ordre de chasser les Autrichiens de ce pays ou de les faire prisonniers. Comme les armées françaises commençaient à imposer partout leur volonté, l'expédition dictée par l'enthousiasme belfortain n'eut pas de suites.

Le 31 du même mois, lorsqu'on apprit que le prince de Montbéliard, ville dont une partie des habitants faisait des vœux pour les Français, avait trahi notre cause pour se liguer avec l'ennemi, l'exaltation des esprits fut au comble. Le conseil général de Belfort, informé des intentions du gouvernement et ne pouvant maîtriser l'effervescence patriotique que cette nouvelle avait causée en ville, prit une délibération qui régularisait cette démarche extra-légale. Il décida que M. Marcon, chef de légion de la garde nationale, commandant la force armée du district, serait chargé avec toutes les troupes sous ses ordres, d'aller occuper la ville de Montbéliard et de s'emparer de l'artillerie de cette place et de toutes les armes, munitions, hommes armés et autres choses de ce genre appartenant au duc de Wurtemberg, souverain de cette principauté, convaincu d'avoir, dans l'intérêt du corps germanique, prêté des secours en armes, en hommes et en argent aux ennemis de la France.

La délibération du conseil, qui existe sur les registres de la mairie, prescrivait d'informer les habitants de Montbéliard que cette guerre n'avait lieu que contre le prince, qui s'était immiscé mal à propos dans un différend auquel il aurait dû rester étranger, et non contre les bourgeois, nos voisins, dont les personnes et les propriétés seraient respectées.

Dans un pareil moment d'enthousiasme, où la patrie venait d'être déclarée en danger et où le roi lui-même avait été arrêté, il ne fallait qu'un signe pour lever une légion. Le lendemain, au moment de son départ, l'expédition comptait 5,000 hommes, en y comprenant les bataillons de la Côte-d'Or, cantonnés à Giromagny, les renforts venus des environs, armés de fusils, de piques et de haches, et ceux d'Héricourt, accourus munis de faulx, de tridents et, dit-on, de sacs.... vides, un escadron de hussards de la garnison et quelques pièces de canon. M. Marcon, qui avait été chargé de commander cette incursion, était un ancien militaire né dans le midi de la France. C'était un de ces hommes d'action que l'on est heureux de posséder dans ces moments de trouble et que très souvent on oublie, quand on ne s'en moque pas, lorsque le péril est passé. Il était redoutable à l'escrime et doué au suprême degré de cette énergie si nécessaire dans ces jours difficiles. Il organisa cette troupe hétérogène, qui, par acclamation, lui déféra le titre de général, comme au temps des Gaulois.

Le premier septembre 1792, la phalange belfortaine entra dans les murs de Montbéliard sans coup férir. Le général Marcon s'était fait annoncer par un parlementaire. Le prince de Wurtemberg, qui avait à se reprocher des torts qu'il avoua plus tard, n'étant pas en état de résister à l'impétuosité des patriotes qui venaient l'assaillir, prit la fuite. Les habitants, qui pressentaient que le règne de leur prince allait finir, accueillirent parfaitement les Belfortains. Les magistrats voulurent bien aussi recevoir amicalement cette troupe française et accéder à ce que le chef exigeait de la prompte remise des armes qui pouvaient exister en ville; mais par un honnête scrupule, ils ne pouvaient pas prendre sur eux de transiger sur ce qui concernait le château, armé de canons, ayant une garnison de 100 hommes d'infanterie et de 25 cavaliers, et commandé par un gouverneur particulier qui faisait mine de vouloir se défendre. Pour résoudre aussitôt ce point de la capitulation, M. Marcon envoya trois hussards porter son ultimatum, par lequel il requérait que si, dans une heure pour tout délai, la garnison du château ne descendait pas sans armes sur la place et à sa discrétion, qu'il ferait immédiatement usage de la force qu'il avait en main.

Le parti des habitants de Montbéliard qui tenait pour les Français, se porta aux halles, où siégeait le conseil de régence, en lui déclarant que si le château avait le malheur de se défendre et d'attirer sur la ville des calamités de guerre qu'on avait craint d'abord et dont les vainqueurs ne paraissaient pas devoir user, qu'ils se rangeraient du côté des assaillants. Le conseil, se voyant obligé de fléchir, intima l'ordre à M. Parrot, gouverneur du château, de ne pas essayer une vaine résistance et de consentir à la remise de cette forteresse, attendu qu'une grande partie des habitants se révolutionnaient et pactisaient avec l'armée belfortaine. On vit bientôt descendre du fort les 125 hommes de la garnison qui se rendaient sans armes sur la place; ils furent enfermés pendant la journée. On logea la troupe belfortaine partie en ville et partie au château. Le lendemain, l'expédition ramenait à Belfort les 125 militaires prisonniers et les chevaux de guerre, plusieurs voitures chargées de poudre et d'armes de toute espèce, fusils, sabres, pistolets, piques, etc. et neuf pièces de canon dont quelques-unes étaient de fonte.

M. Marcon rapporta à la municipalité de Belfort des certificats dont nous avons vu les copies inscrites dans les registres de la mairie. D'une part, les magistrats de Montbéliard déclaraient que, grâce à la fermeté et à la conduite de ce chef, auquel ils se plaisaient à rendre justice, l'ordre n'avait pas cessé de régner dans sa troupe qui ne commit aucun acte répréhensible. Pareille attestation lui fut donnée d'un autre côté par les capitaines et officiers commandant les troupes de S. A. S. le duc de Wurtemberg, faisant l'éloge de l'équité avec laquelle ce commandant avait rempli sa mission, sans qu'on ait eu à déplorer le moindre désordre.

Quelques Belfortains, contemporains de cet événement, qu'ils ne se rappellent qu'avec des variantes imaginées par la jalousie, racontent que le château fut pillé par les vainqueurs, et que les canons ramenés en trophée n'étaient que de bois. Cette invention de la malveillance est totalement fausse, et n'a pu être propagée que pour ternir les lauriers des patriotes et ridiculiser les vainqueurs et les vaincus. Malgré les renseignements certains que nous possédions déjà, nous avons écrit à Montbéliard même afin d'avoir les mains pleines de preuves pour convaincre de la vérité les incrédules s'il s'en trouvait encore.

M. Marcon, cafetier, demeurant dans sa maison sur la place d'Armes, a vécu fort longtemps. Il se complaisait sur ses vieux jours à s'entendre dire M. le

Général, et à raconter ce fait d'armes, qui n'est pas sans mérite (1).

Montbéliard, enclavé dans le territoire français, ne pouvait manquer de changer bientôt de maître. Comme il n'avait pas été compris dans les capitulations lors de l'annexion à la France de l'Alsace et de la Franche-Comté, la République en fit l'objet d'un traité. En conséquence, cette principauté fut jointe à la France en 1796, et fut comprise avec Porrentruy dans le département du Mont-Terrible.

Voici la copie de cette stipulation particulière :

« Art IV. S. A. S. le duc de Wurtemberg et Teck renonce, en faveur de la République française, pour lui, ses successeurs ou ayants-cause, à tous ses droits sur la principauté de Montbéliard et autres en dépendant, ainsi que le comté de Orbourg, les seigneuries de Riquewihr et Osthein, et lui cède généralement toutes les propriétés, droits et revenus fonciers qu'il possède sur la rive gauche du Rhin, etc., etc. »

Deux ans après, les bourgeois et les magistrats de Mulhouse, ville qui dépendait alors de la Suisse, demandèrent unanimement à être incorporés à la France, ce qui leur fut accordé par le traité du 11 ventôse 1798.

Comme le cadre dans lequel nous sommes enfer-

---

(1) Ceux qui, par esprit de clocher, ont attribué la facilité de cette conquête à la couardise de nos voisins, se sont étrangement trompés. Nous leur apprendrons qu'en l'année 1575, cent cinquante Montbéliardais seulement se sont emparés de Besançon, qui cependant à cette époque était déjà entouré de remparts et fermé de portes qu'ils brisèrent dans une seule nuit. Il est vrai que, forcés de succomber sous le nombre, la plupart furent pris, massacrés, écartelés ou décapités.

(Histoire de la Franche-Comté, par l'académie de Besançon, 1850.)

mé ne nous permet pas de reproduire ici l'histoire de l'Empire que chacun connaît, ainsi que les désastres de Moscou qui en furent la suite; nous allons, sans préambule, arriver au blocus que Belfort soutint à la première restauration.

Depuis quelque temps des rumeurs vagues répandues dans le public annonçaient que de grands événements se préparaient.

Le 22 décembre 1813, on apprend par quelques Belfortains revenant de voyage, que l'ennemi avait passé le Rhin à Bâle, et qu'en ce moment il foulait le sol français. Ce rapport, d'abord incroyable, ayant été confirmé, M. Legrand, commandant de place à Belfort, conformément au décret qui règle ce cas extraordinaire, déclara la ville en état de siége et prit toutes ses dispositions. On composa à l'instant un conseil de défense sous les ordres de M. Legrand, auquel on adjoignit MM. Kail, colonel du 3e de ligne, Delorme, major, commandant le 14e chasseurs à cheval, Lalombardière, chef de bataillon d'artillerie, Emon, capitaine du génie et Ledain, secrétaire-archiviste.

La garnison se composait d'environ 2,600 hommes d'infanterie de divers régiments et fort mal équipés. A défaut de cavalerie pour pousser des reconnaissances et placer des vedettes, on envoya à l'avancée des patrouilles d'infanterie. Les rues et les places furent éclairées toutes les nuits au moyen de reverbères, et l'on donna l'ordre de faire moudre tous les grains qui se trouvaient dans les magasins.

Le 25 décembre, un général bavarois arrivé la veille en vue de Belfort, ayant investi la place, envoya un parlementaire pour qu'on lui ouvrît les portes de la ville. Ses propositions ayant été repoussées, il commença aussitôt ses dispositions de siége. Le 29 décembre, pendant la nuit, il commença par faire tirer sur la place une grande quantité de boulets et d'obus qui firent beaucoup de dégâts et tuèrent plusieurs soldats.

Pendant la continuation du siége, des colonnes d'Autrichiens succédèrent aux Bavarois. Les généraux ennemis proposèrent plusieurs fois des capitulations qui furent toujours repoussées. Il s'ensuivit des menaces et des commencements de bombardement qui n'eurent aucun résultat bien grave. Belfort tint ferme, malgré l'affaiblissement de sa garnison, la famine qui se faisait sentir cruellement, et les maladies nombreuses qui affligeaient les soldats et les bourgeois.

Nous passerons sur le détail des opérations du siége tant du côté de l'attaque que de celui de la défense ; nous nous bornerons à dire, afin de faire mieux juger de l'importance de ce siége, que, dans la seule journée du 30 décembre 1813, l'ennemi a lancé 1,200 obus sur la ville et sur le château, sans grandement les endommager. Les vivres étant venus à manquer, on fut obligé de recourir à la dénonciation pour s'en procurer. Par une proclamation, on promettait 200 francs et plus à quiconque indiquerait un dépôt de grains ou de farine, et des peines graves étaient prononcées contre tout détenteur de ces denrées qui n'en ferait pas la déclaration.

Enfin, après toutes les horreurs d'un siége subi pendant un hiver rigoureux, manquant de vivres, accablé par mille besoins, au milieu des dégâts de l'incendie, entouré de morts et de mourants et n'ayant aucun moyen de résistance, il fallut songer à un accommodement digne de l'héroïque fermeté des défenseurs de la forteresse. En conséquence, le conseil de défense autorisa le commandant de place à entrer en pourparler avec le général autrichien Drechsel, pour obtenir une capitulation honorable.

Le 12 avril 1814, M. le chef de bataillon Legrand, commandant de place, et M. le lieutenant-général baron Drechsel, commandant les troupes autrichiennes du blocus, signèrent une capitulation dont les principales dispositions étaient :

« 1° Que la ville et le château seraient reçus par
« les troupes autrichiennes au nom du gouvernement
« provisoire français ;

« 2° Que la garnison française sortirait avec armes
« et bagages, tambours battant, mèches allumées,
« précédée de deux canons et de deux caissons à son
« choix ;

« 3° Qu'après avoir dépassé le faubourg de France,
« la garnison déposerait les armes, les deux pièces
« de canon et les caissons ; mais que les officiers
« garderaient leur épée, leurs chevaux et leurs effets.

« 4° Que la garnison française prêterait le ser-
« ment de ne pas porter les armes contre les puis-
« sances alliées, jusqu'à la conclusion de la paix. »

Par les articles suivants, on réglait la position des malades et la remise des établissements militaires aux commissaires autrichiens. On convint que les habitants ne seraient nullement inquiétés dans leurs biens ou dans leur personne, pour opinion ou pour fait de religion ou de politique.

Telle est la fin de ce premier blocus, qui fut une véritable calamité pour les habitants. Plusieurs y périrent; d'autres y perdirent une partie de leur avoir ou furent entièrement ruinés.

Pour semer un peu de diversion dans ce récit, nous allons rapporter un épisode de ce siége à cause de sa singularité.

Pendant la nuit du 31 décembre 1813 au 1er janvier 1814, le général autrichien, sans égard pour d'anciens compatriotes, fit jeter dans la ville quelques centaines d'obus, que les Belfortains, avec le caractère jovial qui les distingue, appelaient les oranges du nouvel an. Depuis peu de temps, dans la rue du Petit-Marché, un jeune ménage venait de s'établir : c'était celui de François Bringé, tailleur d'habits, tout nouvellement marié. Cette circonstance amenait chez lui force visiteurs. Afin de faire plus de place aux voisins et voisines qui venaient se retremper de leurs craintes au contact de ces jeunes époux, soit aussi pour assurer la tranquillité de leur réunion en fermant la seule issue possible aux projectiles, Bringé avait placé, sous la hotte de sa cheminée de cuisine contiguë à son unique chambre, sa commode renfermant ce qu'il avait de plus précieux en linge, hardes et autres effets, puis, par précaution, il empila sur ce meuble sa petite provision de bois débitée pour son hiver. Comme on se couchait rarement pendant les nuits de bombardement, il y avait, dès la veille du nouvel an, une vingtaine de personnes rassemblées dans l'appartement en question, que l'on croyait si bien abrité.

Le froid était vif, la neige continuait de tomber : il y en avait partout plus d'un demi-pied d'épaisseur, et malgré la pluie de bombes, de boulets et d'obus qui inondait la ville, on était sans appréhension dans ce petit cercle, et l'on allait se souhaiter la bonne année, quand tout-à-coup, par un de ces hasards surprenants, un obus de gros calibre entre dans la cheminée, descend par le tuyau, met le feu au bois et au meuble, et à peine a-t-il touché terre qu'il éclate dans l'appartement en éteignant les lumières, remplissant la chambre de fumée et fracassant tout. Au milieu de ce désordre inexprimable, plusieurs personnes furent blessées, mais aucune ne fut tuée, pas même des enfants dont les berceaux furent renversés et couverts de décombres. Aucun carreau de vitres ne resta intact dans toute la maison, qui fut lézardée, et la devanture de boutique alla se plaquer tout d'une pièce contre la façade vis-à-vis. Bringé, par cet événement, non seulement devint sourd, ce qui est déjà un malheur, mais en voyant l'immense dégât qui était la suite de l'explosion, il s'écria : J'ai tout perdu ! Ainsi que François Ier à Pavie, il aurait pu ajouter : fors l'honneur, car cet honnête père de famille, que cet événement a ruiné, est généralement estimé, et aurait mérité d'être indemnisé de ce fait de guerre qui, au début de sa carrière, lui a enlevé les moyens de parvenir en travaillant. Les journaux, ainsi que les almanachs de l'époque, ont enrichi leurs pages de cette aventure singulière, dont plusieurs témoins sont encore vivants.

Revenons aux événements ultérieurs à la capitulation qui suivit le blocus de 1814.

Chacun sait que Napoléon quitta l'île d'Elbe en 1815, et qu'il fut presque porté aux Tuileries sur les bras des troupes et des populations qu'il traversa. Prévoyant l'effet que sa présence allait produire sur les puissances alliées, il s'empressa d'organiser ses armées.

Par un décret impérial du 1er mai 1815, toutes les places fortes du nord et de l'est furent déclarées en état de siége.

M. le baron Polasson, major, qui commandait alors la place de Belfort, fit savoir aux autorités civiles que, par suite d'une communication que venait de lui faire parvenir M. le général Montfort, chef d'état-major du corps d'observation du Jura, Belfort se trouvant compris dans le décret ci-dessus, on devait promptement pourvoir à un approvisionnement pour au moins 4,000 hommes pendant six mois, et prévenir les habitants de se mettre en mesure d'en faire autant.

On fit aussitôt venir du département de la Haute-Saône tout l'approvisionnement en grains nécessaire pour la place. La garnison ne se composait en totalité que d'environ 3,000 hommes et une soixantaine de chevaux.

Ces trois mille hommes étaient en grande partie des gardes nationaux mobiles venant des départements du Doubs et du Jura et qui étaient logés moitié au château, moitié en ville et au faubourg. Le reste se composait d'une faible compagnie du 1er régiment d'artillerie, de la compagnie de sapeurs-pompiers et de la compagnie de canonniers de la garde nationale de Belfort, forte de 150 hommes.

On commença par blinder l'hospice servant d'hôpital, ainsi que le magasin des vivres, et, par une sage précaution, on fit venir deux nouvelles pompes à incendie. Un mois après, le 8 juin, il arriva dans la place un convoi du train d'artillerie appartenant au parc. On mit un plancher dans l'église pour y emmagasiner les farines, et l'on fit plusieurs dispositions de défense que nous croyons prudent de taire, quelque curieux que l'on soit de les connaître.

L'armée d'observation qu'on avait placée à Belfort, était commandée par le général Lecourbe, homme de guerre d'un grand mérite, et dont nous donnerons la biographie abrégée à l'article Célébrités du Pays.

Le général autrichien Colloredo, avec une armée de 40,000 hommes, ayant forcé le passage que défendait le général Abbé, sur la rive gauche du Rhin, s'étant déjà emparé de Montbéliard, s'avançait vers Belfort dans les premiers jours du mois de Juillet et commençait à serrer de près cette ville. Plusieurs escarmouches eurent lieu pour en défendre l'approche.

La plus forte eut pour théâtre la lisière du bois d'Offemont, où, grâce à l'arrivée du général Lecourbe, qui accourut avec deux bataillons du Jura et le 3e hussards chamborans, l'ennemi fut culbuté et mis dans une déroute complète par le secours auxiliaire de deux pièces de canon qu'on avait placées sur la hauteur de la Miotte.

Malgré cet avantage, le général Lecourbe sentit la nécessité de couvrir Belfort. Il avait rapproché de cette place la plus grande partie de son faible corps d'armée pour contenir l'ennemi, qui s'était emparé du village de Perouse et qui en avait incendié plusieurs maisons.

Le général Castex, qui commandait la cavalerie, occupait Bavilliers avec quelques troupes. Il y fut attaqué par une colonne nombreuse ; mais, au bruit du canon, le vigilant Lecourbe arriva au galop avec un escadron du 13e chasseurs qui, ayant perdu ses principaux chefs, était commandé par le sous-lieutenant Pierre Lidy (1). Cet officier fit sonner la charge et repoussa les assaillants, qui furent culbutés et mis en fuite. Les chasseurs revenant sur Belfort en poursuivant l'ennemi, rencontrèrent encore près du bois de la Perche un bataillon carré de Hongrois marchant à la baïonnette, mais ils furent sabrés jusqu'au dernier ; triste revanche de l'ancien massacre sur le même terrain de nos aïeux par les Suédois.

De temps à autre, la charrue du cultivateur met à découvert dans ces champs des fragments de squelettes, des armes rouillées, des casques et autres objets militaires, qui donnent aux vers suivants de Virgile la plus exacte application :

> Un jour le laboureur dans ces mêmes sillons
> Où dorment les débris de tant de bataillons,
> Heurtant avec le soc leur antique dépouille,
> Trouvera sous ses pas des dards rongés de rouille,
> Entendra retentir les casques des héros,
> Et d'un œil effrayé contemplera leurs os.

A la suite de cette affaire, l'ennemi resta quelque temps dans l'inaction, sans même oser attaquer ou approcher des ouvrages qui entouraient l'espèce de camp retranché où le général Lecourbe avait établi ses troupes devant Belfort.

Le manque de subsistances se fit bientôt sentir dans le camp et dans la ville. Le général apprenant le retour d'un escadron et de 300 hommes commandés par le colonel Ségauville du 3e hussards, qu'il avait envoyés à Vesoul pour chercher un convoi de vivres, fit attaquer l'ennemi sur la ligne de Bavilliers et d'Essert, de

---

(1) Ce brave officier décoré est né à Bourbach-le-Bas ; il est mort en 1849 à Altkirch où il s'etait retiré après le licenciement de 1815, et où il fit partie jusqu'à sa mort de l'administration municipale.

manière à dégarnir la route de Lure, et, par cette diversion, faciliter l'entrée de son ravitaillement, qui, en effet, pénétra sans encombre dans la place, au nombre de cent soixante voitures chargées de farine, d'avoine et d'eau-de-vie.

Le 11 juillet, le général Lecourbe fit de nouveau attaquer la brigade ennemie pour ouvrir un passage au général Delorme, qui venait de Besançon avec un deuxième convoi de vivres. Ce même jour, le général autrichien Colloredo, ayant reçu la nouvelle officielle de la rentrée du roi Louis XVIII à Paris, se hâta d'en faire part au général Lecourbe, qui conclut avec son collègue un armistice qui mit fin à ce blocus.

Cette suspension d'armes, signée en double expédition à Bavilliers, le 11 juillet 1815, par des fondés de pouvoir respectifs, savoir : le baron de Montfort pour la France, et le baron Marchal pour l'Autriche, portait entre autres dispositions, que l'armistice serait observé jusqu'à la paix, ou qu'en cas de rupture, les hostilités ne reprendraient qu'après un avertissement préalable dénoncé quinze jours à l'avance ; que les villages de Bavilliers, d'Essert et de Perouse seraient neutres ; que celui de Cravanche devrait être occupé par les troupes autrichiennes, celui du Valdoie par les troupes françaises, Offemont par les Autrichiens et Danjoutin par les Français ; que chaque quinzaine les approvisionnements de bouche de l'armée française, tirés des magasins de l'intérieur, entreraient librement, et que leur transport et leur arrivage seraient protégés par l'armée autrichienne ; que les dépêches du général Lecourbe au gouvernement français, ainsi que les réponses, seraient fidèlement transmises par l'intermédiaire du général en chef autrichien ;

enfin, que cette suspension d'hostilités serait portée à la connaissance de toutes les troupes des deux camps pour être loyalement exécutée aussitôt la ratification de ces conventions par les généraux en chef.

Cet armistice fut approuvé et signé par LL. EExc. le comte de Colloredo-Mansfeld, général en chef du 1ᵉʳ corps de l'armée autrichienne, et par le comte Lecourbe, pair de France, général commandant en chef le corps d'observation du Jura.

Telle fut la fin d'une campagne de 15 jours, pendant laquelle huit à neuf mille Français, dont les deux tiers étaient des gardes nationaux peu exercés, tinrent tête sans désavantage à une armée aguerrie de plus de 40,000 hommes, qui eut 1,500 de ses soldats hors de combat dans cette courte expédition.

Le général Lecourbe se plut à rendre témoignage de la conduite et du courage qu'avaient montrés les canonniers bourgeois, tant dans le service des pièces au château que dans les sorties où plusieurs furent blessés.

Le trône des Bourbons se rétablit grâce aux puissances alliées, auxquelles il fallut payer des frais de guerre immenses, pour la sûreté desquels ils occupèrent pendant plusieurs mois une grande partie du pays. Par suite des traités de 1815, le royaume reprit ses anciennes limites, la forteresse d'Huningue fut démantelée, et Belfort, devenant alors ville de guerre de première ligne, acquit une haute importance.

Il y avait quelques années que la France commençait à goûter les douceurs d'une paix chèrement achetée, quand une foule d'actes réactionnaires occasionnèrent des murmures dans une partie notable de la nation. Les rigueurs du gouvernement ne firent qu'aigrir les esprits et aliéner les cœurs déjà mal disposés. Un parti considérable de mécontents composé de gens qui avaient été déçus dans leurs espérances, et augmenté d'un assez grand nombre de victimes des événements politiques, fit une guerre sourde au pouvoir. Les journaux et les pamphlets, répandus partout à foison, insinuaient qu'il était humiliant pour la France d'être gouvernée par un roi imposé par les baïonnettes étrangères. On rappelait la gloire des armées impériales qu'on semblait vouloir effacer de l'histoire en rayant du Livre d'Or le nom de l'homme qui les commandait et dont les monuments impérissables attestent la grandeur. On reprochait encore à la famille royale la mort du maréchal Ney et la suspicion où elle tenait les anciens militaires, à qui toutes les carrières étaient fermées. On faisait enfin appel à tout ce qui pouvait être antipathique aux Bourbons, et le nombre s'en trouvait considérable.

On nous passera cette digression qui était nécessaire, non pour justifier la conspiration qui eut lieu à Belfort, en 1822, mais pour faire comprendre combien déjà le gouvernement royal était assez peu considéré dans l'opinion pour que l'on crût suffisant de conspirer à cent lieues de la capitale pour abattre le trône. Cette conspiration, dont nous avons été témoin, étant un fait acquis à l'histoire, nous allons la raconter dans tous ses détails. Nous emprunterons aussi à divers ouvrages, notamment à la *Revue d'Alsace*, des révélations importantes, concernant la participation de hauts personnages dont les noms et qualités n'ont pas même été prononcés pendant le procès que nous avons sous les yeux.

    Ne perdons point de temps, déjà la nuit plus sombre
    Couvre nos grands desseins du secret de son ombre...

Ainsi que nous l'avons dit tout à l'heure, pendant les premières années de la Restauration, les libertés recevaient chaque jour de graves atteintes, malgré les avertissements réitérés de la presse et les manifestations de la majorité de la nation et de ses députés libéraux, dont le parti grossissait en dépit des entraves officielles. Les cris de réforme, qui retentissaient du haut de la tribune nationale, trouvaient de l'écho dans la France tout entière. Cet état de choses augmentait tellement le mécontentement général, que plusieurs grands personnages, croyant le moment venu de l'expulsion de la dynastie régnante, se mirent en mesure de jouer un rôle dans les événements qui se préparaient.

On sait qu'en 1818, après une tentative d'insurrection qui avorta, les membres les plus influents de la société des Amis de la Vérité, obligés de quitter la France, allèrent offrir leurs bras à la révolution de Naples et furent affiliés à une société appelée des *Carbonari*, qui enveloppa toute l'Italie.

C'est de ce pays qu'on apporta en France le plan d'une immense association, dans laquelle on initiait tous les ennemis déclarés du gouvernement royal, qui se trouvèrent en grand nombre. Ce fut du sein de ces réunions appelées *ventes* que sortirent ces violents écrits dont on se souvient encore. L'avidité avec laquelle on recherchait ces pamphlets, aurait dû ouvrir les yeux au gouvernement et lui montrer le peu de sympathie du peuple à son égard ; mais l'aveuglement augmentait à mesure que les années semblaient affermir un trône qui devait tomber huit ans plus tard, malgré les formidables baïonnettes suisses dont il s'était entouré.

Le parti révolutionnaire, voyant que la propagande au moyen de la presse était insuffisante pour arriver à son but, crut devoir recourir à l'insurrection armée et triompher enfin par la force : en conséquence, le mot d'ordre fut lancé.

Dans cette lutte, où des hommes dévoués allaient jouer leur vie au signal de leurs chefs inconnus, chaque département devait fournir son contingent. Le Haut-Rhin, tant à cause de son patriotisme que par sa position frontière qui devait résister au premier choc de la réaction étrangère, avait été, ainsi que d'autres départements, appelé à concourir avec Paris à la révolution qui se préparait. Sur les cinq députés du Haut-Rhin, quatre appartenaient à l'extrême gauche de la Chambre, c'est à dire à l'opposition.

Ces vigoureux athlètes qui, du haut de la tribune nationale, battaient incessamment en brèche les partisans de la monarchie, étaient Voyer-d'Argenson, Bignon, Georges Lafayette et Jacques Kœcklin, dont nous reparlerons plus tard. Déjà, en 1820, dans une sédition qui avorta, on vit figurer les noms de Manuel et des colonels Pailhès, Fabvier et Brach, ainsi que ceux du lieutenant-colonel Caron, et de Dublar, Pégulu et Desbordes, qui furent acquittés par arrêt de la Chambre des pairs et que nous retrouverons tout à l'heure. Cet arrêt d'acquittement démontrait déjà que la pression exercée sur cette Chambre supérieure lors du procès du maréchal Ney n'existait plus, ou qu'elle était sans influence.

Ce fut donc une année plus tard, en 1821, qu'on prépara la conspiration de Belfort.

Le département du Haut-Rhin avait été définitivement choisi pour le théâtre du hardi coup de main qui devait avancer de huit ans la révolution de 1830. Napoléon venait de mourir à Sainte-Hélène ; ses partisans dans la révolte croyaient s'exposer pour les héritiers de son trône, d'autres songeaient à fonder une République et d'autres enfin, sans aucunes vues ultérieures, se laissaient entraîner par le torrent.

Le mouvement insurrectionnel qui devait partir de Belfort, avait été fixé par le comité central de Paris, à la nuit du 1er au 2 janvier 1822 ; le 29e régiment de ligne, dans lequel servait Armand Carrel, tenait alors garnison à Belfort. Ce fut ce régiment, où la charbonnerie napolitaine avait de fortes ramifications, qui devait donner le signal d'une levée de boucliers destinée à amener une grande révolution populaire dans la France entière.

Le colonel Pailhès des grenadiers à pied de l'ex-garde impériale, avait été désigné pour commander en chef. A cet effet, il s'était rendu incognito plusieurs jours d'avance dans les murs de Belfort.

Des députés en renom devaient venir se mettre à la tête du mouvement pour se constituer sur les lieux mêmes en gouvernement provisoire et organiser les administrations départementales et communales, en attendant que la nation pût être appelée à élire une Assemblée Constituante qui déciderait de la forme définitive du gouvernement, ainsi que des institutions à donner à la France d'après les vœux de la majorité.

Les députés qui avaient été investis à cette époque du mandat de représentants pour le pays, étaient Lafayette, Dupont (de l'Eure), Voyer-d'Argenson, Jacques Kœcklin et de Corcelles, père. Tous les cinq faisaient partie du comité d'action institué dans la *vente* suprême de la charbonnerie française, établie à

Paris, au domicile de M. Schonen, conseiller à la cour royale.

A côté des dispositions prises à Paris et dans les départements éloignés de l'Alsace, des intelligences avaient été ménagées dans les départements voisins, notamment à Besançon, Nancy, Metz et Strasbourg.

Le colonel Brice, ancien chef de partisans de la Lorraine, en 1815, opérait sur Metz et Nancy, d'où il devait, dit-on, amener à Belfort, pour prendre part au mouvement, deux fils du maréchal Ney, naturellement hostiles aux meurtriers juridiques de leur père.

Bazard, Buchez et Joubert étaient chargés de la correspondance entre Belfort et Mulhouse.

A Strasbourg, le colonel Brach et le chef de bataillon Conrad, mort général en Espagne, devaient s'emparer du commandement de cette place, aussitôt l'arrivée de la nouvelle de l'insurrection.

La garnison de Neuf-Brisach, dont faisaient partie les lieutenants Carrel et de Grometty du 29ᵉ de ligne, parce que leurs compagnies étaient, selon l'usage, détachées de Belfort, se trouvait depuis longtemps initiée dans le complot et devait au premier signal marcher sur Colmar, chef-lieu du département, distant de 12 kilomètres, sous la conduite du général en retraite Dermoncourt, qui connaissait la place pour l'avoir commandée en 1815.

Ce qui prouve aujourd'hui le peu d'attachement qu'avaient les fonctionnaires de tout grade pour une famille dont les fautes lui ont totalement fait perdre l'affection du peuple, seul rempart inexpugnable, c'est que la plupart des autorités choisies par le pouvoir même n'attendaient que l'occasion de lui montrer leur secrète aversion. Le maire de Neuf-Brisach, M.

Leroi, ancien colonel d'artillerie, qui était aussi dans le secret de l'affaire, gardait la ville à la disposition du corps insurrectionnel. M. Leroi était en outre désigné pour aller former à Colmar, avec plusieurs autres citoyens notables du pays, notamment MM. Nicolas Kœcklin, de Mulhouse, Frédéric Hartmann, de Munster, Morel, ancien maire de Colmar, Blanchard, ancien commissaire ordonnateur des armées impériales, le noyau de l'administration centrale appelée à gérer les affaires du département sous le gouvernement provisoire, qui devait être institué à Belfort le jour de l'insurrection.

Dans Belfort même, une administration municipale avait été sourdement organisée la veille, sur le modèle de la Constitution de l'An III. En tête étaient M. Charles Blétry, commissionnaire, et l'un des plus notables négociants, qui fut nommé maire de la ville aussitôt la révolution de 1830, et M. Réchou, père, que l'on qualifiait alors de Patriote de 1789.

Comme on le voit, tout était parfaitement disposé à l'intérieur comme à l'extérieur de Belfort pour imprimer au mouvement qui se préparait une marche régulière et triomphante. Des cinq députés désignés pour composer le gouvernement provisoire, deux étaient déjà arrivés depuis quelques jours en Alsace : c'étaient Jacques Kœcklin et Voyer-d'Argenson. Le premier se tenait à portée de Mulhouse, et l'autre était descendu sans bruit dans ses propriétés aux forges d'Oberbruck, près de Massevaux.

Le point de réunion des cinq députés ayant été fixé à Belfort, la maison de campagne de M. Réchou fut désignée pour être mise à la disposition du général Lafayette et de son fils Georges Lafayette, attendus à

Belfort du 1er au 2 janvier (1822) pour venir se joindre à ses deux collègues. Quant à MM. Dupont (de l'Eure), et de Corcelles, ils avaient été empêchés par des causes majeures et involontaires.

Déjà une voiture de cérémonie était commandée pour aller chercher et amener « le patriarche de la liberté des deux mondes », comme on l'appela plus tard dans une chanson qui fit fureur en 1830, et son fils, ancien officier de hussards, dont l'uniforme, ainsi que celui de son père, avec les insignes de circonstance, avaient été précédemment apportés de Paris à Belfort.

Jacques Kœcklin arrivait en poste dans la nuit du 1er au 2 janvier jusque devant l'hôtel tenu par M. Dauphin, au faubourg, quand un de ses neveux affilié, qui était parti avant lui pour sonder le terrain, lui fit comprendre, en deux mots faciles à interpréter dans cette situation, que le coup était manqué. Jacques Kœcklin, saisissant le sens de l'avertissement, profita du trouble qui régnait aux environs de l'hôtel, et, comme un voyageur contrarié qui tient à sa tranquillité et n'aime pas le bruit, il rebroussa chemin à la vue même des gendarmes et des patrouilles, qui ne pouvaient pas soupçonner que ce paisible citoyen, honorablement connu du reste, fut devenu tout-à-coup un Catilina à cent lieues de la Rome moderne. Notre voyageur se rendit chez son ami d'Argenson, au moment où celui-ci se préparait pour arriver au rendez-vous fixé au 2 janvier au matin, et il l'instruisit de l'insuccès de la tentative.

D'un autre côté, Messieurs de Lafayette, père et fils, partis en poste de leur terre de La Grange, arrivaient, cette même nuit, dans un faubourg de

Lure, où ils furent rencontrés par M. de Corcelles, fils, un des conjurés en fuite, parti à cet effet en courrier depuis Belfort, immédiatement après le coup de pistolet tiré sur le commandant de place, ce qui fut le signal de l'avortement de ce grand projet.

Messieurs de Lafayette rebroussèrent chemin et se dirigèrent sur la campagne de leur ami, M. Martin, de Gray, d'où ils s'en retournèrent à Paris sans être aucunement compromis.

Voici ce qui s'était passé dans Belfort pendant ce temps.

Le colonel Pailhès, qui y était déjà arrivé depuis quelques jours, s'y était tenu caché; néanmoins, il s'était mis en rapport avec quelques officiers et sous-officiers du 29e de ligne, qui devaient lui amener tout le régiment. Il avait également lié des intelligences et s'était fait connaître comme chef aux affiliés de Belfort, tels que Charles Blétry, Réchou, père et fils, le lieutenant en demi-solde Roussillon, Beaume, fils, Georges, Netzer, Petitjean, etc.

C'est chez ce dernier que se trouvait le dépôt de drapeaux et de cocardes tricolores. La confiance des conspirateurs était si grande dans la réussite de leur projet que la *Revue d'Alsace*, que nous citons, rapporte que le lieutenant Dublar, de Paris, s'était chargé d'entrer dans Belfort, ayant sous le bras un porte-manteau rouge rempli de ces cocardes, ce qu'il effectua en effet sans éveiller le moindre soupçon, malgré la couleur suspecte et provoquante de ce porte-manteau qui renfermait la plus terrible des contrebandes.

Dans les hôtels de la ville et des faubourgs étaient successivement arrivés de Paris une nuée de jeunes gens déterminés et fidèles à leur serment, envoyés par les diverses *ventes* de carbonari de la capitale pour prendre part et donner de suite de la consistance et de l'écho au mouvement révolutionnaire.

Dans la soirée du jour de l'an 1822, tout était prêt pour la prise d'armes, fixée au lendemain matin. L'adjudant Tellier, du 29ᵉ régiment, qui, à cause de son zèle, avait été choisi pour préparer tous les détails, avait eu soin de placer dans les postes principaux des sous-officiers et des soldats de garde sur lesquels on pouvait compter. Toute la journée avait été employée par lui en courses actives et en pourparlers avec les autres sous-officiers engagés dans la conspiration.

Après l'appel de huit heures du soir, voyant s'approcher le moment suprême, Tellier fait monter dans sa chambre, à la caserne, une dixaine de sous-officiers qu'il trouva devant le quartier réunis en groupe dans l'obscurité, et qu'il croyait tous être de son bord puisqu'ils formaient une même société. Quand ils furent rassemblés, il assigna à chacun son rôle pour le lendemain matin, et donna tous les ordres nécessaires à l'exécution rapide du mouvement. Mais il advint que dans cette réunion, faite sans précautions, maçonniques deux de ces sous-officiers se trouvaient initiés pour la première fois à ce complot qu'on leur avait caché jusqu'alors. Dans le doute, ils voulurent, une fois sortis, s'assurer par eux-mêmes si, comme l'adjudant venait de le leur dire, leurs officiers étaient réellement dans la conspiration. Ils se rendirent à l'instant chacun chez leur capitaine, pour s'assurer de la solidité du terrain sur lequel ils devaient s'aventurer. Les deux capitaines, dont aucun n'était dans le secret, se hâtèrent d'aller prévenir leur colonel, et se transportèrent avec lui, ainsi que le lieutenant de roi qu'on avait fait avertir, à la caserne du régiment, où se trouvait une partie des soldats déjà armés ou prêts à prendre les armes, et les autres mettant des pierres à leur fusil.

L'adjudant Tellier, prévenu de suite, courut au poste de la porte de France avertir le lieutenant Manoury que le complot était avorté et que tout était découvert.

Cet officier emmena Tellier dans un cabaret voisin, tenu par le sieur Boltz, frère du directeur des postes de Belfort, et ses deux filles, et où se trouvaient réunis attendant le moment d'agir le colonel Pailhès, en uniforme des grenadiers de la garde impériale et portant une ceinture rouge avec deux pistolets et un poignard, le lieutenant Peugnet, du 29e, les officiers en non activité Roussillon, qui logeait dans la maison, Pégulu, Brue, Desbordes, Lacombe et quelques autres.

Le lieutenant Peugnet, enveloppé de son manteau qui cachait son sabre et deux pistolets attachés aussi à une ceinture rouge, se rendit de suite à la caserne, pour s'assurer par lui-même si le rapport de l'adjudant Tellier était exact, et pour juger s'il n'y aurait pas quelque chance de tenter un coup hardi en devançant l'heure fixée ; mais il revint aussitôt rejoindre les autres conjurés pour leur confirmer que la mèche avait été éventée et que tout espoir était perdu. On détruisit de suite plusieurs objets compromettants ; le lieutenant Manoury retourna à son poste, et les autres conjurés de la réunion se dirigèrent sur le faubourg du côté du groupe des conspirateurs du dehors, qui devaient s'y trouver rassemblés.

Pendant que le colonel du 29ᵉ consignait son régiment à la caserne et procédait à une première enquête, le lieutenant de roi, M. Toutain, sortait de la ville avec un peloton commandé par un officier. Il rencontre le rassemblement qui s'était formé au bout du pont du faubourg, et lui ordonne de se disperser; mais à l'instant le lieutenant Peugnet ouvre son manteau et saisissant un de ses pistolets, il le décharge à brûle-pourpoint sur le lieutenant de roi, en s'écriant : « Commandant, vous êtes à moi ! » Le lieutenant de roi tombe baigné dans son sang, quoique la balle, qui avait pénétré de plusieurs pouces dans la poitrine, eût miraculeusement été amortie par la croix de St-Louis, que portait cet officier supérieur.

Le cri aux armes! part aussitôt du sein du rassemblement ; mais les conjurés se trouvant dépourvus d'armes, se dispersèrent. Quelques-uns furent arrêtés dans les faubourgs, et d'autres dans la ville. L'émoi était tel que, par un excès de précaution, tous les citoyens, hommes, femmes, filles, enfants, rencontrés dans les rues, étaient arrêtés de suite par les patrouilles ou par la police et renfermés dans l'ancienne sous-préfecture, momentanément transformée en annexe de la prison, trop petite pour recevoir tant de détenus.

Parmi les conspirateurs arrêtés en ville se trouvaient les quatre officiers en non activité, qui, ayant été déposés au corps de garde de la porte de France, s'évadèrent avec le lieutenant Manoury, qui commandait ce poste.

Ceux qui ne furent point arrêtés à l'instant s'enfuirent dans diverses directions. L'adjudant Tellier et un autre sous-officier du 29ᵉ, nommé Vattebled, se réfugièrent en Suisse, où Tellier fut arrêté six jours après par des gendarmes français, au moment où, se voyant sans espoir d'en réchapper, Vattebled venait de se brûler la cervelle dans le grenier d'une ferme, près de St-Braise, bailliage de Porrentruy, où la gendarmerie et la police françaises avaient été autorisées à les traquer.

Le colonel Pailhès et le lieutenant Dublar, errant dans les montagnes des Vosges, étant descendus dans une auberge de la ville de Thann, accablés de fatigue et de besoin, y furent aussitôt arrêtés et réunis à vingt autres de leurs complices déjà renfermés dans les prisons de Colmar.

Pour abréger les détails, nous dirons que sur quarante-quatre conjurés dont les noms figurèrent au procès, vingt-trois étaient déjà sous la main de la justice et vingt et un étaient en fuite. Dans ces derniers se trouvaient deux Belfortains : Petitjean, qui mourut au moment de s'embarquer, et Beaume, qui cingla vers l'Amérique, où la fortune lui devint favorable.

L'affaire ne fut évoquée qu'au mois de juillet 1822. Les assises furent présidées par M. Millet de Chevers, premier président de la cour de Colmar. Depuis longtemps, les tribunaux n'avaient retenti d'un procès politique de cette importance. Cent quatre-vingt-un témoins furent interrogés ; les audiences durèrent vingt jours.

Mᵉ Barthe, célèbre avocat de la capitale, dont les talents sont connus et appréciés au loin, était venu apporter dans cette cause le secours de son éloquence, à laquelle l'opinion du pays attribua la douceur du jugement qui fut rendu.

La cour royale, par son arrêt, condamna le colonel Pailhès, Guimard, le lieutenant Dublar et l'adjudant Tellier à cinq ans de détention, plus chacun à 500 fr. d'amende, aux frais solidaires du procès et à 5 années de surveillance ; les autres accusés présents furent acquittés. Le 30 septembre suivant, la peine de mort fut prononcée contre les accusés contumaces Brue, Desbordes, Lacombe, Manoury, Pégulu, Petitjean et Peugnet.

Tel fut le résultat de cette conspiration qui fit tant de bruit à l'époque, et dont les détails du procès forment un gros volume imprimé à Colmar et qui eut une vogue inouïe.

En 1828, le roi Charles X, qui régnait depuis cinq ans, fit un voyage en Alsace. Il a honoré de sa présence et visité en détail Strasbourg, Schelestadt, Colmar, Cernay, Mulhouse et Ensisheim ; mais, malgré l'importance militaire de Belfort, Sa Majesté n'a pas daigné venir recueillir les hommages des Belfortains. Nous ne parlerons pas des mille inscriptions étalées sur les arcs de triomphe semés sur sa route, ni des médailles frappées à cette occasion par les villes privilégiées, pas plus que des discours exprimant un dévouement éternel qui ne devait pas durer deux ans.

Nous arrivons à la Révolution de juillet 1830.

L'avènement du roi Louis-Philippe fut salué dans notre population, comme partout, avec un enthousiasme conforme aux espérances semées dans des programmes que le temps devait démentir. Les gardes nationales furent organisées à l'improviste : les citoyens de Belfort, invités à se réunir sur la place d'Armes afin d'élire leurs chefs, s'y assemblèrent par centuries, comme jadis les Romains sur le Forum. On avait à cet effet planté des piquets indicateurs pour que chacun connût la compagnie dans laquelle il devait compter d'après son quartier. Les chefs furent nommés par acclamation.

Pendant le même temps, le 11ᵉ régiment de dragons, qui était alors en garnison à Belfort, s'insurgea contre son lieutenant-colonel, commandant le régiment. On reprochait à ce chef son royalisme extrême et sa sévérité plus extrême encore. Il fut obligé de partir dans un délai de quelques heures. Les officiers auxquels on n'obéissait plus, craignant d'être également méconnus et maltraités, laissaient tout faire et tout passer sans rien dire. Le commandement du régiment, malgré les chevrons de plusieurs vieux sous-officiers, fut déféré par la majorité à un jeune brigadier-fourrier, qui avait su se faire aimer de beaucoup de ses camarades par quelques légers écrits et par diverses poésies anacréontiques dont il régalait ses amis. Nous avons vu de nos propres yeux un escadron rangé en bataille, à pied, sur la place du Manége, le sabre en main, obéir et manœuvrer au commandement de ce jeune militaire, qui, après avoir conduit sa troupe devant la porte de France où il lui fit un discours pendant qu'on arborait le drapeau tricolore sur le pavillon du chef du génie, la ramena ensuite en bon ordre à sa caserne.

L'année suivante 1831, le roi Louis-Philippe honora Belfort de sa présence. Les autorités accompagnées de la compagnie de pompiers, se portèrent à sa rencontre jusque sur la route de Perouse. La garde nationale était en armes sur la place. Le roi reçut les fonctionnaires et les députations des environs dans la salle du tribunal. Tout le premier étage de l'Hôtel de ville avait été tapissé, meublé et organisé par les soins du fourrier de la cour, qui avait précédé Sa Majesté de quelques jours. Le Manége fut transformé, comme par enchantement, en une superbe salle de bal, où le roi, conduit à la clarté des flambeaux, assista après son souper, accompagné du duc de Nemours, du maréchal Soult, et de son état-major. Dans la cour de l'Hôtel-de-Ville, on avait promptement construit un petit pavillon en planches, tout à côté des grandes cuisines, pour faciliter le service de la bouche. Toutes les dépenses personnelles furent payées par l'intendant du roi.

Un portrait en pied de ce souverain, fort ressemblant et richement encadré, a été peu de temps après donné en cadeau par le gouvernement à la ville. Ce tableau a orné notre grande salle de bal jusqu'en 1848.

Nous allons récréer le lecteur par la description de quelques charmantes fêtes militaires qui nous ont été données par la cavalerie de notre garnison

En 1843, les habitants de Belfort eurent l'agrément de jouir d'un spectacle des plus nouveaux pour eux. Une compagnie formée des meilleurs écuyers du 3ᵉ régiment de chasseurs à cheval, qui tenait garnison en cette ville, exécuta au Champ de Mars plusieurs représentations de ces brillants carrousels imités des anciens tournois, mais ce n'étaient plus ces chevaliers couverts de leur armure, qui, la visière basse et montés sur des palefrois caparaçonnés et bardés de fer, venaient joûter et rompre des lances en l'honneur de la dame de leurs pensées. Ces tournois modernes, véritable gymnastique militaire équestre, avaient été organisés par les soins de M. le capitaine comte Arthur de Montalembert, frère du pair de France, naguère représentant à l'Assemblée législative. Les quadrilles étaient composés de sous-officiers et chasseurs reconnus les plus habiles cavaliers. L'hippodrome avait été galamment garni de tribunes et de banquettes élevées en amphithéâtre pour recevoir les autorités et pour placer commodément les dames de la ville, qui ne manquèrent pas de se rendre à cette gracieuse invitation.

Le champ de Mars était émaillé de brillantes toilettes, et entouré d'une foule de voitures appartenant aux personnes des environs accourues pour jouir de ce spectacle grandiose.

Les exercices se divisaient en plusieurs séries. D'abord c'étaient de jolies évolutions, rappelant les *fantasias* arabes, mais plus régulières et imitant toutes sortes de figures. Rien n'était plus beau à voir que la précision de ces champions armés de lances courtoises, ornées de banderoles de différentes couleurs, marchant d'abord par quadrilles séparés, ensuite par pelotons et par files; puis tout-à-coup s'entremêlant, se séparant, se rapprochant, formant des ronds, des croix, des serpentins, des spirales et quantité d'autres mouvements admirables, exécutés au son d'une excellente musique et au bruit d'unanimes applaudissements.

Puis venait la périlleuse course des têtes, qui consistait d'abord à abattre ou à enlever à coups de sabre, étant lancé au galop, des têtes de carton fichées sur des poteaux à différentes distances, et qu'à peine on pouvait distinguer dans la rapidité de la course. Ensuite, on plaçait à terre, d'espace en espace, du côté intérieur de la piste du cirque, des têtes de mannequins bourrées de foin et recouvertes de toile. Chaque cavalier, en faisant le tour de l'hippodrome au grand galop de son cheval, devait à la pointe de son sabre enlever au moins une de ces têtes. Au signal que donnait la trompette, les cavaliers se lançaient ventre à terre, le sabre à la main. En ce moment, la foule des spectateurs les suivait des yeux avec un intérêt mêlé d'anxiété ; mais bientôt cette crainte passagère se changeait en une vive satisfaction, lorsqu'on voyait avec quelle merveilleuse dextérité ils ramassaient les têtes répandues sur le sol, et dont plusieurs de ces cavaliers formaient des chapelets de toute la longueur de leur sabre, puis, parvenus au terme de leur course, ils venaient déposer ces nobles trophées de leur courageuse adresse devant la tribune des autorités et des dames, au bruit des joyeuses fanfares que répétaient les échos de nos montagnes.

Un autre exercice consistait dans le jet du javelot contre une quintaine, imitation de la manière de combattre des anciens Parthes.

Afin de distraire l'attention du cavalier, ou pour familiariser le cheval et habituer l'un et l'autre à ne pas s'émouvoir à l'aspect des choses redoutables, le but représentait une énorme et effroyable tête de Méduse. En peu d'instants, cette figure devenait encore plus affreuse par la grande quantité de dards qu'on plantait dans son horrible face ou qu'on entremêlait aux serpents qui composaient la coiffure de cette hideuse gorgone.

Il serait trop long d'énumérer tous les mouvements et toutes les actions presque téméraires que firent ces sous-officiers et cavaliers, auxquels des prix d'encouragement, consistant en armes d'honneur, étaient distribués par M. le capitaine de Montalembert, directeur de cette école spéciale. Il paraîtrait que cette famille a toujours eu une vocation particulière pour les exercices chevaleresques. L'histoire rapporte qu'au commencement du xvie siècle, François Ier choisit André de Montalembert, seigneur d'Essé et de Panvilliers, pour un des plus fameux champions qui, dans un tournoi, devait soutenir l'effort des quatre plus rudes lances qui se présenteraient. Celui dont nous avons parlé, officier des plus distingués dans l'arme de la cavalerie légère, est aujourd'hui lieutenant-colonel au 2e régiment de chasseurs à cheval, en garnison à St-Mihiel.

En 1852, un peloton de cavaliers du 2e régiment de dragons, (dont M. le baron Ambert O✵, est colonel) qui depuis cette époque se trouve en garnison dans nos murs, a renouvelé avec non moins d'adresse et de bonheur ces charmantes fêtes, sur le même terrain de manœuvres. Grâce à l'attention délicate de M. le capitaine Minot, directeur et organisateur de ce tournoi, des siéges avaient été préparés pour les dames et les personnes de marque réunies en grand nombre pour applaudir au courage et à l'habileté des cavaliers d'élite qui composaient ces quadrilles. Quoique ce carrousel ait eu lieu avec moins d'apparat que les premiers, tous les écuyers se sont fait remarquer par leur tournure martiale et par la brillante adresse avec laquelle ils ont exécuté, aux allures les plus audacieuses, les courses et les jeux que nous avons décrits, et divers mouvements hippiques de la plus grande difficulté.

En 1853, les mêmes manœuvres, jeux et mouvements, qui sont maintenant classiques dans les corps équestres et que l'on considère comme le complément de l'instruction du cavalier, ont été répétés avec distinction par ce régiment sous la direction de M. le capitaine Emile Droz. Sauf quelques légères modifications, les courses de bagues et de têtes, le jet du javelot et les évolutions de manége ont été reproduits avec les mêmes circonstances et la même hardiesse, et tous les perfectionnements de l'équitation militaire y ont été développés. Pour donner plus d'attrait à ce spectacle, les coursiers avaient la crinière coquettement tressée et ornée de rubans flottants de toutes les couleurs. La belle tenue de ces cavaliers armés de lances et faisant leurs évolutions dans cet amphithéâtre de Mars, l'éclat resplendissant de leurs casques imités de l'antique et le bruit des instruments guerriers rappelaient le souvenir du temps d'Hector et d'Achille, et nous reportaient au milieu de ces jeux olympiques jadis si célèbres dans l'ancienne Grèce.

Les vigoureux exercices de ces modernes hippocentaures prouvent que la cavalerie française ne redoute pas plus de rivales chez aucune nation que les autres armes de nos troupes.

Nous allons rétrograder jusqu'en 1848, pour entretenir le lecteur des particularités de la dernière période républicaine.

Aussitôt que la République fut proclamée à Paris, Belfort suivit l'entraînement général qui envahit toute la France; mais il est resté pur de ces démonstrations démagogiques que leurs auteurs même ont déploré plus tard en les expiant.

S'il ne nous est pas possible de taire ici des événements locaux qui sont à la connaissance de tous les citoyens, nous en parlerons du moins avec assez de discrétion pour ne blesser aucune susceptibilité. En composant ce livre, notre intention a été d'en faire un lien de fraternité et de concorde entre les familles du pays, et non pas un de ces brandons de discorde sur lesquels il suffit de souffler pour rallumer un feu mal éteint.

Nous allons rapporter sous la forme d'éphémérides les faits que l'on aime à se rappeler, et nous ne citerons par leurs noms que les citoyens qui ont été honorés des fonctions publiques pendant cette période de cinq à six ans.

.*. Lorsque la Révolution de Février 1848 fut annoncée, ainsi que l'établissement d'un gouvernement provisoire, les anciennes autorités perdirent aussitôt de leur force, étant privées de leur point d'appui. Le renouvellement immédiat du personnel n'étant pas possible, le nouveau pouvoir nomma M. Napoléon Bardy, juge d'instruction, commissaire spécial du gouvernement provisoire pour le canton de Belfort. Dans le même temps, un autre Belfortain, M. Prosper Laurent, avocat à Colmar, était appelé aux fonctions de sous-commissaire, en remplacement de M. Tinel, sous-préfet admis à la retraite. On désigna aussi M. Adolphe Antonin, commandant de la garde nationale, pour gérer la municipalité, à la place de M. Auguste Antonin, ancien maire. Cette administration fonctionna ainsi pendant quelque temps. Au mois d'avril, M. Démazière, conseiller de préfecture, succéda à M. Laurent dans la direction de notre sous-préfecture.

.*. Un club établi au Manége attira la foule par l'attrait de la nouveauté et par l'originalité des motions et des discours que l'on prononçait à cette tribune populaire. Chacun pouvait librement venir y manifester ses opinions plus ou moins désintéressés, sauf à être applaudi ou sifflé comme au théâtre, selon le degré d'affection que l'orateur inspirait au public, ce juge suprême et impartial.

.*. L'autorité organisa une grande cérémonie pour la plantation de deux arbres de la liberté. Malgré une pluie battante, le cortége était composé d'un immense concours de citoyens, tous les fonctionnaires civils et militaires en grand costume, les magistrats en robe, les écoles, les troupes de la garnison et la garde nationale s'y trouvaient réunis. Le premier arbre fut planté sur l'emplacement de l'ancienne bascule, au bruit du canon et de la symphonie de toutes les musiques. Cet arbre, qui avait été mis à la meilleure place, entre la ville et le faubourg, a péri peu de temps après ; l'autre, qui avait été planté devant l'église, endroit qui subséquemment fut jugé peu convenable, a été pour cette raison enlevé par ordre, en 1852, quoiqu'il eût prospéré à vue d'œil, dans le terrain aride et sablonneux d'une place publique pavée de cailloux. — Dans ce même mois, M. Bardy, dont nous avons parlé, fut élu représentant du peuple à l'Assemblée nationale constituante.

.*. Au mois de mai, M. le général Roussel est nommé colonel de la garde nationale et M. Adolphe Antonin lieutenant-colonel. — La garde nationale offre un bal aux officiers de la garnison; la plus franche cordialité continue de régner entre ces différents corps.

.*. Les premiers troubles de Juin 1848 ayant éclaté à Paris, une dépêche télégraphique appela du renfort des provinces. Aussitôt après l'arrivée de cette dépêche à Belfort, cinquante gardes nationaux s'offrent spontanément pour partir. Ce détachement se met en route le lendemain matin, sous les ordres de M. Ad. Antonin, lieutenant-colonel.

La vue de cette troupe parfaitement équipée et bien armée, accourue en deux jours des bords du Rhin dans la capitale, excitait à Paris l'étonnement de ceux qui croient que l'Alsace est en Allemagne; car il faut dire qu'afin de mieux se reconnaître et pour ne pas s'égarer dans la grande ville, les gardes nationaux avaient reçu l'ordre en arrivant à Paris de placer en grosses lettres sur leurs schakos le nom de leur département.

Le général Cavaignac lui-même, en passant la revue de ces légions venues de loin, fut frappé de voir qu'à son appel les enfants de Belfort étaient instantanément accourus de cent lieues pour venir répondre : présent! Ce général s'étant rappelé quelques mois après le noble enthousiasme de nos concitoyens, adressa à la garde nationale de Belfort une lettre des plus flatteuses, qui arriva accompagnée d'un riche drapeau envoyé en même temps à ce corps, par les représentants du peuple de notre département.

.*. Au mois d'août, la batterie d'artillerie de la garde nationale de Montbéliard vient fraterniser avec celle de Belfort, qui va au devant d'elle jusqu'à Danjoutin. On lui offre un banquet et tous les agréments possibles, rehaussés du témoignage de la plus vive affection, dont les Belfortains s'empressent de lui donner les preuves les moins équivoques. Nos voisins sensibles à cet accueil, invitent la batterie de Belfort à accepter à son tour une fête qui lui est préparée à Montbéliard quelques semaines après. Au repas qui a lieu pour cette réception règne la plus sincère cordialité. M. le maire porte des toasts très chaleureux, à l'occasion de l'entente et de la sympathie des deux villes voisines toujours unies de cœur et de sentiments. De la table on se rend dans la salle du bal où les Belfortains sont l'objet des soins empressés et des attentions les plus délicates de toute la bourgeoisie.

.⁎. Au mois d'octobre suivant, on organisa, au moyen de souscriptions, un banquet de quatre cents couverts, qui eut lieu dans le Manége. Ce festin patriotique fut présidé par M. Groubental, sous-préfet, qui, à la suite du dîner, prononça un discours approprié à la circonstance.

.⁎. L'anniversaire biséculaire de la réunion de l'Alsace à la France ayant donné lieu à des fêtes qui ont duré trois jours, voici la relation que nous en trouvons dans les journaux du pays de la fin d'octobre 1848.

Pour assister à ce deuxième anniversaire séculaire de l'annexion de l'Alsace à la France, un détachement de la batterie de la garde nationale de Belfort et d'autres gardes nationaux, ayant le sac au dos, avec le drapeau donné à ce corps par les représentants du département, se rend à Strasbourg. Le cortége est d'abord reçu en arrivant à Colmar par une garde d'honneur envoyée au débarcadère du chemin de fer. De là, ce cortége se met en marche et va joindre la réunion qui a lieu au Champ de Mars pour la cérémonie de l'inauguration du monument qui doit rappeler cette solennité aux générations futures. Le défilé a lieu à midi, après un discours prononcé par M. Chapuis, maire de Colmar.

A deux heures, des convois spéciaux conduisent

une partie des députations à Mulhouse. Dans cette ville, tout est préparé pour célébrer ce grand fait historique. Notre garde nationale est parfaitement accueillie et logée par billets. 1,600 convives prennent place à un banquet préparé dans un local transformé ensuite en élégante salle de bal.

Le lendemain, lundi 23 octobre, la population de Strasbourg se porte au débarcadère pour recevoir le cortége officiel considérablement grossi pendant sa route. 1,500 hommes défilent aux cris de : *Vive la France!!* ; une pluie de fleurs jetées par les dames tombe sur les gardes nationaux ; le soir, il y a plusieurs banquets, suivis d'un feu d'artifice ; la salle de spectacle s'ouvre pour le bal ; la ville et la flèche de la cathédrale sont illuminées en feux de toutes couleurs.

Le mardi, mêmes réjouissances ; le général de division et les préfets des deux départements passent en revue les gardes nationales défilant aux refrains des hymnes patriotiques, devant un magnifique et colossal trophée, représentant la France et l'Alsace s'embrassant étroitement.

Les gardes nationaux de Belfort n'ont eu qu'à se louer des marques de sympathie qu'ils ont reçues pendant toute leur route, et surtout de la fraternelle réception qui leur a été faite par leurs confrères de Strasbourg, qui leur ont accordé la plus franche hospitalité.

Un Belfortain, M. A. Morlot a fait au sujet de cet anniversaire une ode héroïque dont nous donnons seulement la dernière strophe.

> Et toi, vieux Rhin, aux flots verts et limpides,
> Inépuisable en ta fécondité,
> Combien vis-tu de luttes intrépides,
> Où retentit le cri de liberté ?

> Tressaille encore au bruit de cette fête,
> Et va porter en ces mers où tu cours
> Ce fier refrain qu'ici chacun répète :
> L'Alsace est France et le sera toujours !

⁎ Le dimanche 19 novembre, la proclamation de la nouvelle constitution donna lieu à de grandes réjouissances publiques. Un *Te Deum* fut chanté à l'église ; on passa la revue des troupes. L'après-dîner, M. Lalloz, maire de la ville, entouré de toutes les autorités en costume officiel, fit au public la lecture de la constitution. Tous les fonctionnaires qui assistaient à cette cérémonie étaient placés sur un amphithéâtre que l'on avait élevé au milieu de la place d'Armes. Après cette longue publication, qui ne fut empêchée ni abrégée par le mauvais temps, on tira cent un coups de canon ; les cloches sonnèrent à toute volée ; une distribution de pain fut faite aux pauvres, et la soirée se termina par des illuminations.

⁎ Décembre. — On procède aux élections. Chaque parti se donne du mouvement pour faire réussir le candidat de son choix, et, malgré les hostilités des journaux contre Louis-Napoléon Bonaparte, on annonce que ce prince est nommé président de la République par cinq millions de suffrages.

⁎ Le 8 janvier 1849, le conseil municipal accorde une somme de 2,400 francs pour l'achèvement de la salle de spectacle. — En février, le conseil adhère à la proposition de quelques-uns de ses membres, tendant à rétablir sur le fronton de notre église l'ancienne croix de fer qui y brillait autrefois. (Cette croix avait été descendue à la révolution de Juillet 1830 par quelques obscurs démolisseurs dont on a bien fait d'oublier les noms.)

* Avril. — La place d'Armes est agrandie au moyen d'une voûte jetée sur la partie du canal qui longe la promenade.

* 3 juin. — La remise d'un drapeau à la garde nationale par M. le sous-préfet donne lieu à une grande revue où M. Lardier est reconnu en qualité de colonel de la légion.

* Septembre. — On apprend par les journaux que le choléra règne dans le Bas-Rhin et qu'il vient de se déclarer à Colmar. D'après sa marche, il semble s'approcher de Belfort ; mais il en est repoussé à grands coups de mesures de propreté et de précautions hygiéniques.

Dans ce même mois, M. Aragon, lieutenant-colonel du 60e de ligne, est appelé au commandement de la place, en remplacement de M. le colonel Jaubert, admis à la retraite et vivement regretté des habitants dont il avait conquis l'affection.

* Pendant les premières années d'un gouvernement qui n'avait pas eu le temps de devenir stable, chacun rêvait un avenir prospère et le redressement de quelques abus; mais bientôt une foule de pamphlets incendiaires et de journaux dont les titres seuls annonçaient la tendance, furent répandus dans les provinces et vinrent pervertir l'esprit public. On avait inventé des catégories pour classer les citoyens selon leur position, leurs habitudes, leur âge et leur fortune réelle ou présumée. Les uns prenaient rang parmi les démocrates socialistes, les autres parmi les républicains de la veille ou du lendemain ; ceux-ci étaient des *rouges*, ceux-là des *blancs* ; d'autres étaient désignés sous le nom d'*aristos* ; enfin ce commence-

HISTORIQUE. 109

ment de mésintelligence annonçait d'une manière certaine la ruine de la République.

.*. Le 4 décembre, la batterie d'artillerie de la garde nationale, pour l'éclat de laquelle le capitaine, M. Amédée George a fait en diverses circonstances des dépenses considérables, célèbre joyeusement la Ste-Barbe. A la suite d'un splendide banquet, cette compagnie termine la soirée en donnant sur les glacis un superbe feu d'artifice, et pour le bouquet elle lance dans les airs un ballon tricolore illuminé.

.*. Au mois de mars, après diverses péripéties dans les suffrages, M. Jules Migeon est cependant élu représentant du peuple pour notre arrondissement.

.*. Le lundi 19 août, le prince Louis-Napoléon, président de la République, visitant les provinces de l'Est, séjourne à Belfort. En arrivant, il est reçu par M. Keller, faisant fonctions de maire, aux acclamations des populations accourues sur son passage, qui le saluent par les cris de : *Vive Napoléon ! vive le président !* Toutes les cloches sont en branle ; des salves d'artillerie sont tirées du château, et la musique des corps fait entendre ses brillantes symphonies. Le soir, le président, logé à l'Hôtel de Ville, ouvre le bal qui lui est offert dans une salle de cet hôtel. Il reçoit avec un air de satisfaction visible les hommages que chacun s'empresse de lui rendre. Sa suite est également l'objet d'attentions respectueuses. Le prince était accompagné de MM. les ministres de la guerre, du commerce et des travaux publics, de M. de Heeckeren et de M. Jules Migeon, représentants du peuple de notre arrondissement, de M. le préfet du département et de MM. les généraux de la division et de la subdivision militaires. Le lendemain mardi, toutes les autorités, les tribunaux, le clergé, les membres de l'université, les officiers de la garde nationale, tant de Belfort que des environs, ainsi que les anciens militaires, sont reçus avec bienveillance par le président, qui s'informe en détail des besoins des divers services, dont les ministres prennent note pour y faire droit. Après le déjeûner, auquel assistaient plusieurs notabilités de la ville, le président termine son séjour à Belfort par une grande revue des troupes assemblées au Champ de Mars, d'où il repart au bruit des mêmes acclamations qui l'avaient accueilli à son arrivée.

En quittant Belfort, le président a complimenté M. Keller sur le bon esprit des habitants, et lui a conféré le grade de chevalier de la Légion d'Honneur. Au mois de décembre suivant, M. Keller a été définitivement nommé maire de la ville en remplacement de M. Lalloz.

** Le 27 mai 1851, M. Mercier du Paty, capitaine au 4ᵉ régiment de dragons, fait hommage à la ville et remet entre les mains du conseil municipal l'épée que le général Stroltz, né à Belfort, portait à Waterloo, à Fleurus et à Versailles. (Voyez l'article Stroltz.)

** Pendant le cours de cette année, de nouvelles publications incendiaires sont semées dans les campagnes. On cherche par des utopies et par les sophismes les plus pervers à renverser les institutions que pour leur bonheur même les hommes civilisés sont habitués à respecter depuis le commencement des siècles. Cette morale des premiers compagnons de Romulus flattait assez la convoitise de quelques malheureux sans éducation, qui sont souvent et à leur insu les dociles instruments des partis extrêmes. Pour mieux les flatter, des modernes Cassius, afin de pousser à l'émeute, préconisaient la loi agraire, comme si la fortune acquise par le travail et l'économie personnels ou par la prévoyante sagesse des ascendants eut quelque rapport avec un inégal partage des terres conquises qu'on peut réviser comme on le fit au temps de Josué ou de Caleb, quand les Israélites, vainqueurs de la Palestine, réclamèrent, d'après l'importance de leurs tribus, un partage plus équitable du pays de Chanaan; ou bien comme lorsque les soldats romains, qui n'avaient point de solde, eurent à se plaindre autrefois de leur part dans la répartition des terres prises à l'ennemi, ce qui justifia chez eux l'application de la loi Licinia. Quoique Belfort fut resté dans un calme honnête, les scènes terribles qui s'étaient passées dans Paris, et qui se renouvelaient ailleurs, alarmaient néanmoins les esprits et donnaient de l'appréhension aux gens paisibles. On craignait, au renouvellement de l'élection présidentielle, de voir la nation en venir aux mains, sous le drapeau de la fraternité, quand l'immense majorité du peuple, qui ne désirait que le maintien de l'ordre et le règne de la justice et des lois, porta la masse de ses suffrages sur le seul homme que la Providence semblait désigner pour ramener la tranquillité. Enfin, l'on apprit en décembre 1851 que le prince Louis-Napoléon venait d'être réélu président à une grande majorité. Cet événement mit fin aux idées hostiles; on ferma les clubs, et les agitateurs redevinrent paisibles. Par reconnaissance et pour donner encore plus de poids à l'autorité souveraine, la nation par un suffrage de huit millions de voix conféra, le 29 décembre 1852, au prince Napoléon III, le titre de Majesté Impériale héréditaire dans sa famille.

Pour finir ce chapitre, nous dirons que Belfort s'embellit de jour en jour. Les principales rues sont ornées de larges trottoirs ; les anciennes formes rondes des boutiques disparaissent l'une après l'autre et sont remplacées par d'élégantes devantures, surmontées de jolies enseignes qui décorent de brillants magasins à l'instar des grandes villes. En jugeant l'avenir par le passé, on peut prédire à Belfort une destinée florissante et un agrandissement considérable si, comme il n'en faut pas douter, la ville vient un jour à être réunie à ses faubourgs par une seule et même enceinte.

Grâce aux précautions dictées par l'autorité supérieure du département, la contrée n'a reçu aucune atteinte du choléra qui a manifesté sa présence dans quelques lieux des environs. La garnison offre quelques ressources au petit commerce. Les travaux particuliers, ceux de l'entretien des fortifications et surtout ceux de nos chemins de fer, qui vont prendre de l'extension, le roulage et le transit, tout cela donne une certaine animation à la ville et fait vivre la classe ouvrière. La moisson de 1854 a dépassé toutes les espérances. Les événements politiques n'ont laissé à Belfort aucune trace. Aujourd'hui comme autrefois les citoyens de notre paisible ville se tendent réciproquement une main amie et n'ont rien tant à cœur que le maintien de cette antique fraternité qui faisait la gloire de leurs pères et qui sera de même citée par la suite comme un noble exemple par leurs enfants.

CHAPITRE II.

STATISTIQUE.

> La nature pour nous fut assez bienfaisante,
> Au creux de nos vallons sa main toute puissante
> A prodigué ses biens ; pour prix de nos travaux,
> Nous possédons les airs et la terre et les eaux.
> Que nous faut-il de plus ? Au sein de notre ville,
> On voit briller partout l'agréable et l'utile.
> La culture des champs, la guerre sont nos arts ;
> L'enceinte des rochers a formé nos remparts.
>
> *(Les lois de Minos, tragédie de Voltaire.)*

L'arrondissement de Belfort se compose de neuf cantons, savoir :

Belfort, Cernay, Dannemarie, Delle, Fontaine, Giromagny, Massevaux, Saint-Amarin et Thann.

Il comprend cent quatre-vingt-onze communes ; le canton seul de Belfort en contient trente-deux.

La division communale de Belfort renferme 8 quartiers ou hameaux, 28 rues, 654 maisons et 1,262 ménages.

La population officielle de la commune est de . . . . 5,284 ⎫
Celle non inscrite dans les tableaux et qui se compose de la garnison, des fonctionnaires, des voyageurs et de la population flottante est de . . . . . . 2,573 ⎭ 7,857

Elle se décompose, savoir :

1° par sexe.

Masculin	Garçons	1,490	⎫
	Hommes mariés.	814	
	Veufs	89	
Féminin	Filles	1,806	⎬ 5,284
	Femmes mariées	809	
	Veuves	276	⎭

2° par culte.

Catholiques romains	4,829	⎫
Protestants	42	⎬ 5,284
Israélites	379	
Anabaptistes	34	⎭

3° par nationalité.

Français d'origine.	5,158	⎫
Naturalisés	8	
Allemands.	73	
Belges	2	⎬ 5,284
Italiens	6	
Suisses	22	
Polonais	2	
Autres étrangers.	13	⎭

STATISTIQUE.

4° par professions, métiers, etc.

Cultivateurs, jardiniers, journaliers, marchands, débitants, industriels 1,882
Propriétaires, rentiers, fonctionnaires, officiers ministériels, avocats, médecins, professeurs, architectes, musiciens, artistes, etc. .... 528 } 5,284
Infirmiers dans les hôpitaux, enfants en bas âge à la charge de leurs parents, femmes vivant du travail de leur mari, et individus sans moyen d'existence 2,874

Naissances des dix dernières années..... 1,658
Décès pendant le temps............... 1,811
Mariages   id.   380

Les recettes annuelles de la ville s'élèvent, savoir :
La recette ordinaire à environ 70,000 00
    Id.   extraordinaire 10,000 00
                                    ─────────
                                    80,000 00

Cette recette se compose de la vente du bois de Salbert, du produit de l'octroi et des droits d'étalage, des centimes additionnels, etc.; elle est absorbée chaque année par les dépenses.

Recette des contributions directes en 1854.

Portes et fenêtres............. 20,350
Foncière 12,028
Personnelle et mobilière.......   9,025   } 60,460
Patentes pour 470 patentables.. 18,997
Frais d'avertissement.........   60

Les recettes des contributions indirectes pendant le même temps se sont élevées à environ 590,000 fr., répartis comme suit :

Boissons	63,000
Droits divers	20,000
Tabacs	477,000
Poudre à feu	22,000
Recettes extraordinaires.	8,000
Egal.	590,000

La population du canton est de 18,654 habitants.

L'étendue totale du territoire du canton se subdivise de la manière suivante :

Terres labourables en culture et prairies diverses, 5,409 hectares ; étangs, pâturages, routes, cours d'eau et superficies bâties, 14,420 hectares.

ANIMAUX. — Chevaux 1,430 ; Taureaux 25 ; Bœufs 937 ; Béliers et Moutons 470 ; Brebis 1,205 ; Agneaux 4,330 ; Boucs, Chèvres et Chevreaux 310 ; Porcs 2,400 ; Ruches 360 ; Chiens de chasse 90 ; Chiens de luxe 158 ; Chiens de berger ou de boucher 38 ; Chiens de garde ou de ferme 740.

CÉRÉALES. — Froment : nombre d'hectares cultivés 1,726 ; produit moyen en grains 18,912 hectolitres ; Méteil : nombre d'hectares cultivés 255 ; produit 3,685 hectolitres ; Seigle : nombre d'hectares 208 ; produit 2,074 hectolitres ; Orge : nombre d'hectares 747 ; produit 15,756 hectolitres ; Avoine : nombre d'hectares 554 ; produit 15,158 hectolitres.

Pommes de terre : étendue des cultures 568 hectares ; produit 22,350 hectolitres.

INDUSTRIE. — Nombre des établissements 272 ; des

patrons 270 ; des ouvriers 900; Roues hydrauliques 8; Machines à vapeur 5.

DISTANCES aux chefs-lieux, Contributions et Revenus des villages environnant Belfort.

	DISTANCE DU CHEF-LIEU			CON-TRIBU-TIONS.	REVE-NUS.
	du canton.	de l'ar-rondisse.	du dépar-tement.		
Bavilliers....	3	3	72	6,731	4,184
Danjoutin ...	3	3	72	6,175	5,213
Essert.....	5	5	74	5,810	5,220
Offemont....	5	5	68	3,725	4,264
Perouse....	3	3	70	3,570	3,186
Roppe.....	6	6	63	5,550	4,700
Valdoie ...	5	5	72	4,226	3,330

TEMPÉRATURE. — La température de Belfort est toujours plus extrême qu'en Basse-Alsace. Sur notre plateau élevé, presque entouré de montagnes à la cîme desquelles la neige se maintient toute l'année, le froid est plus excessif qu'à Strasbourg, dont le thermomètre régulateur annonce ordinairement aux époques correspondantes cinq degrés de moins que chez nous.

L'hiver de 1853 à 1854 a fait plusieurs fois descendre notre thermomètre jusqu'à 15 degrés au dessous de zéro, quand à Strasbourg on en a à peine accusé 10°.

Nous allons relater quelques-uns des hivers rigoureux des derniers siècles, d'après les observations faites à Strasbourg ; on jugera à quel point le froid était parvenu dans notre pays.

Nous commencerons par l'hiver de 1446, qui fit périr les vignes d'Alsace. C'est alors que, dit Speklé, on commença à Strasbourg à fabriquer de la bière.

En 1468, le vin gela dans toutes les caves, au point que le duc de Bourgogne fit distribuer à ses gentils-hommes du vin sous forme de glaçons que l'on débitait à la hache.

En 1476, le froid fut si intense que le Rhin gela. Charles-le-Téméraire perdit pendant la nuit de Noël 400 hommes de son armée qui moururent de froid et eurent les pieds gelés.

En 1565, les voitures traversèrent le Rhin sur la glace.

En 1598, le vin ayant encore gelé dans les caves, il fallut, comme le rapporte Mézerai de l'année 1543, le couper à la hache pour le vendre par morceaux.

En 1709, le thermomètre descendit au degré qui correspond au 23° centigrade. Les vignobles d'Alsace furent tellement anéantis que dans plusieurs communes on ne fit pas une mesure de vin. Dans toute la banlieue du beau vignoble de Rosheim, les vignes ne portèrent pas dix raisins.

De 1770 à 1771, l'hiver fut tellement rude et la misère si grande, qu'on dut organiser des distributions de secours. La souscription des couvents, ayant le cardinal-évêque de Rohan à leur tête, fut de 24,000 livres.

En 1788-89, le thermomètre descendit à 22 degrés centigrades. Le froid dura 60 jours ; on employa des milliers de bras à déblayer les neiges qui obstruaient toutes les communications. Il y en avait, dit-on, jusqu'à vingt pieds d'épaisseur. Après la fonte, la débâcle amena une foule de malheurs.

En janvier et février 1829, le thermomètre descendit encore à 22 degrés; la Seine, le Rhône, le Rhin, toutes les rivières furent gelés.

Malgré ces froidures étonnantes, on saura que le climat d'Alsace s'est cependant beaucoup adouci depuis l'époque de Tacite, l'historien des Germains. Cet auteur rapporte qu'autrefois le Rhin gelait presque chaque année, ce qui facilitait aux barbares du Nord, dont nous descendons, ces invasions périodiques qu'ils faisaient dans les Gaules, en passant le fleuve avec leurs chariots.

Quoique la ville de Belfort soit bâtie dans la plaine, elle n'est pas sujette aux inondations, comme Montbéliard et d'autres villes. Lorsque la Savoureuse est considérablement grossie, les fossés se remplissent d'eau, et le faubourg du Fourneau est le seul endroit qui souffre du débordement.

La nourriture ordinaire de notre pays ne diffère guère de celle des autres lieux. Les pommes de terre qui y sont bonnes et abondantes en font principalement la base, surtout dans la campagne et la petite bourgeoisie. Le terroir nous fournit de plus certains mets : c'est d'abord la *choucroute* (choux salés), dont l'usage commence à se répandre partout; puis la *chouroube*, qui se prépare de la même manière, mais avec des raves coupées et confites dans la saumure. Nous avons encore les *quartiers*, qui sont des morceaux de pommes et de poires, coupés et séchés au four, que l'on met cuire avec du lard; puis les *nouilles* et autres farinages importés d'Allemagne et auxquels on a conservé les noms de *knepfes* et de *floutes*. N'oublions pas de mentionner aussi un autre mets du pays qui a l'avantage d'être copieux, friand et économique.

C'est un mélange de lait, de sucre, de farine et d'œufs battus en consistance de bouillie, auquel on ajoute soit des quartiers de pommes, soit des prunes ou des pruneaux, des cerises ou des baies de myrtilles, suivant le goût ou la saison. Cette composition culinaire se met dans un plat ou dans un poëlon préalablement enduit de beurre frais. Cuit dans un four ou entre deux feux dessus ou dessous, ce gâteau se gonfle énormément. On appelle cette robuste pièce de pâtisserie bourgeoise un *roncin*.

L'industrie du pays consiste dans le commerce des bois, des vins, des fers, des cuivres et laitons d'Alsace, et dans le transit des cotons, de la houille, des acides et bois de teinture et autres matières employées dans les fabriques qui les réexpédient sous forme d'étoffes. Belfort possède des tanneries et des teintureries estimées. Le poisson et les fromages des environs sont aussi l'objet d'un commerce assez important.

Le comité de bienfaisance, aidé d'une souscription permanente des gens aisés, distribue chaque année aux indigents pour environ huit à neuf mille francs de charités, consistant en fournitures de pain, de viande, légumes secs et indemnités de loyer.

D'un autre côté, la Société de St-Vincent de Paule, qui doit son existence à la philanthropie de plusieurs bons et généreux citoyens, donne également des secours aux familles nécessiteuses et à cette classe de pauvres honteux que des malheurs immérités ont réduit à la cruelle nécessité de se couvrir du voile du mystère pour accepter un secours de la main délicatement charitable qui se cache pour l'offrir. Comme cette Société compte dans son sein des personnes instruites, et que son institution bienfaisante est essentiellement morale, les membres qui la composent donnent des leçons aux jeunes militaires auxquels ils prêtent, ainsi qu'à d'autres personnes, et gratuitement, de bons livres, afin de faire pénétrer l'instruction avec le sentiment des bonnes mœurs chez ceux qui n'ont pas reçu cet enseignement dans leur jeune âge. Ce n'est que par le parfum des bienfaits que cette société répand secrètement, que nous avons pu la connaître ; telle, la modeste violette cachée sous l'herbe ne révèle son existence que par ses émanations embaumées, qui la trahissent et la font découvrir.

L'archevêque du diocèse résidant à la métropole à Besançon est Mgr Césaire Mathieu, cardinal, officier de la Légion-d'Honneur. L'évêque suffragant résidant à Strasbourg est Mgr Ræss ✻.

Le préfet actuel du département est M. de Cambacérès, ✻ à Colmar.

M. Maréchal, secrétaire particulier.

M. le baron de Heeckeren, sénateur à Paris.

M. Rebbel, C ✻ lieutenant-général commandant la division militaire à Strasbourg.

M. Dormoy, O ✻ général de brigade commandant la subdivision à Colmar.

Les anciens maires de Belfort sont :

MM. Guy, Laurent-Xavier	1809
Ordinaire, Louis	1811
George, Paul	1811
Quellain, Léon-Nicolas	1812
Legrand, Jean ✻	1817
Triponé, François ✻	1824
Blétry, Charles ✻	1830

MM. Antonin Auguste-Jérôme ✻ 1835
    Antonin, Adolphe 1848
    Lalloz, Ferdinand 1848
    Keller, Christophe ✻ 1850

Les anciens députés ou représentants de l'arrondissement sont :
MM. Voyer-d'Argenson 1822
    Haas, François-Joseph ✻ . 1824 1827
    Migeon, Jules 1830
    Stroltz, Alexandre 1831
    Haas, François-Joseph ✻ 1837
    Struch, Antoine 1839
    Rossée, Victor ✻ 1841
    Bellonnet (de), Adolphe O✻ 1842 1847
    Bardy, Napoléon (Constituante) . 1848
    Migeon, Jules (Législative) . . . 1850

Conseil général : M. Nizole, père, avocat, pour le canton de Belfort.

Conseil d'arrondissement : M. Fritsch, dit Lang, François, négociant, id.

Comité d'agriculture : M. Fritsch, dit Lang, Pierre, négociant, id.

FOIRES ET MARCHÉS. — Les foires à Belfort ne durent qu'un seul jour. Elles ont lieu le premier lundi de chaque mois. Dans certains cas exceptionnels et fort rares, la foire se recrie, c'est-à-dire qu'on la remet à la quinzaine suivante.

C'est sur les glacis de la porte de France que se tient la foire aux animaux. Le côté droit, en entrant en ville, est plus particulièrement affecté à l'exhibition des chevaux et des bœufs ; le côté gauche est réservé à la vente des vaches, des porcs, des chevaux, etc. Au centre, c'est-à-dire au bout du pont s'étalent les marchands de harnais, de jougs, coussins, fléaux, fouets, courroies et objets analogues; dans la saison, les cultivateurs y stationnent avec leurs voitures de raves et de choux blancs. De chaque côté des ponts qui conduisent en ville, sont rangés les ferronniers, les fripiers, les ferrailleurs et les petits marchands de menus objets neufs ou d'occasion, les revendeurs et regrattiers de petits pains, fromage, eau-de-vie, allumettes et bimbeloterie.

On voit en entrant en ville une exposition d'objets divers en quincaillerie, ferblanterie et mercerie. Sur la place d'Armes, les étalagistes vendent des étoffes, des casquettes, des cristaux, de la faïence, de la bonneterie, des tapis et des parapluies. Les vanniers et les marchands de râteaux se placent devant l'église. Près de la promenade, ce sont les bonnetiers; devant l'Arsenal, c'est le marché aux toiles. Aux environs de la grande fontaine, on étale les chapeaux, les brosses, l'horlogerie et les ustensiles en bois pour le ménage.

La vente des souliers a lieu près du collége, et celle des pommes de terre et des sabots, rue des Boucheries.

Belfort a deux grands marchés par semaine, le lundi et le vendredi. L'étalage de toutes les substances alimentaires se fait dans deux rues transversales, savoir : la Grande rue, qui prend depuis le Manége jusqu'au Collége, et la rue du Marché, qui commence à la place de la grande Fontaine où se vend le poisson, pour aboutir à la Grande rue, au coin de la maison Gueydan. En partant du Manége, on trouve d'abord les marchandes d'œufs et de beurre, ensuite c'est la vente de la volaille, du miel, du fil de ménage. Arrivé au pont, c'est le fromage, le gibier, la venaison (quand la chasse est ouverte) ; puis viennent les fruits, la verdure, les fleurs ; puis les légumes secs et le savon. Devant la sous-préfecture, ce sont les marchands de graines de jardin, les vendeurs de gras-double, de balais, de paniers, de primeurs et de fruits secs du Village-Neuf. En montant, c'est la vente du duvet et de la plume ; au printemps, c'est le marché aux petits oignons pour replanter. Dans la rue du Petit-Marché, on débite la viande dépecée, apportée du dehors, les fruitières et les revendeuses de la ville y étalent leurs marchandises. Tout cela est placé sur deux rangs qui se font face et au milieu desquels on aperçoit grouiller une immense population de ménagères et de cuisinières, ainsi que quelques curieux. Les étrangers sont surpris de voir que les transactions s'y fassent aussi paisiblement, sans que le chaland qui mésoffre soit poissardé comme on le fait, dit-on, dans plusieurs villes et surtout à Paris, où Vadé allait recueillir ce langage énergique des *dames de la Halle*, qu'il savait si bien imiter.

OCTROI — Nonobstant les bureaux de surveillance établis aux portes de la ville, il y a encore quatre bureaux de perception de l'octroi, savoir :

1° Au faubourg de Brisach, à la jonction des routes de Bâle et de Strasbourg.

2° Près de Brasse, sur la route des Vosges.

3° Au bout du faubourg de France, à la bifurcation des routes de Paris et de Lyon.

4° Au faubourg de Montbéliard, route de Besançon et de la Suisse.

Nous donnons ici le tarif en vigueur en 1855 des denrées et marchandises soumises aux droits d'octroi.

Boissons	Vins : l'hectolitre	0 90
	Alcool id.	3 66
	Bière et Vinaigre id.	1 37
Comestibles	Bœufs, taureaux, vaches, génisses, veaux, moutons et porcs, les 100 kilos	1 79
	Viandes dépecées. fraîches, les 100 k.	0 37
	salées, id...	0 92
	Avoine, l'hectolitre	0 27
	Foin, les 500 kilos	0 23
Matériaux	Bois équarri, le mètre cube	0 92
	Id. en grume	0 64
	Briques et tuiles, le mille	0 46
	Planches, les 10 m. carrés	0 46
	Lattes, le cent	0 46
	Pierres de taille et moëllons, le mètre cube	0 37

POSTE aux lettres. — Indépendamment de la boîte aux lettres du grand bureau qui est situé rue du Manége, il y en a encore deux autres, l'un devant la sous-préfecture, l'autre au faubourg de France, au coin du café du Commerce, maison Lapostolest.

POMPIERS. — Pour le service des incendies, Belfort possède, comme nous l'avons dit, une compagnie de sapeurs-pompiers composée d'environ 80 hommes, compris les trois officiers. Les pompes, agrès et ustensiles sont placés dans trois dépôts, le premier est établi derrière l'Hôtel de Ville ; le second à la scierie du Fourneau, et le troisième à l'hôpital militaire au faubourg de Montbéliard.

ECOLES — Belfort possède trois écoles primaires pour les garçons, deux en ville tenues par MM. Morlot et Moissonnier, l'autre au faubourg tenue par M. Vérain. L'école israélite en ville comprend les enfants des deux sexes, elle est dirigée par M. Bloch, instituteur.

L'inspecteur des écoles pour l'arrondissement de Belfort est M. J.-B. Heinrich.

La ville jouit aussi d'un pensionnat et d'une institution supérieure tenus par Mmes Calmel. Cet établissement renferme une grande quantité de pensionnaires parmi lesquelles on compte beaucoup de demoiselles des environs. Nous regrettons que le défaut d'espace nous empêche de donner plus de détail sur l'éducation solide et distinguée que les jeunes personnes reçoivent dans cette maison, qui rivalise avec les premières institutions de ce genre des grandes villes. Tous les ans, la distribution des prix est suivie d'une exposition des ouvrages confectionnés par les élèves.

Deux autres établissements destinés à l'instruction des jeunes personnes, sont encore offerts aux familles bourgeoises, ce sont les externats à peu près analogues, tenus l'un par Mme Hantz, née Guillot, et l'autre par Mlle Louise Mayer. L'éducation des élèves de ces deux écoles, pour être moins brillante, est néanmoins solide et variée, et toujours conforme aux recommandations des parents.

Belfort possède aussi une salle d'asile dirigée par des religieuses institutrices. L'administration municipale contribue à l'entretien d'un certain nombre d'enfants admis comme pensionnaires ; les externes y sont également recueillis gratuitement et y reçoivent avec l'instruction religieuse les premiers éléments de la lecture et de l'écriture.

MESSAGERIES. — Depuis le 1er septembre 1854, l'administration générale de toutes les diligences passant à Belfort, est réunie dans les bureaux de M. Spetz, directeur au faubourg de France, qui sont établis à l'hôtel de l'Ancienne-Poste. On trouve aussi dans le même faubourg, de petites messageries pour toutes les villes voisines, ainsi qu'un grand nombre de voiturins qui louent chevaux et voitures.

Nous dirons pour finir ce chapitre, que le télégraphe électrique de Dijon à Mulhouse passe par Belfort depuis le 1er octobre 1853, et qu'on espère avoir bientôt un bureau de station dans notre ville, ce qui facilitera infiniment les communications et la correspondance des commerçants et du public. D'après le *Moniteur* de 1854, le prix des dépêches privées de 1 à 25 mots est fixé à 2 fr. plus 12 centimes par myriamètre mesuré à vol d'oiseau. Le prix de semblables dépêches transmises de Paris à Colmar est fixé à 6 fr. 60 centimes ; pour Mulhouse à 6 fr. 80 c., et pour Strasbourg à 6 fr. 92 c., à quoi il faut ajouter 50 c. pour le port à domicile.

CHAPITRE III.

Fêtes annuelles et Voyage à vol d'oiseau sur les environs de Belfort.

> Parlons bas, car je crains que le son de nos voix
> N'effarouche en passant les habitants des bois,
> Les Faunes, les Sylvains, les Nymphes, les Dryades,
> Les Silènes craintifs, les pudiques Naïades,
> Et le dieu Pan lui-même au bruit de sa chanson
> Qui danse au milieu d'eux à l'ombre d'un buisson.

Il n'est pas question ici de la description de ces fêtes pompeuses comme les grandes villes en offraient autrefois à leurs souverains qu'on éblouissait par des feux d'artifice, des illuminations, des joûtes, des tournois, des réjouissances de toute espèce, et auxquels on offrait même de riches cadeaux. Ces vaines et coûteuses démonstrations ne prouvent souvent ni l'aisance du peuple ni son dévouement qui se traduit mieux par des actes, comme l'a prouvé un exemple récent. L'histoire rapporte que depuis l'avénement de Rodolphe de Habsbourg, la ville de Strasbourg a dépensé plusieurs millions pour fêter les grands personnages qui ont honoré cette ville de leur présence. Aujourd'hui, les chefs des nations se contentent des hommages du cœur, et leur plus grande satisfaction est de voir les citoyens soulager leurs frères indigents.

Nous ne voulons pas non plus parler de ces *kermesses* chevaleresques, de ces fêtes de *Gayan* et des *Incas*, et de ces magnifiques cavalcades en costume du moyen âge, dont la tradition s'est conservée dans les Pays-Bas, en mémoire des anciennes guerres. Dans ces immenses réunions où tout le peuple s'empresse de concourir, on voit encore les casques, les cuirasses, cuissards, brassards, caparaçons, lances et banderolles des antiques tournois et du Camp du Drap d'Or, et la représentation de tous les personnages historiques du moyen âge, depuis les rois jusqu'aux simples écuyers, revêtus des costumes du temps. Ces somptuosités sont totalement ignorées à Belfort où l'on ne célèbre que la fête patronale annuelle, ornée de divertissements populaires que chacun se procure selon son goût et ses moyens. Ces sortes de réjouissances publiques tournent à l'avantage du petit commerce et augmentent les recettes de l'octroi.

La fête de Belfort arrivant le 25 juillet, jour de la St-Christophe, était ordinairement remise aux deux dimanches suivants; maintenant elle se confond avec l'anniversaire du 15 août, et se célèbre également les dimanches subséquents. On comprend que nous ne parlons que de la fête civile et des réjouissances populaires. La dernière fête de l'année 1854 a été moins brillante et moins animée que celle des années précédentes, le temps n'ayant pas été propice. Autrefois des affiches placardées d'avance, même au loin, invitaient le public du dehors et les propriétaires de spectacles forains, de jeux amusants et de ménageries, les baladins, acrobates, hercules et autres artistes de force et d'agilité, les joueurs d'instruments, chevaux de bois, loteries et cirques olympiques, à venir embellir la fête de leur présence. Les glacis et la promenade du faubourg étaient à leur disposition. Une salle de danse champêtre s'étalait sur la rivière, et pendant quatre jours, entre cinq de repos, une population compacte et joyeuse s'amusait au bruit des flonflons de l'orchestre, jusqu'à la plus prochaine fête des villages voisins.

Comme tous ces villages méritent d'être visités, surtout à cause de leur culture, de leur industrie ou des monuments et choses curieuses qu'ils renferment, nous allons pousser une reconnaissance dans ceux qui sont le plus près de nous, pour avoir occasion de les mentionner; et, afin de faire ce voyage lestement et sans fatigue, nous vous prions, cher lecteur, de monter en croupe sur notre hippogriffe, car nous allons planer dans les airs comme le héros du Diable boiteux, pour explorer nos charmants environs.

Dirigeons-nous d'abord du côté de cette chaîne de montagnes appelée les Vosges, qui nous sépare de la Lorraine. Remarquez bien le ballon de Giromagny : les physiciens disent qu'il est à 1,071 mètres au dessus du niveau de la mer. Les flancs de ces montagnes recèlent des mines que les anciens souverains de l'Alsace ont fait exploiter jusqu'à la donation que Louis XIV en fit à la maison de Mazarin.

Les héritiers du cardinal, par les comptes qu'ils ont laissés de leur exploitation depuis 1700 jusqu'à 1709, justifient d'un bénéfice annuel de quarante mille francs. Le duc de Valentinois y fit faire des percements importants depuis 1783 jusqu'à l'époque de la Révolution où elles furent abandonnées. Vers l'An V de la République, le Directoire exécutif jeta les yeux sur les mines de Giromagny pour en faire une école nationale et pratique des mines ; mais ce projet n'eut pas de suites, ce qui est doublement fâcheux pour la nation d'abord et pour la contrée ensuite, car ces mines sont des œuvres mortes. Si comme on le prétend, Giromagny qui est un centre industriel, peut être relié par la suite avec le chemin de fer de Paris à Mulhouse, au moyen d'un court embranchement, l'exploitation de ces mines pourrait bien être reprise activement.

L'établissement le plus considérable de Giromagny est la fabrique de M. Boigeol. Les produits de cette maison jouissent d'une estime particulière.

Un autre établissement du même genre est celui de M. Zæpffel, qui augmente chaque jour d'importance et se recommande également par la supériorité de ses confections.

Rapprochons-nous ; cette masse de bâtiments à gauche de la route, où des piles de bois énormes sont entassées, c'est la manufacture de produits chimiques de Bellevue. Elle appartient à MM. Kestner, de Thann. Dans ces immenses hangars, on distille et l'on manipule une foule de produits chimiques, tels que les acides pyroligneux, les différents sels et autres substances employées dans les arts manufacturiers. Après avoir été préparées dans cet établissement, on les envoie à Mulhouse, à Wesserling et dans les grands centres de fabriques, même à l'étranger.

Plus près de nous, ce premier village dans la plaine c'est le Valdoie. Ce nom indique sans doute qu'autrefois on élevait beaucoup d'oies dans cet endroit. Ce qui semblerait encore confirmer cette étymologie, c'est qu'on voit autour du village, dans le pâquis et dans la rivière, de nombreux troupeaux de ces palmipèdes sacrés qui ont sauvé le Capitole et dont le foie et la plume sont des objets de spéculation pour les habitants. Voyez comme ces maisons sont propres et bien alignées, remarquez cette grande et belle manufacture, où l'on teint le coton en rouge d'Andrinople. Un peu plus loin, cette modeste église qui longe la route a été bâtie par M. le curé Pierron, qui y est enterré et dont nous reparlerons. A notre droite, ce petit clocher qui domine une cellule au bout d'un jardin, vous indique l'oratoire de M. l'abbé Lapostolest. L'intérieur de cette chapelle aux vitraux de couleur est parfaitement orné. On y remarque surtout un tableau qui paraît dater de la renaissance : il représente la Vierge dans une gloire, entourée de nuages et de rayons dorés. Parmi d'autres tableaux de main de maître, se trouve le portrait du pape Grégoire XVI. L'attention se porte également sur une petite toile représentant la Vierge tenant sur ses genoux l'enfant Jésus ; ce tableau est dû au pinceau de M. Eugène Arbeit, jeune artiste de nos environs, élève de l'école de Rome et professeur de dessin au collège de Lachapelle. On voit aussi appendue aux murs de cet oratoire, la bannière des chevaliers de l'ordre du St-

Sépulcre, dont M. Lapostolest est membre. C'est un drapeau à fond blanc, ayant au centre une grande croix à trèfles de couleur pourpre, écartelée de quatre autres petites croix simples. (1)

Sortons et tournons à gauche. Au bas de la montagne, ces bâtiments neufs qui se présentent à nos regards, ce sont les moulins et les ateliers de constructions mécaniques de MM. Page, frères. Là, on fabrique depuis deux ans des turbines perfectionnées qu'on expédie jusqu'en Espagne. Le patron de ce village est St-Christophe, et la fête a lieu en même temps que celle de Belfort.

En suivant la colline, nous apercevons Cravanche. Le marquis de Cayro de Staal, dont on voit la tombe dans les murs de l'église de Brasse, en était le seigneur sous Louis XIV. On y voit encore le vieux château d'assez maigre apparence. Cette propriété a passé par bien des mains et se ressent du poids des années. Derrière le village, c'est le bois du Salbert, cette belle forêt dont nous avons déjà parlé et dont le produit est le principal revenu de la ville.

En continuant de décrire notre cercle, nous arrivons à la route de Paris. Voyez cette ligne de perches blanches, ce sont les supports des fils du télégraphe électrique. Nous voici à Essert. La campagne est bien cultivée ; il y a dans les champs quelques carrières de

---

(1) L'institution de ces chevaliers, qui n'existait pas sous Godefroy de Bouillon, paraît remonter à l'année 1190, époque où Saladin, sultan d'Egypte, avait vaincu les chrétiens. Ce monarque, aussi généreux que brave, après avoir fait prisonnier Lusignan et s'être emparé de Jérusalem, rendit aux chrétiens l'église du St-Sépulcre, moyennant un certain droit et avec cette condition que les pèlerins y entreraient sans être armés.

pierres et de moëllons calcaires très-propres pour les constructions. Ce village a vu naître et mourir beaucoup de militaires qui se sont distingués dans les anciennes guerres de la République et de l'Empire. Si vous entrez sous quelques-uns de ces toits de chaume, vous verrez à côté du bénitier orné d'une branche de buis, le portrait de Napoléon près d'une épée rouillée qui repose dans son fourreau, après avoir brillé dans maintes batailles. Cette arme est toujours accompagnée de la croix-d'honneur, rapportée au foyer maternel par de vieux guerriers partis le sac sur le dos, et qui, ainsi que le capitaine Chantelot et beaucoup d'autres, sont revenus dans leur village pour ceindre l'écharpe municipale.

Essert était au temps passé la seigneurie de la famille de Klingling. Cette jolie maison entourée d'un jardin et qu'on appelle le château, appartient à M. Gasner; elle a été autrefois habitée par la bonne Mme Viellard (1), et plus récemment par M. le commandant Maire qui y est décédé. La fête d'Essert arrive à la St-Léger; mais elle est peu fréquentée par les citadins.

Continuons de tourner à gauche. Voilà Bavilliers, village pittoresque, posé sur la route d'Héricourt, et qui se présente avec grâce. Mme la duchesse de Ma-

---

(1) Mme Viellard avait reçu de la nature une de ces belles physionomies remplies de grâces, d'affabilité et de bonté, qui s'accordait parfaitement avec son généreux caractère. Aussi les paysans de ce village ne l'appelaient-ils que *la bonne dame*, et dans la crainte qu'elle ne sût pas profiter du moment opportun pour récolter ses foins et autres produits de son domaine, ils allaient spontanément dans la saison faire ses récoltes qu'ils transportaient jusque dans ses greniers. Inutile de dire combien ces braves gens étaient régalés au *château*. Ces exemples de mœurs anciennes deviennent rares aujourd'hui.

zarin en avait autrefois la haute justice. Ce grand bâtiment sur un canal dont les eaux proviennent des gouffres où se perd la Savoureuse, était jadis l'ancien château. Il appartient aujourd'hui à M. Bornèque, fabricant renommé dans la contrée. C'est grâce à ses dons, à ses démarches et à ses soins que l'on a érigé cette charmante église à l'extrémité du village, d'après les plans de M. Diogène Poisat, architecte. Dans la fabrique, d'où vous voyez s'élever des tourbillons de fumée et de vapeur, se trouvent des centaines d'ouvriers, traités là comme des enfants de la maison. Le chef accorde à chaque famille un petit terrain pour le cultiver à temps perdu. Ce léger supplément augmente le bien-être des ouvriers et les entretient en santé. M. Bornèque en a équipé une grande partie pour en former un corps de pompiers, muni de tous les agrès possibles, et qui se porte rapidement à tous les incendies des environs. Il faut voir cette belle compagnie organisée militairement, bien habillée et armée, ayant quatre officiers, et commandée par son capitaine à cheval, M. Jules Bornèque. Pour récompenser la rare activité de cet officier citoyen, on lui a accordé récemment une médaille d'honneur. Cette médaille lui a été remise en grande cérémonie à Belfort, le 13 mai 1854, devant sa compagnie, par M. le préfet du département, accompagné de toutes les autorités locales. Cette compagnie (on pourrait presque dire ce bataillon), se composait de 150 hommes, à la prestance militaire, le sac au dos, tambours, musique et sapeurs en tête, ayant même jusqu'à une cantinière en tenue. La compagnie avait amené avec elle ses pompes à incendie et ses voitures d'agrès, échelles fourgon, instruments, cordages et tous ses équipages qui étaient rangés en bataille sur la place de Belfort. Après la solennité, cette belle troupe a défilé devant les autorités, à la grande satisfaction de la foule de spectateurs accourus pour voir un corps aussi utile que beau et dont maintes grandes villes pourraient être jalouses.

La fête de Bavilliers arrive à la St-Ambroise; tombant dans la belle saison, elle est assez fréquentée par les Belfortains. Comme dans les opéras-comiques, on dansait autrefois sous les grands chênes et sur le gazon d'une charmante pelouse du pâquis communal, placé en amphithéâtre à l'entrée du village. Depuis deux ans, qu'on a coupé ces arbres qui prêtaient leur ombrage aux innocents plaisirs, ce terrain est totalement délaissé.

Continuons notre promenade aérienne, en nous éloignant de six kilomètres de la ville. Nous voici sur la route de Montbéliard. A notre droite est le village de Bermont, dans le cimetière duquel a été enterré en 1792, à l'âge de 78 ans, Bernardin Noblat, chevalier de St-Louis, commissaire des guerres et des limites du Rhin, seigneur de Belfort, qui fit bâtir l'ancien château de Sevenans où il est mort. Son épouse, Mme Anne-Appolinie-Josèphe Schwilgué, décédée en 1797, à 82 ans, repose dans la même tombe ainsi que l'indiquent les épitaphes de leurs monuments funèbres de la plus grande simplicité, et qui ne paraissent pas anciens.

Cette grotte que vous voyez au bas d'un rocher caverneux d'où s'échappe en abondance l'eau du ruisseau qui fait mouvoir un moulin bâti en 1808 et qui est tout proche, c'est la fontaine de la Suze. Cette source est ainsi appelée parce que la comtesse de ce nom affectionnait particulièrement le voisinage de cette fontaine solitaire, dont le doux murmure s'accordait avec son caractère poétique et élégiaque.

Ainsi que Hermione au bord du fleuve Léthé cherchait à oublier Cadmus, son époux, la comtesse de la Suze passait des heures entières au bord de cette source, que la nature semble avoir créée exprès loin des regards profanes pour servir de bain aux pudiques naïades. Elle avait fait tailler dans le roc une niche que l'on voit encore et dans laquelle on plaçait son fauteuil quand elle composait ses charmantes idylles. Des milliers de curieux sont venus et viennent encore chaque jour visiter cette fontaine où plusieurs étrangers se plaisent à écrire ou à graver leur nom.

Cette femme étonnante, dont nous avons parlé ci-devant, page 15, que les Zoïles et les Clopinels de son époque ont comparé à Sapho et à Clytemnestre, quand ceux qui lui rendaient justice l'appelaient la dixième muse, a rendu à jamais célèbre la fontaine de ce rocher qui porte son nom, par les vers suivants qu'elle y avait fait graver, et que son mari, que l'on disait très jaloux, fit effacer :

> Vous ne m'attirez point par vos attraits charmants,
> Beaux lieux, où tant d'heureux amants
> Trouvent de douces aventures ;
> Non, je ne songe point à chercher des plaisirs,
> Et je viens seulement sous vos grottes obscures
> Entretenir ma peine et cacher mes soupirs.

A gauche de la route, vis-à-vis de nous, ce groupe de maisons que nous apercevons, c'est le village de Sevenans. Remarquez ce grand bâtiment carré, d'une architecture régulière, et qui surpasse les autres constructions, c'est le nouveau château. Il a été rebâti en

1844, d'après les dessins de M. Boltz, architecte, né à Belfort. M. Deffayet, entrepreneur du chemin de fer, avait été chargé de la construction. L'extérieur de cet édifice paraît simple et uniforme; ce qui le relève ce sont ses belles proportions, son fronton et une petite tourelle où se trouve un escalier et qui se termine par un belvédère éclairé par des fenêtres en verre de couleur. La toiture, surmontée de deux paratonnerres, est peut-être un peu plate pour notre climat neigeux; mais, à part ce léger inconvénient, si c'en est un, cette habitation est ce qu'il y a de plus charmant dans les environs. Cette jolie propriété appartient à M. Saglio, ancien receveur particulier des finances, qui l'habite l'été. Elle comprend ou renferme des jardins immenses, un parc, un réservoir, des forêts, etc. L'intérieur de ce château est décoré avec goût, et meublé avec élégance sinon avec richesse.

Feu monsieur Bernardin Noblat, seigneur de Belfort avant la Révolution, et dont nous avons parlé tout-à-l'heure, avait fait bâtir ce manoir féodal il y a environ un siècle. Cette demeure seigneuriale, qui fut presque détruite pendant la première République, ayant été réparée par M. le capitaine Clavey, l'avant-dernier propriétaire, le général autrichien qui commandait le blocus en 1814, en fit son quartier général et l'habitait avec son état-major. La route de Delle par Bourogne passe devant ce château.

Si nous pouvions allonger notre voyage, nous visiterions avec plaisir les riches manufactures qui sont à l'extrémité de notre département, telles que les forges de Morvillars et la fabrique de quincaillerie et vis à bois de Grandvillars, qui appartiennent à MM.

Migeon et Viellard, de Belfort, et l'immense fabrique d'horlogerie et de quincaillerie de MM. Japy, à Beaucourt. Cet établissement n'a pas de rival en France.

Rapprochons-nous de la ville. Ce village-ci, c'est Danjoutin. Autrefois on tirait de la mine de fer sur ce territoire, et le patouillet se voyait encore il n'y a pas dix ans près de la rivière, le long de la côte. Les habitants de Danjoutin se livrent beaucoup à la pêche ainsi qu'à la chasse. Depuis quelques années, M. Bornèque, de Bavilliers, vient de faire construire sur le cours d'eau, une usine qui marche également à la vapeur. Cet établissement comprend un moulin à l'anglaise et un tissage mécanique. Cela donne du mouvement à la localité et procure de l'ouvrage à la classe laborieuse. On prétend qu'un superbe pont en pierre de taille doit être construit à l'entrée de ce village pour le passage projeté du chemin de fer.

C'est au bout du pont, à droite, sur le gazon, que, dans le mois d'août, se tient la fête du village, le jour de la St-Justin. C'est ce patron qui a probablement donné son nom à cette commune, puisque les anciens traités de géographie appelaient ce village Damp Justin ou Dam Justin, dont on a fait Danjoutin. Ainsi que le village d'Essert, celui de Danjoutin a vu plusieurs de ses enfants partir soldats et revenir au pays capitaines. Nous citerons entre autres M. Prince, ce Nestor des officiers en retraite, dont la mémoire est encore trop présente pour que nous ayons besoin de rapporter son honorable carrière.

Remontons le cours de la rivière. Nous ferons le tour extérieur du château ; mais auparavant explorons un instant cette agglomération de maisons enfouies là-bas comme dans le fond d'un creuset, et qui paraît être moitié ville et moitié village. Ce faubourg s'appelle le Fourneau, parce que jadis il était vivifié par une usine où l'on convertissait en fonte de fer le minerai si riche et si abondant de notre contrée; mais depuis que le haut fourneau a été transformé en une scierie, ce lieu est moins fréquenté.

Autrefois, et avant que la police n'y mit ordre, cet endroit était le réceptacle des malandrins, des francs-mitoux et de tous ces trouillefous de la Cour des Miracles dont l'auteur de Notre-Dame de Paris nous a décrit les mœurs. Maintenant ils sont extirpés, et l'on a permis aux Aspasies et aux Laïs modernes d'y transporter leurs pénates.

A l'exception de quelques propriétaires, les habitants de ce hameau sont généralement peu à leur aise. La plupart vivent du produit de la culture de quelques terres et jardins.

Dirigeons-nous maintenant du côté du levant. Cette flaque d'eau que vous apercevez sous nos pieds, c'est l'étang de Retenans. A côté, sont les sources de quelques-unes de nos fontaines. Examinez l'étendue de ces glacis, la profondeur de ces fossés couverts autrefois en partie par des habitations et qu'on appelait Belfort sur la roche. C'est par là que le duc de la Ferté attaqua le comte de la Suze, en ouvrant la tranchée dans la neige. Voyez maintenant ces formidables ouvrages dont les embrasures sont prêtes à vomir la mort par leurs mille bouches de bronze. Passons sur le bois de la Perche : reconnaissez le Champ du Massacre, c'est cet emplacement où la végétation est si belle!

Nous voici bientôt au village le plus renommé des

environs pour sa cuisine et l'excellence du vin que l'on vend dans ses auberges.

Auparavant, jetez un coup-d'œil sur ce monument grandiose qui s'élève à notre gauche. C'est le fort de la Justice. Comme autrefois à Rome, ce Capitole moderne a été bâti sur notre ancienne roche Tarpéienne. Jadis cette esplanade s'appelait *les Fourches*, parce que c'était là que s'élevaient les potences ou fourches patibulaires, qui consistaient en quatre piliers de maçonnerie, éloignés l'un de l'autre d'une dixaine de pieds et reliés entre eux à la partie supérieure par des barres de fer auxquelles on suspendait les criminels, condamnés à être pendus. Il y avait place pour plusieurs parce que dans ces temps on condamnait volontiers à mort pour des crimes et des délits qui aujourd'hui n'emportent plus cette peine. D'un autre côté, les jugements ordonnaient quelquefois que l'exécution aurait lieu en cet endroit; d'autres fois ils prescrivaient que les criminels seraient pendus et étranglés sur la place publique jusqu'à ce que mort s'en *ensuive*, et qu'au bout de vingt-quatre heures le corps des suppliciés seraient portés aux fourches patibulaires pour y rester attachés jusqu'à l'entière consommation ou décomposition du squelette. Ce devait être un hideux spectacle que celui de ces os desséchés se balançant au moindre vent et formant par leur cliquetis une musique infernale, renforcée du croassement des corbeaux qui faisaient de cet endroit leur repaire habituel. Ces horribles épouvantails ne rendaient pas les hommes meilleurs.

Nous ferons observer que ce genre de supplice était regardé autrefois comme très ignominieux ; on ne l'appliquait d'ordinaire qu'aux manants seulement et à ceux dont on voulait déshonorer la mémoire. Sous Louis X, on le fit subir à Enguerrand de Marigny, que l'on pendit au gibet de Montfaucon, et sous Charles-le-Bel, on l'infligea aussi à Jourdain de Lisle.

Les grands personnages et les gentilshommes étaient quelque fois brûlés. C'est par ce supplice que l'on fit périr les Templiers, Jean Huss, la Pucelle d'Orléans et beaucoup d'autres victimes des circonstances. Les nobles avaient le privilége d'être décapités. C'est de cette façon qu'on en usa avec le comte de Montgommery, Henri de Montmorency, Jacques Nemours d'Armagnac, Cinq-Mars, de Thou et plusieurs hommes éminents. On regardait la décollation comme étant infiniment plus noble que la pendaison, quoiqu'au premier coup-d'œil on n'aperçoive pas cette nuance délicate qui mène au même résultat. Il paraît que les grandes familles de ces époques se trouvaient excessivement flattées de cette préférence accordée à leur caste. Aujourd'hui que les priviléges sont abolis chez nous et que tous les Français sont égaux devant la loi, on ne se préoccupe pas du rang du criminel condamné; il n'y a plus de billots et de haches dans les prisons; on n'étrangle plus en cachette les Marguerite de Bourgogne; plus de roues, de bûchers, de gibets ni de glaives comme en Allemagne, en Suisse et en Angleterre. Le code pénal ne fait aucune distinction; l'article 12 vous dit avec la plus grande simplicité : « Tout condamné à mort aura la tête tranchée. » C'est à chacun à prendre garde.

Hâtons-nous de quitter cette scène hideuse pour une autre plus agréable. Nous arrivons au village de Perouse, non pas celui qui fut la patrie du Dante et du Pérugin, maître de Raphaël, et dont parle Boccace dans son Décaméron. Ce village-ci se trouve sur la route de Bâle. C'est à la St-Mathieu, le 21 septembre, qu'expirent ici les réunions champêtres si chères aux amateurs de la villégiature. Comme la fête de Perouse est la dernière de l'année, on la prolonge jusqu'à la mauvaise saison, c'est-à-dire jusque vers la fin d'octobre. Par cette raison, les entrepreneurs de bals et les musiciens font des frais assez considérables pour attirer la foule. La bonne société des deux sexes lui paie également son tribut. Mais puisque ces danses ont lieu en plein air elles sont nécessairement publiques ; aussi la classe moyenne vient elle s'y ébaudir au milieu des divers délassements que la fête rassemble dans ce village, tels que les chevaux de bois, les jeux du disque et de l'anneau, où les plus heureux et les plus adroits gagnent un couteau, une salière ou des bretelles, les jeux de quilles placés sur des tonneaux, les loteries aux pains d'épice, cette gourmandise des moutards, les marchands de joujoux et de bonbons, puis bien d'autres appâts et plaisirs innocents et peu coûteux.

Un essaim de jeunes ouvrières vives et jolies, honnêtes Rigolettes, si assidues toute l'année à leur travail plus patient et délicat que pénible, viennent aussi se réjouir, en embellissant de leurs grâces et de leur riante et folâtre jeunesse, ces réunions hétérogènes dont, pour être vrai, nous dirons qu'elles ne sont pas le moins bel ornement. Comme le papillon est attiré par les fleurs, on voit bientôt arriver la foule des cavaliers et des élégants de la ville et de la campagne, avec ou sans gants jaunes. Dans le nombre, se trouvent quelques uns de ces *lions* qui ont visité la capitale, et qui, à l'instar des Lauzuns du quartier

Bréda, de la Grande Chaumière et du Prado, viennent le cigare à la bouche et le lorgnon à l'œil, regarder d'un air goguenard comment s'amusent les petites gens de province. A côté, on remarque des messieurs qui paraissant gênés dans leur travestissement, cherchent en vain à dissimuler une moustache militaire qui trahit leur incognito. On découvre aisément sous l'habit du *pékin* quelques guerriers déguisés, qui viennent pour faire polker des grisettes sans compromettre leur dignité. Tout cela forme un spectacle varié et charmant pour l'observateur.

Bientôt le bruit de l'orchestre appelle les danseurs; le Tivoli se remplit tumultueusement; les mamans prudentes se tiennent à distance avec leurs demoiselles dont les pieds pétillent. Les quadrilles se forment; on voit s'élancer de jeunes minois chiffonnés, encadrés dans de jolis bandeaux de cheveux, ou dont la tête est à peine couverte de ces frais et coquets bonnets garnis de rubans qui, pendant le galop, flottent au vent comme les banderolles d'un mât pavoisé.

Le discret spectateur qui, pour secouer son ennui, se permet une incursion autour de ces folâtres danses modernes, tant soit peu décolletées, peut apercevoir à la dérobée de charmants petits pieds, élégamment chaussés de mignons brodequins, que l'on voit glisser sur le plancher de ce fragile radeau terrestre, où la vertu qui s'y embarque avec peu de voiles, n'est pas toujours à l'abri du naufrage. Plus loin on remarque, sur le même théâtre, de bonnes grosses villageoises qui, sans se douter que la musique et la chorégraphie sont soumises aux lois de la mesure, se trémoussent et sautent à contre-temps jusqu'à complète lassitude.

Tout à côté de la danse, se trouvent les guinguettes si bien décrites par Béranger, où la joie populaire des petites sociétés de familles et d'amis, se répand au milieu du choc des verres et des bouteilles, à la fumée embaumée et appétissante des *schtribles*, des *vicques* et des gâteaux sortant du four. Ce sont des tableaux de Téniers ou de Van-Ostade, mais excessivement animés.

Quittons ces scènes pittoresques et séduisantes pour continuer notre exploration.

Ce petit village qui est là-bas, à notre droite, c'est Chêvremont. Cet endroit est non seulement remarquable par ses nombreuses carrières de mine de fer, mais il est encore célèbre par une ballade populaire qui est dans toutes les bouches des gens du pays. C'est le *ranz des vaches* des Miottains. Cette chanson intitulée *Les Galants de Chévremont* ne brille pas par la richesse de sa poésie. Elle est composée moitié en français et moitié en patois roman, facile à comprendre. L'air est entraînant, et les refrains qui sont tous bissés se crient la seconde fois plutôt qu'ils ne se chantent. Personne ne peut dire si cette composition est une idylle, une églogue ou une satire; mais on est certain de l'entendre chanter dans toutes les parties du monde où il y a des enfants de la Miotte.

Voici cette chanson :

LES GALANTS DE CHÈVREMONT.

I

Ço li galants de Tchievremont,
Ço li galants de Tchievremont.
Qué s'en revant dedans la guerre,
Sans dire adue à leu maîtresse.

II

Quand y fut loin de son pays,
Le pus djeune s'en repentit ;
Y s'en revint dret chez sa tante,
Là où sa belle il y fréquente.

III

— Ha ! din bondjou, ma tante Ali.
Ma mie n'a-t-elle point z'ici ?
— Alle est là hâ, dedans sa tchambre,
Où qu'alle pleure et qu'alle s'y lamente.

IV

Lou vert galant montit en haut.
La belle tirit son rideau :
— Retirie-vô, ê vos en prie,
De vos mon cœur n'a plus d'envie.

---

(1) Traduction.

I

Ce sont les galants de Chêvremont,
Qui partirent pour la guerre,
Sans dire adieu à leur maîtresse.

II

Lorsqu'il fut loin de son pays,
Le plus jeune s'en repentit.
Il s'en retourna chez sa tante,
Où demeurait son amante.

III

Je vous salue, ma tante Alix,
Ma mie n'est-elle pas ici ?
— Elle est en haut, dans sa chambre,
Où elle pleure et se lamente.

IV

Le jeune galant monte en haut.
La belle se cacha derrière son rideau.
— Retirez-vous, je vous en prie,
De vous mon cœur n'a plus envie.

V

Ma mie, fâtes moi z'un bouquet,
Ma mie, fâtes moi z'un bouquet ;
Qui soit loyé de rubans djânes,
Ya fait l'amour c'est pour un âtre.

VI

Belle, fâtes moi z'un moutchu,
Belle, fâtes moi z'un moutchu ;
Fâtes lou long, fâtes lou large,
Çâ pour essuyer mon visage.

La journée s'avance, poursuivons notre route dans l'espace. Suivons parallèlement le chemin que parcourt le soleil ; dirigeons-nous du côté du couchant ; nous voici près des carrières de pierre tendre, appelée *patate*, dont l'ancien Belfort était bâti : on peut le voir encore aux portes et aux croisées des vieilles casernes de la ville. Nous traversons la route de Strasbourg par Roppe, Lachapelle, Cernay et Colmar ; nous passons sur le fort de la Miotte ; voilà l'étang de la Forge, qu'on a pêché en 1853, ce qui n'avait pas été fait depuis l'année 1847, aussi chaque pêche produit-elle une énorme quantité de carpes, dont quelques-unes pèsent jusqu'à 10 et 15 kilogrammes, sans parler des monstrueux brochets. On conserve

---

V

Ma mie faites-moi cadeau d'un bouquet
Qui soit attaché avec un ruban jaune.
Car j'ai fait l'amour pour un autre.

VI

Belle, donnez-moi un mouchoir,
Qui soit bien long et bien large
Pour essuyer les larmes qui inondent mon visage.

une partie de ces poissons dans des viviers ou réservoirs ; le reste, livré au commerce, est expédié dans les grandes villes.

Ce clocher qu'on aperçoit au bout de la forêt de l'Arsot, c'est celui de l'église neuve du village d'Offemont, dont le patron est St-Augustin. Ce pays, au sol rougeâtre, fournit, ainsi que Vétrigne, d'immenses quantités de pierres à bâtir, qu'on expédie par terre et par le canal, jusque dans plusieurs villes éloignées. Cette pierre, non gélisse, est un grès rouge, très propre aux constructions. Elle fait feu sous la tranche et sous le marteau, comme on peut s'en assurer en la voyant tailler dans l'obscurité. Quelques bancs fournissent de la pierre réfractaire, particulièrement dans les cantons qui se rapprochent de Roppe.

On voit déjà s'éteindre dans les nuages les feux rougeâtres du soleil couchant. Ses rayons d'or et de pourpre ne se reflètent plus que sur la cîme des montagnes et des rochers élevés. Achevons donc notre course aérienne en rentrant par le hameau de la Forge. Voici les bains ; cette vaste plaine qui va jusqu'à la Savoureuse, c'est le Champ de Mars. La ville cède ce terrain pour les manœuvres de la garnison, en échange d'une partie du Magasin des vivres que l'état lui accorde pour tenir le marché aux farines.

Cette île, aussi déserte que celle de Robinson, c'est la buanderie militaire. Nous touchons aux glacis : voici le terme de notre course, descendons à terre. Nous sommes au bout de la passerelle du *Magasin*. Ce coin du faubourg est ainsi nommé, parce que c'était, dit-on, dans cet endroit qu'existaient les magasins d'approvisionnement de matériaux et des outils et ustensiles nécessaires aux fortifications, lorsque Vauban y fit travailler.

Maintenant, nous pouvons rentrer en ville par l'une ou l'autre des deux portes indifféremment, la distance étant presque égale; et, pendant que l'auteur ira chercher dans nos murs un autre sujet de description, le lecteur pourra se reposer.

CHAPITRE IV.

Célébrités du Pays et Personnes de distinction dont le souvenir s'y conserve.

I

L'Abbé de LA PORTE.

Les plus grands ennemis, les plus fiers adversaires
Souvent par intérêt redeviennent des frères.

La Porte (l'abbé Joseph de), né à Belfort, le 2 février 1718, mort à Paris en 1779, fut pendant quelque temps jésuite; mais ayant quitté cette société, il vint à Paris, où il se mit à écrire. Son premier essai fut une comédie en vers, intitulée *L'Antiquaire.* Voyant que la poésie n'était pas son fait, il commença en 1749 à faire paraître une feuille périodique intitulée *Observations sur la Littérature moderne*, à l'imitation du journal de l'abbé Desfontaines, auquel travaillait également Fréron, savant critique et l'antagoniste de Voltaire.

Quoique l'abbé de La Porte et Fréron se fussent déchirés réciproquement dans leurs écrits, ils s'associèrent plus tard pour la publication de *L'Année littéraire*, petit journal fort recherché alors par l'esprit qui y pétillait, et par une pureté de style qu'on n'a guère dépassée depuis. Ces deux juges du Parnasse s'étant brouillés, l'abbé de La Porte publia son *Observateur littéraire*. Plus tard, il fit le *Dictionnaire dramatique*, et enfin il composa son *Voyageur français*, la plus énorme compilation et la plus connue. Cet ouvrage renferme une foule d'anecdotes amusantes qui tiennent du roman. Il est écrit avec beaucoup de soin et a valu à son auteur une grande fortune. On doit encore à l'abbé de La Porte : *Les pensées de Massillon; L'esprit de J.-J. Rousseau; L'esprit de Marivaux*, et autres écrits. On dit qu'il était fort agréable en société, et réjouissant par ses fines et spirituelles plaisanteries.

II

Le curé PIERRON.

Il fut de son troupeau l'exemple et le pasteur,
L'ennemi du péché, mais l'ami du pécheur.
(*Vers mis au bas de son portrait*)

PIERRON, Félix, né à Belfort en 1725, mort en cette ville en 1780.

Ce vénérable prêtre, qui fut curé dans sa ville natale, y a laissé des souvenirs impérissables. Il fut directeur du séminaire de Besançon, où sa mémoire est également révérée. C'est lui qui fit ériger à ses frais et qui bénit l'église du Valdoie, dans le cimetière de laquelle son corps est inhumé.

La tradition rapporte que le bruit de sa mort causa une telle consternation dans la contrée, qu'on ne peut comparer la désolation qu'elle y occasionna qu'à l'apparition d'un fléau. Toute la population se mit en mouvement; chaque famille était dans le deuil et semblait avoir perdu un de ses parents le plus cher. Jamais à Belfort on ne vit un pareil enterrement : la tête de la procession était déjà au Valdoie, que la suite n'était pas encore entièrement sortie de Belfort, distant de 5 kilomètres.

On raconte qu'un régiment étranger de la garnison (le Royal-Suédois), composé de protestants, et dans lequel ne se trouvait qu'un seul officier catholique, voulut joindre ses hommages à ceux des habitants, et qu'il lui rendit les honneurs en accompagnant jusqu'à sa dernière demeure les restes mortels du religieux prêtre, qui fut tolérant et le consolateur de toutes les infortunes.

Le bruit a couru qu'il était mort par suite des coups qu'un scélérat resté inconnu lui donna un soir.

III

L'Abbé DUROSOY.

> Reçois-le dans ton sein, ô terre bienfaisante,
> Il ne brigua jamais les biens ni les honneurs.
> Des grands toujours dédaignant les faveurs,
> Aux pauvres il tendait une main indulgente.

L'abbé Jean-Baptiste Durosoy, né à Belfort en

1726, mort en cette ville en 1804. Issu d'une famille bourgeoise, il fit ses études chez les jésuites et devint docteur en théologie. Il est l'auteur de la *Philosophie sociale* et de plusieurs autres ouvrages qui ont encore du mérite. Il avait l'esprit juste, la mémoire heureuse, le travail facile, le cœur bon et sensible, et était d'une tempérance exemplaire.

Il ne faut pas confondre l'abbé Durosoy avec son homonyme du Rosoy (Firmin), né à Paris en 1745, qui est également l'auteur d'une *Philosophie sociale*, ce qui les fait prendre l'un pour l'autre. Celui-ci fut mis à mort pendant la Révolution de 1792 pour son royalisme. Avant de mourir, il avait adressé au président de la Convention une requête par laquelle il formulait le désir que son trépas fût utile au genre humain. Il demandait qu'on fît sur lui l'expérience de la transfusion du sang, en cherchant à faire passer le sien dans les veines d'un vieillard. La pétition de du Rosoy ne fut point écoutée, et le jour même qui était celui de sa condamnation, il fut exécuté aux flambeaux, à neuf heures du soir.

IV

Le général BOYER.

Son nom toujours fameux vivra dans la mémoire
Qui sert bien son pays meurt toujours avec gloire

Boyer, Pierre-François-Xavier, né à Belfort en 1772, partit volontaire à vingt ans dans un bataillon de la Côte-d'Or. Il devint peu de temps après capitaine d'une compagnie stationnée au Mont Terrible, d'où Kellermann le tira pour en faire son aide de camp. Boyer fut nommé général de brigade en l'An IX.

Lorsqu'il fit, sous l'empire, les guerres de la Péninsule, il devint la terreur des guérillas espagnols par les cruelles représailles qu'il exerça envers eux. La division de dragons qu'il commandait, inspirait surtout de l'effroi à ces bandes indisciplinées qui faisaient à nos troupes une guerre continuelle de harcellement et d'escarmouche dans leurs montagnes.

Nous qui avons eu l'honneur de faire dans le même temps ces guerres d'Espagne si pénibles et si meurtrières, nous sommes loin de blâmer la sévérité nécessaire de ce chef, qui avait acquis dans l'armée le surnom de Pierre le Cruel.

Ce qui pouvait justifier jusqu'à un certain point la vengeance qu'exerçait cet homme de guerre sur ses ennemis, c'est qu'ayant été pris par un détachement de guérillas, on l'attacha d'une manière infamante à la queue d'un mulet, la face tournée en arrière, pendant une marche, puis ensuite on l'enterra jusqu'au cou, la figure enduite de miel, afin qu'il devînt la pâture des mouches et des vers. Il eut le bonheur d'être délivré par les siens d'une si cruelle torture. Aussi, depuis ce temps, il se montra inexorable envers les complices des brigands qui l'avaient traité d'une façon si barbare.

Boyer parvint au grade de général de division en 1814. Après la conquête d'Alger, en 1830, il commanda la place d'Oran, et ne démentit pas dans ce poste la réputation de fermeté qu'il s'était acquise. Retraité en 1837, il est mort en 1851, à Lardy, près d'Etampes, à l'âge de 79 ans.

V

Le conventionnel LAPORTE.

Nul ne peut s'affranchir des décrets souverains,
Minos juge aux enfers les coupables humains.

Sébastien LAPORTE, de Belfort, étant membre de l'Assemblée Législative en 1791 et de la Convention en 1792, fut chargé avec Couthon de poursuivre le siége de Lyon. Il se montra un des juges les plus sévères de Louis XVI.

Lorsque Napoléon Bonaparte arriva au consulat, puis à l'empire, le conventionnel Laporte, voyant son rôle politique terminé, se retira à Belfort, sa ville natale, où il exerçait la profession d'avocat consultant ; mais, quoiqu'il eut de profondes connaissances dans la science des lois françaises, à la confection desquelles il avait contribué pour la plupart, il avait peu de clients. Accablé qu'il était d'infirmités repoussantes, il vivait dans la solitude et le besoin, personne n'ayant le courage de visiter ce malheureux exemple des vicissitudes humaines, qui, après avoir brillé sur le théâtre du monde, vécut de la charité de ses confrères jusqu'à sa mort, arrivée en 1822.

VI

Hugues CHARDOUILLET.

Son esprit peu jaloux de vivre en la mémoire
Ne considéra point le reproche ou la gloire ;
Toujours indépendant et toujours citoyen,
Son devoir lui suffit, le reste n'était rien.
Prévoyant l'avenir dont son âme est instruite,
Sur nos vrais intérêts il régla sa conduite.

C'est M. Chardouillet qui, étant *prévost* ou *bourg-*

maistre de Belfort, vers l'année 1530, époque de l'invasion de la religion protestante, chassa de la ville le prédicant Farel, disciple de Calvin, qui vint en apôtre prêcher au milieu des rues la réforme religieuse. M. Chardouillet fut assisté dans cette action vraiment hardie dans ces temps de révolution dogmatique, par un autre membre du Magistrat, nommé Hechemann, dont les descendants existent encore dans la ville. Par cet acte de fermeté, à une époque où les passions étaient en effervescence, ce fonctionnaire conserva Belfort à la religion catholique et à son légitime souverain. Ce fait est d'autant plus singulier dans l'histoire, que généralement toutes les villes d'Alsace, surtout celles environnant Belfort, adoptèrent avec empressement et sans même la connaître, cette nouvelle religion, qui s'est maintenue et a progressé dans ces localités, sans faire de prosélytes parmi nous.

VII.

L'Abbé FELEMEZ.
(Prêtre fervent et excellent prédicateur.)

> Un trépas glorieux pour une fin si belle
> Rendra de sa vertu la mémoire immortelle.

Ce célèbre orateur et profond logicien, né à Belfort, mourut en cette ville en 1783, le lendemain d'une mission qu'il alla prêcher à Danjoutin (Dam Justin) et où il déploya une éloquence remarquable. C'était hélas ! le chant du cygne. Les membres de cette famille sont encore nombreux à Belfort.

VIII.

Le Père LAMBLÉ.

> Sa conscience est libre, et ce guide sévère
> Ne régla point ses sentiments
> Sur le vain espoir d'un salaire
> Ni par la crainte des tourments.

Lamblé, jésuite, missionnaire en Syrie, était un linguiste distingué. On lui fait honneur de la création de notre congrégation d'hommes, sous la protection de saint François-Xavier.

IX.

M. NOBLAT.

> On ne pouvait alors en de plus dignes mains
> Confier le dépôt du soin des Belfortains.

Noblat. Cette illustre famille a donné à la ville, des magistrats, prévôts, baillis, commissaires des guerres, etc. Dans les anciennes guerres, les Autrichiens ayant passé le Rhin et menaçant Belfort, M. Noblat, chef de la commune, reçut ordre de faire raser autour de la ville toutes les maisons, les murs de jardin, les arbres et palissades à portée du canon de la place, et cela dans les vingt-quatre heures et sous les peines de droit, avec injonction d'employer à cette œuvre les bourgeois, la garnison et même les habitants des villages voisins par corvées.

A la réception de cet ordre, non assez mûrement réfléchi, ce digne magistrat sentit ses entrailles s'émouvoir. Il suspendit cette exécution, sous sa propre responsabilité, jusqu'à ce qu'il en eût référé à l'autorité supérieure. Il fit de si chaudes remontrances qu'elles furent écoutées, et que chacun conserva intacts sa pauvre petite habitation et son jardin.

La postérité doit enregistrer avec reconnaissance les faits de cette nature, sous peine de se montrer ingrate.

X.

Le marquis de VERNOUILLET.

> Je déguisai partout ma naissance et mon nom ;
> Un ami bienfaisant fut mon seul compagnon.
> (OEdipe, Voltaire.)

M. DE VERNOUILLET a toujours passé à Belfort pour être un enfant naturel de Louis XV. Il avait de bonnes manières et des airs de cour qui ne s'accordaient plus avec son manque de fortune, que lui avaient ôtée la mort de ses protecteurs et la Révolution. Les familles Noblat et D'artus, ayant des égards pour ce noble exemple du malheur, ont pourvu à ses besoins jusqu'à sa mort.

On cite de ce personnage un trait d'originalité dont plusieurs personnes se rappellent encore, c'est qu'il avait une anse à son chapeau, qu'il empoignait par cet appendice lorsqu'il voulait l'ôter ou saluer quelqu'un.

Comme les marquis de Roquelaure et de Bièvre, c'était un homme à bons mots.

XI.

Le général STROLTZ.

*On voyait près de lui briller tous nos guerriers,
Compagnons de sa gloire et ceints de ses lauriers.*

Stroltz, Jean-Baptiste, Alexandre, né à Belfort en 1771, mort à Paris en 1841.

Malgré l'exiguité de sa taille et sa chétive apparence, le jeune Stroltz résolut d'entrer au service au commencement de la Révolution. Il se présenta pour s'enrôler avec son ami Kléber et fut d'abord refusé à cause de sa taille, et ne fut enfin accepté que sur l'insistance de Kléber, qui était un vrai colosse, et qui fit observer à l'officier municipal que les deux ensemble valaient bien deux hommes ordinaires. Ce à quoi le fonctionnaire chargé des enrôlements répondit : C'est juste.

Stroltz entra au 1er régiment de chasseurs à cheval, fit une série de campagnes qu'il serait trop long d'énumérer, et reçut en récompense de ses services tous les grades militaires, y compris celui de général de division.

Il était chevalier de St-Louis, grand officier de la Légion-d'Honneur, grand cordon de l'Ordre royal d'Espagne et des Indes, commandeur de l'Ordre royal des Deux-Siciles, baron de l'Empire, pair de France, et fut nommé député de notre arrondissement depuis 1831 jusqu'en 1837.

Ainsi que nous l'avons dit ci-devant, page 110, l'épée qu'il portait dans sa jeunesse est déposée dans le bureau du maire, à l'Hôtel-de-Ville, au milieu d'un cadre vitré où l'on voit également ses glorieux états de service. (Voyez Kléber, N° XXI.)

XII.

LE GÉNÉRAL MENGAUD.

Qui sert bien son pays n'a pas besoin d'aïeux.

MENGAUD, François-Xavier, lieutenant-général, chevalier de la Légion-d'Honneur, né à Belfort en 1756, mort en retraite dans cette ville le 30 décembre 1830. Il descendait de l'ancienne famille de Joseph Mengaud, qui fut mandataire de la maison de Mazarin. M. Mengaud a occupé longtemps à Belfort la place de sous-préfet. Il s'est particulièrement distingué par beaucoup d'ordre et de précision dans son administration.

XIII.

LE GÉNÉRAL ROUSSEL.

Sur des morts entassés il accourt, il s'avance,
A pas précipités sur la brèche il s'élance.

ROUSSEL, Jean-Pierre-François-Dieudonné, général de brigade, commandant de la Légion-d'Honneur, né à Belfort en 1782, décédé en cette ville le 19 mars 1851.

Volontaire en 1798, il a fait presque toutes les campagnes de la République et de l'Empire. Adjudant-major en 1808, il assista à plusieurs assauts, entre autres aux siéges de Saragosse et de Lérida en Espagne, où il reçut les félicitations du maréchal Suchet, pour sa belle conduite militaire.

Roussel étant capitaine des grenadiers à Tarragone, prit cinq pièces de canon à l'ennemi et fut fait chef de bataillon en 1812, puis colonel en 1815, à la bataille de Waterloo.

En 1830, le 3e de ligne, commandé par le colonel Roussel, s'empara d'une redoute sur la côte d'Alger, ce qui valut à ce chef le grade de commandeur de la Légion-d'Honneur, puis en 1834, il fut nommé maréchal de camp.

Après cinquante ans de services et vingt-deux campagnes, le général Roussel ayant été mis à la retraite, ses concitoyens le nommèrent, en 1843, colonel de la garde nationale, grade honoraire qu'il a occupé jusqu'à son décès.

XIV.

M. Joseph ARTUS.

Un exil qu'on obtint en trompant le pouvoir.
Fut autrefois le prix de son ardent devoir.

M. Artus, des anciens baillis de Florimont, fut avocat et maître bourgeois à Belfort.

Dans des moments regrettables, la discorde vint à se glisser dans le sein du conseil de la ville. On vit même un de ses membres, M. Bourquenez, les épaules couvertes d'un manteau d'écarlate brodé d'or, traverser les rues, se faisant précéder par un valet de ville, comme un capitoul ou un sénateur romain. Ce faste inusité obligea les magistrats à s'en plaindre au conseil souverain.

En 1744, M. Artus ayant voulu faire connaître quelques malversations administratives, attribuées surtout à M. le prévôt Noblat, dont le crédit était grand à cette époque, M. Artus fut exilé à Evreux, en Normandie. L'année suivante, le roi Louis XV se trouvant mieux renseigné, fit parvenir à M. Artus une lettre d'amnistie, signée de sa main, sur parchemin, conservée dans la famille Artus, et sur laquelle nous copions ce qui suit :

« De par le Roy,
« Sa Majesté voulant bien accorder au sieur Artus,
« habitant de Belfort, relégué par ses ordres en Nor-
« mandie, la liberté de retourner en la dite ville pour
« y vaguer à ses affaires, Elle lui a permis et permet
« de s'y rendre aussitôt qu'il le jugera à propos.

« Fait au camp sous Tournay, le 31 may 1745.
« LOUIS. »

XV.

J.-B. BLÉTRY.

> Les biens du corps et ceux de la fortune
> Ne sont pas biens à parler proprement :
> Ils sont sujets au moindre changement ;
> Mais la vertu demeure toujours une.
>
> (PIBRAC.)

La famille BLÉTRY, qui descend des maîtres bourgeois, a fourni à la ville des magistrats, des médecins, des notables négociants, et un maire qui fut en même temps revêtu de diverses fonctions honorables, et dont il est parlé ci-devant. Cette famille est presque éteinte à Belfort.

XVI.

La Famille ANTONIN.

<small>Ceux qui font des heureux mériteraient de l'être.</small>

Antonin; cette famille, qui comptait jadis au nombre des plus considérables du pays, a vu tous ses membres élevés aux honneurs et aux dignités. De la principale souche, l'un des frères, Jean-Baptiste, a été procureur général à la Cour impériale de Colmar, baron de l'Empire, et officier de la Légion-d'Honneur. Ses deux fils devinrent avocats au barreau de cette Cour, où l'un fut jusqu'à son décès bâtonnier de l'ordre, et le second suit les mêmes traces.

L'autre frère du baron, appelé Christophe, fut revêtu autrefois de hautes fonctions dans la magistrature, et a été longtemps maître des forges du pays en société avec la maison Viellard, famille également considérée à juste titre dans la contrée. M. Antonin avait été nommé, sous l'Empire, président du tribunal de première instance de Belfort, et plus tard président du tribunal de commerce de cette ville. Il fut pour ses bons et longs services, récompensé de la croix de la Légion-d'Honneur. Si nous nous abstenons de nous étendre sur les excellentes qualités de ces hommes supérieurs dont nous avons eu l'avantage d'être connu, c'est d'une part dans la crainte qu'on ne nous taxe de partialité ou d'exagération, et de l'autre pour ne pas blesser la modestie des nombreux membres restants de cette famille, qui certainement ignorent les justes éloges que nous faisons ici de leurs bons aïeux.

XVII.

LE TABELLION DEGÉ.

A côté des talents il voulait la droiture,
Le maître de son art ne fut que la nature.

DEGÉ, Pierre-Didier, tabellion en 1780. Ses descendants ont continué cette profession qui est aujourd'hui celle de notaire. Les anciennes et précieuses archives du tabellionnat, dans lesquelles on pourrait avec le temps trouver de curieux renseignements sur l'histoire du pays, sont maintenant déposées chez M. le notaire Mény, acquéreur de cette étude.

XVIII.

JEAN KELLER.

L'exemple d'un bon père est un présent du ciel.

KELLER, Jean. Ce belfortain de la vieille roche, parent, dit-on, de M. Christophe Keller, maire actuel de la ville, jouissait de son vivant, vers 1680, d'une telle réputation de probité et de lumières en toutes choses, que dans les assemblées ou les conseils, dont il faisait toujours partie, chacun se rangeait à son avis ou à son opinion ; son expérience et ses connaissances étaient si profondes et si étendues, il se trompait si rarement, que souvent sans même avoir entendu les raisons qu'il donnait pour appuyer son avis, ses collègues disaient : je suis de l'opinion de Jean Keller, et cette phrase est passée en proverbe, comme l'ancienne sentence que l'on rapporte des disciples de Pythagore : *Le maître l'a dit.*

Quoique M. Haas, receveur des finances et député de l'arrondissement, le docteur Carlhan, et les généraux Kléber, Lecourbe et de Bellonnet ne soient pas nés dans nos murs, ils ont habité Belfort assez longtemps pour y acquérir le droit de bourgeoisie. Les fonctions qu'ils y ont remplies, leurs utiles travaux, les bons souvenirs qu'il y ont laissés, les nombreuses sympathies qu'ils y ont contractées, sont des titres suffisants pour que nous donnions ici leur courte biographie.

XIX.

M. HAAS.

Député, loin de nous, jamais ses tristes yeux
N'ont revu le pays qu'habitaient ses aïeux.

Par ses hautes capacités et son travail, M. Haas a acquis les honneurs et la fortune, et a justement mérité l'estime et la considération de ces concitoyens ; voici ses titres que nous avons copié sur son mausolée déposé dans le caveau mortuaire de sa famille, et qui se trouve devant l'entrée de l'église de Brasse.

FRANÇOIS-JOSEPH HAAS, CHEVALIER DE LA LÉGION-D'HONNEUR, DÉPUTÉ DE L'ARRONDISSEMENT DE BELFORT, PRÉSIDENT DU TRIBUNAL DE COMMERCE, MEMBRE DU CONSEIL GÉNÉRAL ET RECEVEUR PARTICULIER, NÉ A GUEBWILLER, LE 15 MAI 1778, DÉCÉDÉ A PARIS, LE 23 FÉVRIER 1839.

XX.

M. LE DOCTEUR CARLHAN.

> Au bruit de son trépas, près de son mausolée,
> On vit des Belfortains la troupe désolée.
> Touché de ses bienfaits, chacun versait des pleurs
> Et venait témoigner de ses vives douleurs.

CARLHAN, Joseph-Antoine, médecin à l'hôpital militaire de Belfort, où il mourut en 1776, à l'âge de 65 ans, était parent par alliance avec les familles Nizole et Parisot. Voici ce qu'en dit l'auteur anonyme de l'Histoire littéraire de Belfort. (1808)

« Au milieu de ce groupe de médecins qui vien-
« nent nous offrir les secours de leur art, je vous sa-
« lue docteur Carlhan, le père des pauvres, le sou-
« tien de l'humanité souffrante, l'appui de nos hôpi-
« taux.

« Descendu du sommet des Hautes-Alpes, où l'es-
« prit a plus de vivacité, le corps plus d'énergie,
« l'âme plus de sensibilité, vous vîntes développer
« avec succès, parmi nous, toutes ces qualités dans
« la science de guérir.

« Chargé des deux hôpitaux de notre ville, vous

« y fîtes régner l'ordre, la propreté, les soins déli-
« cats. C'est à vous que l'hospice civil, alors connu
« sous le nom d'Hôpital Bourgeois, est redevable de
« cette belle pharmacie, preuve de votre désintéres-
« sement. C'est vous qui enseignâtes la médecine
« diététique et la manière de suivre les diagnostics
« et les différents symptômes d'une maladie, à ces
« vestales chrétiennes, qui, plus respectables que
« celles de l'ancienne Rome, rallument dans des ca-
« davres expirants une étincelle de vie, et conservent
« à la patrie des citoyens précieux.

« C'est vous qui étendant vos soins à toutes les
« parties de la matière médicale et des aliments,
« avez contribué à naturaliser dans nos jardins, des
« plantes salutaires et des arbres fruitiers inconnus
« auparavant.

« Vous avez échoué, il est vrai, dans le projet que
« vous avez essayé plusieurs fois, d'établir dans nos
« rochers une colonie de vipères que vous croyiez,
« d'après les vues de la Providence, intéressantes en
« plus d'une occasion. (1) C'est une preuve que la na-

---

(1) *Note de l'auteur.* — M. Carlhan, médecin très-instruit, marié à Belfort, en 1738, et dont il est facile d'apprécier les talents, par les savantes recherches et les écrits qu'il a laissés sur tout ce qui concerne l'hygiène du pays, avait répandu dans nos rochers, à différentes époques, plusieurs vipères, croyant que le sol était propice à leur multiplication ; mais heureusement, dirons-nous, qu'il avait compté sans la vipérine, plante assez commune dans nos climats et qui est mortelle à ces reptiles. On sait que la chair des vipères flagellées, macérées et mortes sous les coups, forme la base de la thériaque, qui est un médicament précieux, mais nous sommes persuadé qu'une paisible famille bourgeoise qui possède, sous les roches, un petit jardin d'agrément, et qui frémit au souvenir des tourments du Laocoon et de ceux de Cléopâtre, morte d'une piqûre d'aspic, doit se soucier fort peu de sen-

« ture de notre sol exclut la multiplication des ani-
« maux venimeux. Puisse-t-elle en bannir toute es-
« pèce de contagion, puissent tant de travaux qui
« prouvent les lumières et le zèle du docteur Carl-
« han, perpétuer parmi nous la mémoire d'un hom-
« me laborieux, qui a conservé la vie à un si grand
« nombre de nos compatriotes. »

XXI.

Le général KLÉBER.

> On cite encore le feu qui brillait dans ses yeux,
> Il avait l'air, le port, le front des demi-dieux ;
> Fougueux comme l'éclair, au fort de la tempête,
> Il vole aux premiers rangs, et s'avance à la tête,
> Il combat, on le suit, il change les destins,
> La foudre est dans ses yeux, la mort est dans ses mains.

KLÉBER, Jean-Baptiste, né à Strasbourg en 1754. Kléber se livra, dès sa jeunesse, à l'étude de l'ar-

---

tir multiplier dans son terrain ces dangereux serpents dont la morsure est presque toujours mortelle.

Voici ce qu'en dit la médecine : « Le nom seul de ce reptile inspire
« de l'horreur. Le poison de la vipère agit particulièrement sur le genre
« nerveux ; il donne d'abord des convulsions, puis viennent les vo-
« missements et le rétrécissement de la gorge ; les malades rendent
« le sang par tous les canaux excrétoires, et meurent avec les signes
« d'une fièvre putride. »

D'après ce tableau assez peu rassurant, on peut être certain que les propriétaires de jardins situés près des roches, ne sont nullement peinés d'avoir vu périr l'engeance de ces vipères semées par le docteur Carlhan, et dont la race pullule, dit-on, à ravir sur les agrestes rochers de l'Adriatique. Les Belfortains préféreront certainement payer un peu plus cher dans l'occasion la thériaque de Venise, que d'être obligés de revêtir une cotte de mailles pour cultiver leurs légumes, ou de mettre des gantelets pour cueillir des fleurs.

chitecture. Etant venu habiter Belfort, vers 1784, il fit bâtir l'église de Chêvremont et le pavillon que l'on voit encore au milieu du jardin de M. Fournier, longeant la nouvelle rue du quartier de cavalerie, et qu'on appelle la rue Kléber. C'est lui qui fit aussi construire le clocher de l'église de Larivière, ainsi que beaucoup d'autres bâtiments importants pour ce temps-là ; par exemple, l'Hôtel de Ville de Massevaux, où l'on remarque comme une singularité de mauvais goût des têtes d'hommes et de femmes imitées de l'antique, qui sont sculptées en plein relief à chaque clef de cintre des portes et des croisées. Kléber a également fait bâtir, près de la vieille église de Massevaux, l'ancien chapitre des chanoines de la même ville, avec d'immenses magasins à compartiments, qui servaient à la réception des dîmes que percevaient autrefois ces religieux.

Kléber, après avoir rempli les fonctions d'inspecteur des bâtiments du département du Haut-Rhin, fut nommé adjudant-major d'un bataillon de volontaires au commencement de la Révolution ; il devint successivement adjudant-général, général de brigade et général de division. Etant général en chef de l'armée française en Egypte, Kléber, après avoir vaincu à Héliopolis, fut assassiné au Caire, en 1801, par un Syrien nommé Soliman, qui lui porta quatre coups de poignard. Ce meurtrier fut empalé, après avoir eu le poignet droit brûlé. (On voit au musée de l'Ecole de Médecine, à Paris, la momie de ce fanatique, couchée dans un vitrage à main gauche.)

La mort de Kléber amena la perte de l'Egypte. Ses restes, rapportés à Marseille, étaient oubliés dans le château d'If, lorsque Louis XVIII ordonna, en 1818, qu'ils fussent transférés dans sa ville natale, qui les reçut avec vénération. Ils reposent dans un caveau, au milieu de la place d'Armes de Strasbourg. La France entière a souscrit pour l'érection de la magnifique statue de bronze élevée sur son tombeau, et qui a été inaugurée en 1840. Son cœur est déposé aux Invalides dans la sépulture N° 4.

Kléber était un fort bel homme. L'histoire a dit de lui que c'était le dieu Mars en uniforme.

XXII.
LECOURBE.

*Il rassemble à sa voix ces bataillons épars,
Qu'il anime aux combats du feu de ses regards.*

LECOURBE, Claude-Jacques, né à Ruffey (Jura), canton de Bletterans, arrondissement de Lons-le-Saulnier, en 1759.

Elu commandant de la garde nationale de sa commune, au commencement de la Révolution, il devint chef du 7e bataillon des volontaires du Jura. Il se distingua aux armées du Haut-Rhin et du Nord, et obtint le grade de chef de brigade (colonel). Il arriva successivement au rang des généraux de division les plus habiles. Lecourbe soutint plusieurs engagements contre le corps d'armée de l'archiduc Ferdinand, en 1814 et 1815, et il eut la gloire, ainsi que nous l'avons déjà dit, de défendre la place de Belfort, ville où il mourut le 23 octobre 1815.

XXIII.

Le général de BELLONNET.

> Vauban sur un rempart, un compas à la main,
> Rit du bruit impuissant de cent foudres d'airain.

M. de BELLONNET, Adolphe, général de division du génie, commandeur de la Légion-d'Honneur, ex-député de l'arrondissement de Belfort, né à Béthune (Pas-de-Calais), en 1789.

Déjà officier du génie à vingt ans, il était capitaine de cette arme en 1810. Il fit en 1812 la campagne de Russie. Nommé chef de bataillon, il arriva à Belfort à la fin de 1826, en qualité de commandant en chef du génie, chargé d'étudier et d'établir les nouveaux et immenses travaux que comportait la défense de cette place.

Malgré l'énormité de la dépense de ses nombreux projets, le ministre ne sut rien refuser à ses pressantes sollicitations. Belfort lui doit un immense perfectionnement dans les moyens de résistance en cas de siége. Tous les systèmes ont été employés, suivant les différentes configurations des terrains qu'il s'agissait de rendre inaccessibles ou inabordables. Ces travaux qui ont coûté plusieurs millions ont profité au commerce et à la classe ouvrière.

M. de Bellonnet allait enrichir Belfort d'un puits artésien, qu'il avait déjà fait creuser économiquement par les pionniers, jusqu'à quelques cents pieds de profondeur, au milieu de la petite place du Manége; mais après son départ, son successeur ne jugeant pas à propos de faire continuer le forage, a fait combler ce puits.

En 1831, lors du passage à Belfort de S. M. Louis-Philippe, M. de Bellonnet fut presque le seul officier supérieur avec lequel s'entretint le roi, et le seul qui eut l'honneur d'accompagner le souverain dans sa visite des fortifications. Le monarque reconnut bientôt l'homme supérieur, aux savantes descriptions stratégiques qu'il lui fit avec cette facilité que donnent les profondes connaissances. Sa Majesté, après l'avoir complimenté, le nomma officier de la Légion-d'Honneur, et l'éleva au grade de lieutenant-colonel.

Comme nous le dirons en son lieu, c'est à M. de Bellonnet que l'on doit la conservation et le rétablissement de la Pierre de la Miotte, placée maintenant dans l'enceinte d'un demi-bastion pour la mettre à l'abri de pieuses mais ruineuses dégradations. La reconnaissance des Miottains a puissamment contribué à faire nommer M. de Bellonnet député de l'arrondissement. Devenu colonel, M. de Bellonnet a quitté Belfort en 1840, pour prendre la direction du génie de La Rochelle. Nommé général de brigade, il fit les campagnes d'Afrique, fut élevé ensuite au grade de lieutenant-général du génie et est décédé à Paris, le 22 septembre 1851, plutôt accablé des fatigues du travail que du poids des années.

XXIV.

Jean-Pierre RICHARD.

(Chanoine et prédicateur ordinaire de Louis XVI).

Une grande récompense vous est réservée dans le ciel.
Saint Matth. Ch. 5.
Epigraphe de son 1er sermon pour l'Avent.

L'abbé Richard naquit le 7 février 1743 à Belfort,

de parents honnêtes qui s'étaient conciliés par leurs vertus l'estime publique, et qui inspirèrent de bonne heure à leur fils l'amour de l'étude et du recueillement. Son inclination vers les choses pieuses, jointe à une conduite on ne peut plus régulière, parurent à son père et à sa mère un signe de vocation pour l'état ecclésiastique. La joie du jeune Richard fut grande, dit-on, lorsqu'il vit qu'on se déterminait à le faire étudier pour cet effet au collége de Belfort.

Les succès qu'il obtint dans ses premières études en firent bientôt présager de plus grands. Par cette raison, on l'envoya, en 1755, au collége des Jésuites, à Colmar. On ne connaissait pas alors de plus excellents maîtres pour former et instruire la jeunesse. Voltaire lui-même, le grand Voltaire, ne dut son encyclopédique érudition et ses hautes capacités qu'aux leçons de ces bons pères qui, en l'instruisant, ne croyaient pas réchauffer dans leur sein un serpent dont la piqûre devait un jour leur être si funeste.

Le jeune Richard montra bientôt sous ses habiles professeurs des dispositions rares pour la science pratique des vertus chrétiennes et sociales. Donnant chaque jour des marques non équivoques de sa vocation pour l'état religieux, il fut agrégé à cette société en 1760.

Malgré les services rendus à la religion et à l'état par cette corporation, elle fut supprimée par arrêt du 6 août 1762. L'abbé Richard, qui n'avait pas encore vingt ans, fut appelé à Liège par le prince-évêque, qui lui confia l'éducation de ses neveux, et plus tard le maréchal de Broglie le prit également pour l'instituteur de ses enfants.

Au milieu de ses importantes fonctions, il trouva

le loisir de rassembler les matériaux dont il devait un jour composer ses sermons, car depuis longtemps une voix intérieure lui criait qu'il était destiné pour la prédication.

Ce fut vers 1786 qu'il commença à se faire remarquer dans la chaire évangélique de St-Denis, par l'éloquence de ses premiers sermons. Un débit noble et gracieux, une parole bien accentuée, de l'onction malgré l'énergie de ses gestes, le choix des sujets et des expressions, révélèrent sa véritable vocation. Trois ans après, sa réputation le faisait admettre à prêcher à la cour de Louis XVI. Les troubles qui survinrent en France forcèrent l'abbé Richard de renoncer à la prédication ; mais il ne quitta point la capitale, et pendant cette retraite, il s'occupa à former le cœur et l'esprit de quelques jeunes gens, et à retoucher et composer ses sermons.

Lorsque la France fut revenue à la religion de ses pères, notre pieux compatriote reparut en 1800 et prêcha à St-Roch. On avait admiré son talent oratoire dans toutes les églises de Paris, lorsqu'en 1805, il fut promu à un canonicat dans la métropole. Borné dans ses désirs, il remplit pendant plusieurs années ses honorables et saintes fonctions. On l'appela successivement pour prêcher dans divers diocèses, dont les prélats s'estimaient heureux de l'entendre. En 1819, prêchant le carême à Bourges, il reçut une flatteuse pièce de vers, qui lui fut adressée par un petit-neveu du célèbre Bourdaloue, professeur au lycée de cette ville, qui se glorifie d'avoir vu naître cet illustre orateur.

En 1818, ayant prêché le carême dans la chapelle des Tuileries, devant S. M. Louis XVIII, il se disposait à reparaître devant la cour, pendant l'avent de 1820, lorsqu'une courte maladie l'enleva à l'âge de 77 ans.

L'abbé Richard a laissé 4 volumes de sermons fort estimés qui prouvent une grande étendue de connaissances en théologie et en morale, une étude approfondie du cœur humain et la science de l'art oratoire. Malgré tous ces avantages, il paraissait, dit-on, avoir la simplicité d'un enfant. C'est par modestie que, dans son testament, il avait recommandé que l'on n'imprimât pas ses ouvrages; néanmoins, ils ont été imprimés à Paris en 1822, avec sa biographie, de laquelle nous extrayons une partie de ce qui précède.

L'abbé Richard était grand-oncle de MM. Clerc, fils, actuellement imprimeurs à Belfort. Il a fait en mourant un legs à l'hospice civil de Belfort, ville qui non seulement s'honore de l'avoir vu naître, mais qui lui aura de la reconnaissance pour ce charitable souvenir.

XXV.

Le docteur LOLLIER.

> Vous tous qu'il ravit au trépas,
> Ma muse acquitte votre dette;
> Mais si votre bouche est muette,
> Que vos cœurs ne soient pas ingrats.

En terminant cette liste nécrologique, la reconnaissance nous fait un devoir de rendre notre hommage particulier à la mémoire d'un excellent citoyen, l'appui et le consolateur anonyme de bien des infortunes. Nous voulons parler de M. François-Joseph Lollier, savant docteur en médecine de la Faculté de

Strasbourg, qui, pendant une trentaine d'années qu'il a résidé à Belfort, a marqué chaque jour de sa vie par des actes de désintéressement et de bienfaisance que, de son vivant, sa modestie n'aurait pas permis qu'on révélât.

C'est donc pour nous conformer aux sentiments de cet homme de bien que nous abrégerons son panégyrique. La nombreuse série de ses bienfaits laissera dans le pays des souvenirs assez éloquents pour éterniser sa mémoire. M. Lollier est décédé à Belfort, en 1851, à l'âge de 53 ans.

Nous pourrions de beaucoup étendre ce catalogue, si l'espace nous le permettait, car Belfort a donné le jour à une foule de personnes qui ont joui de leur vivant d'une célébrité justement acquise. Nous regrettons surtout de ne pouvoir mentionner en détail les brillants faits d'armes de plusieurs hommes de guerre belfortains, dont la valeur militaire a brillé jadis d'un vif éclat sur les champs de bataille de l'Empire, tels que M. le général Béchot, commandeur de la Légion-d'Honneur, baron de l'Empire, tué d'un coup de boulet à l'affaire d'Orthez, en 1815; son frère, M. Béchot, commandant du 66e, officier de la Légion-d'Honneur, amputé d'une jambe à Leipzick; Stroltz, colonel d'artillerie de la garde impériale; Tortel, colonel au 2e d'artillerie, officier de la Légion-d'Honneur; Vernier, colonel de dragons; Pingenot, officier de la Légion-d'Honneur, colonel du 4e d'artillerie, directeur de cette arme à Neuf-Brisach et à St-Malo; MM. les capitaines Keller, du *Canon d'Or*, adjudant-major au 4e régiment d'artillerie dans lequel servait en même temps le lieutenant Bonaparte, qui devint Sa Majesté Impériale Napoléon Ier, Empereur des Français; Parisot, capitaine au 36e de ligne, officier de la Légion-d'Honneur; Petitjean, au 35e de ligne, chevalier de l'ordre de Charles III d'Espagne; Antonin, au 4e lanciers; Stroltz, au 9e dragons; Keller, du Fourneau, au 6e hussards; Leblanc, dans la même arme; Gérard, au 12e chasseurs à cheval; Marulaz et Boulanger, au 3e régiment de cuirassiers, et Clavey, dans l'artillerie de la garde impériale, tous ces capitaines décorés, excepté le premier, qui se retira du service avant l'institution de l'ordre; les lieutenants et officiers de santé Rey, Liémor, Ritsamber, Métrot, les trois Marcon, Deschamps etc. Quelques-uns de ces nobles enfants de Belfort, échappés aux désastres des guerres prodigieuses de ces temps, après avoir payé d'une partie de leur sang la dette de la patrie, sont revenus terminer leur honorable carrière au pays qui les avait vus naître, et, après avoir appendu aux murs de leurs foyers l'épée des combats et les insignes de leurs grades et de leur bravoure, vivant strictement de la modique pension, prix des glorieux services rendus à la patrie, ils ont donné jusqu'à leur mort l'exemple de toutes les vertus civiques.

Il est aussi à remarquer qu'il n'est pas une seule petite ville du même ordre en France qui ait fourni autant de sujets que Belfort à toutes les branches de l'économie publique. Nous pouvons même citer une multitude de Belfortains qui remplissent actuellement d'éminentes fonctions ou qui occupent des emplois dans toutes les classes des administrations civiles et militaires, tant en France qu'à l'étranger.

Nous comptons par exemple au premier rang dans

les beaux-arts, notre vénérable compatriote, M. François-Joseph Heim, né à Belfort, le 16 janvier 1787, peintre d'histoire, membre de l'Institut, chevalier de la Légion-d'Honneur, professeur à l'école impériale des Beaux-Arts de Paris. Cet artiste célèbre a créé une telle quantité de tableaux que nous sommes obligé d'en faire l'objet d'une relation spéciale. (1)

---

(1) Voici ce que nous extrayons d'une biographie artistique :

« M. Heim, l'un des artistes les plus célèbres de l'époque actuelle, est né à Belfort (Haut-Rhin), le 16 janvier 1787. A peine âgé de onze ans, il était jugé digne du premier prix de dessein à l'école centrale de Strasbourg. Ses parents l'ayant conduit, en 1803, à Paris pour y étudier la peinture dans l'atelier de Vincent, il remporta, pendant son séjour aux écoles spéciales, tous les prix d'émulation.

« En 1806, il obtenait le deuxième grand prix de peinture, et, en 1807, on lui décernait le premier prix de Rome. Il avait donc à peine vingt ans quand il alla, en qualité de pensionnaire du gouvernement impérial, puiser de nombreuses et fécondes inspirations dans la contemplation des nombreuses merveilles artistiques que renferme cette capitale de l'Italie. Il fit au milieu de ces chefs-d'œuvre des grands maîtres de rapides progrès, et comme le Corrége s'était écrié trois cents ans auparavant devant un tableau de Raphaël : *Io anche son pittore !*, M. Heim put à son tour répéter cette exclamation : Et moi aussi je suis peintre! Les tableaux qu'il fit à cette époque méritèrent les éloges de la classe des Beaux-Arts de l'Institut, et les plus importants eurent immédiatement l'honneur d'être placés dans les musées du Luxembourg, de Versailles, de Bordeaux, de Lyon et de Strasbourg.

« De retour à Paris, M. Heim, comme Le Poussin, avec lequel sa carrière a quelque ressemblance, redoublant d'émulation et de travail, donna l'essor à son talent tout à la fois ingénieux, pittoresque et correct. A l'exposition de 1812 et 1819, une grande médaille d'or de 1re classe lui était décernée. Plus tard, en 1829, il fut élu par ses pairs membre de l'Institut (Académie des Beaux-Arts), en remplacement de M. Regnault. Puis ayant été appelé, le 19 août 1831, aux fonctions de professeur aux écoles spéciales, il leur a fait produire les plus beaux résultats. Enfin, en 1853, il fut nommé président de l'Académie des Beaux-Arts.

« Ajoutons à l'honneur de M. Heim, qu'il ne se mêla jamais à ces

Et M. Dauphin, peintre d'histoire, colonel de la 7ᵉ légion de la garde nationale de Paris, en 1848, auteur de plusieurs ouvrages estimés, et dont un des tableaux, admis à l'exposition de 1853, a été acheté pour la chapelle impériale; MM. Colard, frères, ar-

---

luttes jalouses, à ces mesquines rivalités d'école qui ne viennent que trop souvent troubler l'harmonie du poétique domaine des arts. Etranger à tout étroit système, il s'incline devant le Beau partout où il le trouve ; aussi tous ses ouvrages semblent-ils s'être animés au souffle de la vérité éternelle, la Perfection.

« Ses principaux tableaux sont :

1° *L'arrivée de Jacob en Mésopotamie*. — Ce tableau qui est au musée de Bordeaux, valut à M. Heim une médaille d'or de 1ʳᵉ classe à l'exposition de Paris, en 1812.

2° *Défense du château de Burgos* (1812) musée de Versailles, salle 82, nord, N° 1075.

3° *Saint Jean*, cabinet de M. Denou. 1814.

4° *La résurrection de Lazare*.

5° *Tite Vespasien faisant distribuer des secours au peuple*.

6° *Titus pardonnant à des conjurés*.

7° *Martyre de St-Cyr et de Ste-Juliette, sa mère*. — Ce tableau est dans l'église de St-Gervais à Paris, et a valu à l'auteur une médaille de 1ʳᵉ classe en 1819.

8° *Le rétablissement des sépultures royales à St-Denis*.

9° *Le martyre de St-Hippolyte* (à Notre-Dame de Paris).

10° *St-Hyacinthe ressuscitant un jeune homme qui s'était noyé*. (Même cathédrale.)

11° *Ste-Adélaïde et St-Arnould, évêque de Metz* (1824).

12° *La prise du temple de Jérusalem par les Romains*. — Cette œuvre capitale est placée au Musée du Luxembourg.

13° Un grand plafond de 35 pieds sur 18 à l'ancien musée Charles X, et un autre plafond du côté de la rivière.

14° *La bataille de Rocroi* (1643), N° 137, musée de Versailles.

15° Un tableau sur place à l'église Notre-Dame de Lorette.

16° *La Chapelle des âmes du Purgatoire*, à l'église St-Sulpice.

17° Le tableau de *La distribution des croix par Charles X, en 1824*. (Musée de Versailles)

18° *Présentation par les députés de l'acte qui défère la couronne à Louis-Philippe* (7 août 1830) N° 1145.

CÉLÉBRITÉS DU PAYS. 181

chitectes, l'un à Gray, l'autre à Lure, et M. Boltz, architecte à Colmar.

Dans la magistrature et le barreau, MM. Rossée ✳,président à la cour impériale à Colmar; Gérard ✳, président du tribunal à Strasbourg; Laurent, avocat général à la cour de Poitiers; Bardy, juge à Wissem-

---

19° Les belles peintures exécutées en 1844, dans la salle des conférences de la Chambre des députés. Elles se composent de quatre sujets principaux, représentant :
  1° *Charlemagne faisant lire au peuple ses Capitulaires;*
  2° *Louis VI, dit le Gros, affranchissant les communes;*
  3° *Saint-Louis faisant publier ses Ordonnances avant son départ pour la Terre-Sainte.*
  4° *Louis XII organisant définitivement la Chambre des comptes.*
Puis de quatre figures allégoriques, *la Prudence, la Justice, la Force, la Vigilance*;
De douze médaillons supportés par des figures grisailles, où sont retracés les portraits de l'abbé Suger, de Jeannin, Mathieu Molé, de Thou, Sully, Richelieu, Montesquieu, Daguesseau, Lhospital, Michel Montaigne, Colbert; Turgot;
De huit figures allégoriques placées aux quatre angles : *l'Agriculture, la Marine, les Beaux-Arts, l'Industrie, le Commerce, les Sciences, la Paix et la Guerre;*
Enfin de quatre écussons portant les inscriptions suivantes : *Charte de 1830, Code Napoléon.*
20° En 1853, *Défaite des Cimbres par Marius* (musée de Lyon), hommage de l'Empereur à la ville de Lyon, et une foule d'autres tableaux et portraits de grands personnages historiques. »

Telles sont les œuvres de cet artiste célèbre, qui fut nommé chevalier de la Légion-d'Honneur, en 1824, et qui poursuit son illustre carrière malgré son âge, qui semble ne rien enlever à son activité. Ce Belfortain, d'une excessive modestie, a quitté deux fois les splendeurs de la capitale, en 1852 et 1854, pour venir revoir son pays et sa famille. L'année dernière, il a séjourné, pendant le mois de septembre, chez MM. Lang, frères, ses parents. Le journal de la ville a cru devoir annoncer sa présence dans nos murs. Cet hommage, rendu à l'homme de talents, l'a infiniment flatté, dit-on, et lui fera souvenir qu'à Belfort aussi on sait apprécier les artistes et leurs œuvres.

bourg; Royer et Fournier, juges à Altkirch; Dauphin, juge de paix à Delle; Pâris, avocat à Mulhouse, auteur d'un ouvrage estimé sur le droit commercial; Pennarun et Antonin, avocats à la cour impériale à Colmar.

Dans le clergé, MM. les abbés Lapostolest, protonotaire à la chancellerie de Rome, décoré d'un ordre papal; Juster, curé à Bermont; Cuenin, curé à Angeot; Grandmesse, à Phaffans; Bourcard, à Meroux et Laroyenne, à Giromagny.

Dans l'instruction publique, huit professeurs, dont six dans divers collèges, savoir: M. Netzer, à Colmar; Baume, à Guéret; Widemann, à Mulhouse; Rondot, répétiteur au lycée de Strasbourg; Willemez, maître d'études au collège d'Altkirch; Giros, à Metz; Beck, professeur de langue française en Hongrie et Berthold, professeur de sciences en Podolie (Pologne russe.)

Dans les administrations diverses, MM. Pennarun, sous-préfet à Schelestadt, après avoir été longtemps maire de cette ville; Chapuis, maire à Colmar; Ecoffet, directeur des contributions indirectes à Nîmes; Lebleu, ingénieur ordinaire des mines de Rive-de-Gier, grand prix d'honneur pour les sciences mathématiques à l'école polytechnique; Vouzeau, conservateur des forêts à Besançon; Gustave Chauchard, receveur dans la Gironde; Girod, inspecteur des forêts à Wissembourg; Gérard, garde-général des forêts à Niederbronn; Manonvillers, receveur de l'enregistrement à Bulgnéville (Vosges); Meyer, docteur en médecine, membre du comité de salubrité publique à Paris; Durosoy, employé au ministère de la guerre; Lavier, préposé des subsistances en Afrique, décoré pour avoir établi les premiers moulins français en Algérie ; Foltz, géomètre en chef du cadastre à Colmar ; Penighetty, employé principal des contributions indirectes à Lons-le-Saulnier ; Lapostolest, receveur à cheval à Rixheim ; les frères Wuillemin, employés l'un à Lyon, l'autre à Mulhouse ; Alphonse Pacquet, à Bischwiller et Joseph Thierry à Nancy ; Bardot, conducteur des ponts et chaussées, chef de bureau de l'ingénieur en chef à Colmar ; Damotte, conducteur des ponts et chaussées à Delle ; Petitjean, huissier dans la même ville ; Cuenot, commissaire de police à Barr ; Arbeit, percepteur à Weegscheid ; Erard, fils, notaire à Orbey ; Viellard, percepteur à Courtelevant ; Colard, idem, dans l'arrondissement de Gray ; Lafond, idem, à Schiltigheim, près de Strasbourg ; Prosper Blétry, chef du service de la pisciculture du département du Haut-Rhin à Huningue ; Armand, receveur au chemin de fer à Paris, et Morlot à celui de Mulhouse.

Dans les armées de terre et de mer la proportion est encore plus grande. D'abord, il est rare que les jeunes Belfortains qui ne veulent pas continuer leur carrière militaire, quittent le service sans revenir au pays avec les galons d'or sur la manche de leur uniforme, et quant aux grades supérieurs, Belfort pourrait presque à lui seul former aujourd'hui le cadre complet d'un régiment.

Nous comptons parmi les Belfortains, MM. Auguste-Adolphe-Napoléon Chauchard, général du génie, fils d'un payeur de la guerre, né à Belfort en 1801 ; les colonels Rottwiller, au 22e léger, et Foltz, au 14e léger ; Roussillon, lieutenant-colonel au 72e de ligne ; Gaulard, commandant de gendarmerie, et Coq, chef de bataillon au 21e de ligne.

MM. les capitaines Antonin, dans le génie en Afrique; Mény, dans la 22e légion de gendarmerie; Sentupéry, au 3e régiment des zouaves, mis à l'ordre du jour par le gouverneur général, le 13 août 1854, pour s'être distingué dans divers combats en Afrique; Carlier, au 66e de ligne; Fritsch, dit Lang, au 68e de ligne.

MM. les lieutenants Engerrand, au 44e de ligne; Polin, au 3e de ligne; Piotte, au 11e de ligne; Olivier, au 22e léger, en Orient; Gauthier, au 66e de ligne; Rottée, Frédéric, au 31e de ligne; Jourdain, au 64e de ligne; Jaloustre, au 15e de ligne, professeur au gymnase militaire; Lebleu, au 5e lanciers, Clavey, au 11e dragons, à Rome, et Dépierre, au 20e léger, en Orient.

MM. les sous-lieutenants Goux, au 22e léger; Malarmé, au 8e de ligne; Jourdain, au 54e de ligne; Durosoy, au 3e de ligne; Colasson, au 40e de ligne, à Rome.

Corbis, aide-major, au 1er de ligne, médaillé pour avoir donné des soins actifs et courageux dans des moments d'épidémie.

Portine, garde du génie de 1re classe à Paris; Beaujeu, garde du génie à Brest; Gilles, idem à Briançon; Dantzer, Tony, chef de musique au 17e léger, à Valenciennes.

Dans la marine impériale, M. l'amiral Bruat, sur la mer Noire; MM. Beck, lieutenant au 2me régiment d'infanterie de marine à La Martinique; Berthold, sous-lieutenant au 1er régiment d'infanterie de marine, à bord du vaisseau l'*Inflexible*, monté par le vice-amiral Parseval-Deschênes, dans la Baltique; Triponé, enseigne de vaisseau, à bord de l'*Hercule*, sur la Baltique; Ebenetter, enseigne de vaisseau, sur la frégate l'*Iphigénie*, à la Havane; Poisat, maître mécanicien du génie maritime.

On remarquera que nous n'avons nommé aucun des Belfortains qui remplissent présentement dans la ville même des emplois publics, tous dus comme les précédents aux talents et au mérite personnels, tels que ceux de maire et d'adjoints, de receveur municipal, de juges, avoués, avocats, greffiers, principal du collége, architectes, officiers ministériels, etc.

Et afin que nul ne puisse croire que nous nous complaisons à faire cette énumération par esprit de camaraderie ou par amour-propre compatriotique, on saura que celui qui écrit ces lignes, n'est qu'un simple sous-officier de l'ancienne armée, qui n'a pas l'avantage d'être né à Belfort.

L'auteur de cet opuscule regarde comme un devoir d'enregistrer ici ces nobles exemples, qui doivent être un puissant stimulant capable de remuer le cœur des jeunes gens et leur montrer qu'avec une bonne conduite et quelques connaissances on parvient à se faire une carrière honorable. Il prévoit en outre que, quelle que soit l'élevation ou le sort futur des personnes qui sont nommées dans ce catalogue, les titulaires ou leurs parents ne seront nullement fâchés dans quatre à cinq lustres d'ici, de retrouver dans ces archives de famille, les mentions précédentes qui leur rappelleront dans tous les cas un touchant et agréable souvenir.

Puisque nous avons consacré un article aux Belfortains officiers de l'ancienne armée qui sont décédés, il nous semble convenable de rappeler également à la mémoire les officiers de notre garde nationale, que nous avons perdus depuis 1830.

Qui croirait qu'en moins de vingt-cinq ans, les trois quarts de ces officiers ont disparu? Les uns sont morts, d'autres sont allés chercher dans divers pays une fortune plus propice, ou occuper des emplois publics.

Donnons donc sinon une larme de regret, au moins une marque de souvenir à ces honorables citoyens avec lesquels nous avons fait le service de nos remparts, marché ensemble aux revues, aux patrouilles et aux exercices, et à côté desquels nous avons pris place dans les banquets, où l'union et la franche cordialité semblaient confondre tous les rangs.

Qui ne se rappellera avec plaisir nos braves colonels, MM. Deflue et Roussel! Peut-on oublier Joseph Netzer, ce chef de musique si zélé et si bon camarade! et Siffert, son sous-chef, toujours prêt à rendre service, et le spirituel Ecoffet, cet avocat désintéressé, le défenseur du pauvre, l'âme et la joie de toutes les sociétés populaires; et notre grand Lasalle, ce tambour-major aussi brillant sous l'uniforme que solide à l'épée; et Menrad Stroltz, ce patriote fanatique, si fier de porter le drapeau aux trois couleurs; et Noël Lapostolest, le vrai type de l'artilleur français, décoré pour ses bons services. Ce Bayard de l'ère impériale, qui a assisté à toutes les grandes batailles de son temps, Ulm, Austerlitz, Eylau, Iéna, Friedland, etc., fut deux fois élevé au grade d'officier dans la garde nationale, d'abord en 1815, puis en 1831, où on le nomma adjudant-major. Nous n'en parlerons que comme maréchal des logis d'artillerie, son ancien grade dans l'armée, et celui qu'il affectionnait le plus (1).

---

(1) L'histoire rapporte que Jean Bart, racontant à Louis XIV, en

Ne pouvant pas faire de notice sur chacun des camarades qui ne sont plus parmi nous, nous en donnerons au moins le catalogue : souvent un nom

---

1692, comment il avait eu le bonheur de passer avec ses sept frégates et un brûlot à travers trente-deux vaisseaux anglais et hollandais qui bloquaient Dunkerque, s'aperçut que son discours, qui ne s'accordait pas parfaitement avec les exigences de la syntaxe, faisait sourire une partie de ses auditeurs, qui croyaient par là quoique à tort faire leur cour au roi. Quelques-uns des assistants, afin de prolonger la narration qu'ils trouvaient plaisante, demandèrent à l'amiral comment il avait fait pour se frayer un passage. Alors Jean Bart, écartant la foule avec ses deux bras, marcha rapidement jusqu'au bout de la salle, en renversant de droite et de gauche sur son passage les deux rangs de courtisans qui furent entièrement culbutés. « Voilà comme j'ai fait, leur dit-il, » pendant qu'ils se relevaient.

Un jour, Lapostolest en fit à peu près de même, échauffé qu'il était par son récit. Comme sa conversation roulait ordinairement sur les guerres de l'Empire, quelques-unes de ses connaissances et des voyageurs qui logeaient chez lui, le prièrent de leur raconter comment les choses s'étaient passées à Austerlitz. Très-volontiers, leur dit-il :

« La veille, l'Empereur avait passé la nuit sur une chaise, près du feu d'un bivouac; tenez, voilà la gravure, là contre le mur. Maintenant, écoutez bien! le lendemain, qui était le 2 décembre 1805, le soleil se leva et annonça une journée superbe; voilà qui est bon.

« Nous avions établi nos batteries sur un mamelon couvert par une division française. Bientôt nous voyons arriver les Russes et les Autrichiens qui marchaient en colonnes serrées pour nous débusquer de cette position. — Approchez, mes camarades, on va vous servir ça tout chaud. Cric, crac, en deux coups de temps, par une manœuvre habile, nos batteries se trouvent démasquées ; alors, mes amis de Dieu! le brutal se mit à ronfler que la terre en tremblait... Braooon... Fraooon ! Braoooooon...» Et tout en imitant avec la bouche le bruit du canon, emporté par l'enthousiasme des souvenirs, oubliant les égards dus à ses amis et surtout à ses pratiques, il joignit le geste à la voix pour démontrer avec les bras l'effet destructif de l'artillerie, et renversa par terre tous ses auditeurs. Ces braves gens, remplis d'orgueil national, se relevèrent excessivement flattés d'apprendre que l'ennemi avait été si bien culbuté ; mais ils se promirent de se tenir une autre fois hors de la portée de ce véritable foudre de guerre.

et une date peuvent être des renseignements utiles.

La lettre *m* ou *p* indique ceux qui sont morts ou qui sont partis.

> Heureux qui meurt parmi les siens
> Aux bords sacrés qui l'ont vu naître.
> (Béranger.)

1° Etat-major.

MM. Deflue, Ferdinand, colonel, *m*, 1833.
Roussel, idem, *m*, 1851.
Antonin, Adolphe, lieutenant-colonel, *p*, 1853.
Deflue, Albert, commandant, *m*, 1850.
Gluck, adjudant-major, *m*, 1845.
Hainimann, fils, idem, *p*, 1851.
Regnauld, père, médecin-major, *m*, 1839.
Lollier, idem, *m*, 1851.
Comment, aide-major, *p*, 1850.
Stroltz, Menrad, porte-drapeau, *m*, 1829.
Armand, père, adjudant, *p*, 1850.
Cuenot, fils, idem, *p*, 1854.
Lasalle, tambour-major, *m*, 1835.
Netzer, chef de musique, *m*, 1834.
Siffert, sous-chef de musique, *m*, 1841.

2° Dans la batterie d'artillerie.

MM. Rechoux, capitaine, *m*, 1844.
George, Amédée, idem, *p*, 1854.
Leroux, Théodore, lieutenant, *m*, 1835.
Ecoffet, Victor, idem, *m*, 1837.
Clavey, Edouard, idem, *p*, 1842.
Bardy, Victor, idem, *p*, 1848.

MM. Dépierre, Félix, idem, *p*, 1850.
Lapostolest, Noël, maréchal des logis, *m*, 1847.

3° *Dans la compagnie de pompiers.*

MM. Poisat, père, capitaine, *m*, 1851.
Jobert, lieutenant, *p*, 1852.
Monchot, Antoine, lieutenant, *p*, 1854.

4° *Dans les autres compagnies :*

Capitaines.

MM. Noël, *m*, 1834.
Triponé, *p*, 1834.
Clavey, Vincent, *m*, 1836.
Jacob, *m*, 1838.
Marcon, Xavier, *m*, 1840.
Lemarchand, *p*, 1849.
Sicard, *m*, 1843.
Antonin, Pierre, *m*, 1845.
Martin, *m*, 1845.

Lieutenants et sous-lieutenants.

MM. Nidergand, *m*, 1835.
Parisot, pharmacien, *m*, 1835.
Rüttre, *m*, 1837.
Clerc, Joseph, *m*, 1845.
Lapostolest, J.-P., *m*, 1846.
Genty, *m*, 1846.
Bély, Joseph, *m*, 1848.
Gasner, Victor, *p*, 1849.
Deschamps, père, *m*, 1850.
Hainimann, père, *m*, 1851.
Blétry, Prosper, *p*, 1852.

MM. Kauffmann, *p*, 1852.
Cuenin, père, *m*, 1853.
Jordanis, *p*, 1853.
Clavey, Victor, *p*, 1854.
Bély, Pierre, *m*, 1854.

Les lecteurs indulgents, les Belfortains surtout, ne peuvent nous savoir mauvais gré d'avoir tenté de sauver de l'oubli en les réunissant dans le même cadre, les noms d'une foule d'honorables enfants de la Miotte et d'autres Miottains d'adoption, dont les diverses carrières jettent un noble éclat sur notre ville. Comme, malgré nos efforts, il serait possible que nous eussions oublié quelques noms dans les tables qui précèdent, nous prions les personnes que ces omissions pourraient toucher de vouloir bien ne les attribuer ni à notre négligence ni à notre partialité, mais au défaut de renseignements suffisants.

CHAPITRE V.

Monuments publics et Principaux Etablissements.

Au lieu de faire mention de nos monuments dans la partie qui traite de l'histoire de la ville, nous avons préféré en donner une description particulière, toujours plus étendue et plus satisfaisante.

Nota. Les lettres qui se trouvent entre parenthèses à côté du nom de certains monuments renvoient à la légende de la planche II, en tête du volume.

I

L'HOTEL-DE-VILLE. (c)

> Ici s'offre un perron, là règne un corridor,
> Là ce balcon s'enferme en un balustre d'or.
> Remarquez des plafonds les ronds et les ovales,
> Ce ne sont que festons, ce ne sont qu'astragales.
>
> BOILEAU. (*Art poétique*.)

Depuis des temps très-éloignés et jusqu'en 1784, la mairie de Belfort était située dans un vieux bâtiment qui se trouvait en face de la porte de Brisach, et sous lequel passait une rue sombre, sale et humide qui était couverte d'une voûte de soixante pieds de longueur; l'inconvénient d'une pareille rue sur un passage des plus fréquentés, joint à la caducité du bâtiment qui la surmontait, décida l'administration communale à vendre ce vieux monument pour le démolir.

Feu M. Polin, pharmacien, en devint acquéreur, il y a environ soixante-dix ans, et suivant les conditions de cette vente, il fut obligé de laisser la rue à ciel ouvert lorsqu'il construisit les deux maisons qui sont de chaque côté et qui appartiennent aujourd'hui à MM. Keller, avoué, et Ménétré, négociant.

L'Hôtel-de-Ville actuel est situé au sud de la place d'armes. Ce monument est un quadrilatère parfait, isolé de tous côtés, avec une cour derrière, des hangars pour les pompes et les agrès à incendie, un puits et une prison provisoire, appelée vulgairement *violon*.

Ce bâtiment a été acheté par la ville en 1784, aux

successeurs de Mme la marquise de Staal-Cayro, de Cravanche, née de Reinach, qui l'habitait l'hiver, avant que les pertes du jeu l'eussent réduite à l'indigence. Auparavant cet hôtel appartenait à la famille seigneuriale des Noblat de Sevenans. L'architecte Kléber, inspecteur des bâtiments de la contrée, fut chargé par le conseil municipal, en 1785, d'approprier cet édifice à sa nouvelle destination.

La façade principale, ornée des armes de la ville et d'un balcon à balustres est d'un bel effet. Tout autour du corps principal du monument règne une corniche à modillons sur laquelle repose un attique à œils de bœuf, ce qui donne de la grâce à l'ensemble et empêche de s'apercevoir que ce bâtiment manque de hauteur. Le portique auquel on arrive par un escalier composé de cinq marches, est décoré de quatre colonnes de l'ordre toscan, qui supportent le balcon tout en pierre du premier étage; sur le toit, au-dessus du portail, on voit un petit beffroi, dont la cloche sert à appeler les citoyens aux élections ou aux autres réunions. A droite, en entrant dans le corridor, sont les bureaux du greffe, vis-à-vis, c'est-à-dire à gauche, c'est la salle d'audience des tribunaux de première instance et de commerce; le concierge est logé derrière. On monte au premier étage qui est l'étage unique, par un bel escalier en pierre, orné d'une rampe de fer.

Les bureaux de la mairie, le cabinet du maire et la salle d'assemblée du conseil et des actes publics qui y est attenante, se trouvent au-dessus du tribunal; il existe à côté une grande salle de bal, que l'on peut qualifier de magnifique pour une petite localité. Cette salle est parfaitement parquetée; elle est décorée de colonnes en stuc imitant le marbre, qui supportent une corniche à moulures faisant le tour du plafond. Dans une jolie rosace, du milieu de laquelle descend un lustre aux mille cristaux scintillants et de la plus grande beauté, on a établi un ventilateur. L'orchestre a été ménagé dans un enfoncement assez élevé, de manière à ne pas nuire à la régularité de la salle, et ne pas gêner la circulation.

Le parquet du procureur impérial et ses bureaux sont situés derrière cette salle à droite de la cour; l'aile gauche, vis-à-vis, renferme les archives et la bibliothèque de la ville; les bureaux de la police sont en face de l'escalier.

A l'angle sud-ouest du rez-de-chaussée se trouve le théâtre, auquel nous réservons ci-après un article spécial. Tout l'Hôtel-de-Ville, excepté la cour, est surmonté d'immenses greniers couverts d'une toiture élevée d'un effet monumental. Les caves sont voûtées et spacieuses. Bref, la distribution de cet édifice est parfaitement convenable sous tous les rapports. C'est dans les bureaux de la mairie que les opérations de la caisse d'épargne ont lieu les dimanches de huit heures à midi.

Le concierge de l'Hôtel-de-ville est M. Joseph Picquet.

II.

L'ÉGLISE. (b)

Les cloches dans les airs de leurs voix argentines
Appellent à grand bruit les chrétiens à matines ;
L'encens fume à l'autel et monte vers les cieux,
L'orgue divin exhale un son religieux,
Et de sa voix sonore à nos voix réunies
Verse dans le lieu saint des torrens d'harmonie.

Quoique l'église paroissiale de Belfort soit d'une

construction moderne, elle n'en mérite pas moins de fixer l'attention des étrangers par ses belles proportions et par ses détails architectoniques. Cette église a été construite au moyen de souscriptions, d'un octroi sur les vins, de corvées et de fournitures de matériaux, auxquelles les quatre villages de l'ancienne paroisse, toute la population des environs et les administrations des communes ont bien voulu largement contribuer.

L'église placée sous l'invocation de St-Christophe, patron de la ville, a été commencée en 1727, (la première pierre a été posée le 16 octobre). Le bâtiment, à l'exception des tours, fut achevé en 1750. L'église a été livrée au culte le 15 mars de la même année, jour de la Passion de Notre Seigneur. La solennité de sa bénédiction avait attiré à Belfort un grand concours de peuple.

En tête du cortége on voyait briller les fanfares du régiment de la Rochefoucault, cavalerie qui ouvrait pompeusement la marche au son des trompettes et des timbales ornées et pavoisées de guidons de soie richement galonnés. Pour rehausser l'éclat de cette cérémonie, on avait fait venir de Porrentruy l'excellente symphonie du prince, qui envoya avec beaucoup de grâce et d'affabilité tout ce qu'on réclama de sa complaisance.

La procession se composait de plus de dix mille personnes. Une compagnie d'honneur, prise dans la garnison, accompagnait les vases sacrés, tirés de l'ancienne église, où ils ne devaient plus rentrer. Le cortége sortit par la porte de Brisach, alla à Brasse et revint à la nouvelle église, où les trois quarts des assistants ne purent entrer. La majeure partie resta sur la place d'Armes ou se répandit dans les rues voisines. Cette circonstance, qui n'avait pas été prévue, obligea le prédicateur, venu exprès, de s'abstenir de débiter le sermon préparé pour cette inauguration : car, prêcher dans l'église, c'était en priver les fidèles qu'on aurait laissés se morfondre une heure de plus dans la rue, et prêcher dehors, comme on en eut un moment l'idée, était impossible à cause du bruit de la multitude. Le sermon fut donc supprimé et remplacé par une quête qui produisit passé 600 francs. Cette somme a été employée à l'acquisition d'un ciboire et d'un ornement pour l'office des morts.

L'auteur des plans primitifs de ce monument n'est pas connu ; mais ces plans ont été modifiés et leur exécution a eu lieu sous la direction de M. Henry Schouller, architecte westphalien (de l'électorat de Cologne), aïeul de la famille Beloux. Il habitait Belfort, où il s'est fait naturaliser en 1745. On lui attribue également la construction de l'église de Guebwiller. Il fut nommé gratis bourgeois de Belfort et exempt du logement des gens de guerre pendant tout le temps que dura la construction de cette église.

L'église a la forme d'une croix latine, telle que Michel-Ange en traça l'ordonnance à Saint-Pierre de Rome. Elle peut contenir environ trois mille fidèles. Elle est bâtie en pierres de taille de grès rouge de fortes dimensions, afin de résister à tous les genres de destruction qui accompagnent les sièges des places fortes. Des écornures de boulets, lancés en 1814, qu'on aperçoit à la partie inférieure de la tour de l'horloge et dans le corps du bâtiment, témoignent que cet édifice a déjà subi des épreuves. La tour de l'horloge, située au nord, n'a été terminée qu'en l'année 1755, et ce n'est qu'environ un siècle après, en 1845, que la seconde tour a été élevée, par les soins et les démarches de M. Faitier, curé de la paroisse et à l'aide de plusieurs souscriptions.

L'avant-corps du portail de l'église, qui fait face à la place d'Armes, est composé de deux ordres placés l'un au dessus de l'autre. D'abord, la partie inférieure est de l'ordre dorique; les pilastres et l'entablement de cet ordre, distingué par les triglyphes de la frise, règnent tout autour du vaisseau. De chaque côté de la principale porte d'entrée, il existe une rangée de trois colonnes isolées, posées sur des socles sans moulures. Les piédestaux de la deuxième rangée de colonnes, qui sont de l'ordre ionique, reposent sur la corniche des colonnes inférieures, auxquelles elles correspondent par leur axe. Sur l'attique de cette seconde rangée de colonnes s'élève le fronton, surmonté d'une croix de fer. Dans le tympan de ce fronton, qui forme l'amortissement du péristyle, on remarque diverses sculptures allégoriques qui ont le défaut d'être inintelligibles pour le vulgaire, n'ayant pas été achevées.

Les deux tours carrées, servant de clocher, prennent naissance à chaque angle du frontispice, en arrière de l'avant-corps. Sur chacune des faces vues de ces tours, il y a quatre pilastres de la même ordonnance que ceux du portail; mais dans les parties qui dépassent en hauteur le fronton, ces pilastres et leurs chapiteaux sont de l'ordre corinthien, espacés deux à deux de chaque côté des croisées, lesquelles sont entourées d'un bandeau à moulures.

C'est dans l'ancienne tour, du côté du nord, qu'a toujours été placée l'horloge. Celle qui existe aujourd'hui a été établie, en 1844, par M. Schwilgué, père, un des plus célèbres mécaniciens de l'Europe, né en Alsace, restaurateur ou pour mieux dire auteur de la fameuse horloge astronomique que l'on admire dans la cathédrale de Strasbourg. Notre horloge indique l'heure par trois cadrans placés sur les faces principales.

Les plates-formes des deux clochers sont entourées d'une balustrade en pierre. La tour de l'horloge est surmontée d'une girouette aux couleurs nationales.

En entrant dans l'église, la vue est d'abord frappée par l'éclat et la vivacité des couleurs d'un superbe vitrail, placé au dessus du chœur, et qui représente Jésus sur la croix, entouré de divers sujets bibliques d'un effet resplendissant. Cet embellissement de notre église est un don fait en 1853 par une dame de la ville qui a désiré garder un incognito que nous devons respecter, quoique ce trait de haute générosité anonyme, dont cette personne est coutumière, l'ait fait aussitôt deviner par tous les habitants.

L'architecture intérieure se compose de deux ordres : les piliers qui soutiennent les arceaux de pénétration de la nef aux bas-côtés, sont de l'ordre dorique, et la corniche très saillante sur laquelle reposent les arcs-doubleaux des voûtes de la grande nef ainsi que les chapiteaux, sont de l'ordre corinthien le plus pur. Au dessus des chapiteaux, sur toute la longueur de la frise, on remarque des têtes d'anges en bas-relief, qui témoignent de l'habileté de l'artiste chargé de cette partie. Il en est de même de plusieurs clefs de voûtes, guirlandes, rosaces et culs-de-lampe. Toutes ces sculptures sont taillées dans la pierre même.

Le maître-autel provient de l'ancienne église des Dominicains de Guebwiller. Les panneaux et ceux du tabernacle qui le surmonte sont d'un marbre d'Italie excessivement rare.

Les deux tableaux les plus remarquables sont de M. Gustave Dauphin, notre concitoyen, peintre d'histoire qui habite Paris. Le premier de ces tableaux que l'on voit à droite du maître-autel, représente St-François-Xavier en extase. Ce tableau, estimé des connaisseurs, est un don pieux de l'auteur, fait à notre église en souvenir de feu son père, dont St-François-Xavier était le patron.

L'autre tableau plus capital qui est placé vis-à-vis la chaire à prêcher, a été, par l'intervention de M. le député de Bellonnet, acheté à l'exposition de 1845 par le ministre de l'intérieur, qui en a fait cadeau à Belfort, ville natale de l'artiste.

Ce tableau qui parle aux yeux et à l'âme représente la sépulture du Christ. Le sujet, comme inspiration, a été autrefois exécuté en sculpture par Zumbo de Syracuse, et en peinture par le Corrège. Le corps de Jésus vient d'être détaché de la croix ; Joseph d'Arimathie le laisse examiner un instant aux principales personnes qui avaient aimé le Sauveur pendant sa vie. La Vierge et les saintes femmes qui l'accompagnent, montrent bien la compassion qu'elles éprouvent à la vue d'un spectacle si touchant. La Madeleine, qui est à genoux, baigne de ses larmes la main droite du Christ qu'elle embrasse.

Tous les détails de cette composition sont bien exécutés. Les personnages, de grandeur naturelle, sont convenablement groupés; le clair-obscur est ménagé avec art, particulièrement sur le corps de Jésus, vu en raccourci ; les draperies ont de l'ampleur et du relief à la manière du Parmesan ; la tête du Christ et celle de la Vierge, sa mère, sont d'une grande beauté et dignes du Titien.

A gauche du chœur, on voit un portrait en pied de St-Augustin, évêque d'Hippone. Ce tableau, copié d'après Mignard par un artiste lyonnais, a été donné à l'église, en 1841, par M. Auguste Antonin, avoué, alors maire de Belfort. A notre avis, cette toile, ainsi que le St-François-Xavier qui lui fait pendant, gagneraient à être élevées de quelques pieds.

Derrière la chaire, au fond d'une chapelle latérale, il existe un petit tableau représentant St-Christophe, patron de la paroisse. Cette toile, attribuée à M. Charpentier, de Dijon, sans être bien remarquable est néanmoins d'un pinceau exercé.

Sur l'autel de la chapelle dédiée à St-François-Xavier, à gauche du sanctuaire, on voit un tableau dont les personnages sont très petits parce qu'ils sont nombreux. On remarque au milieu le saint apôtre des Indes, prêchant une douzaine de sauvages qui sont groupés autour de lui ; quelques-uns même sont perchés sur des rochers et des falaises d'une façon assez pittoresque. Cette composition, sans avoir un grand mérite artistique, flatte néanmoins l'œil par ses détails et son coloris.

Nous mentionnerons aussi un petit tableau qui se trouve dans la chapelle à droite, vis-à-vis la chaire, il a été peint par un artiste appelé Tschann, marié à Belfort, où il est décédé depuis une trentaine d'années. Ce tableau, commandé par M. le comte d'Agrain des Ubas, sous-préfet de l'arrondissement, représente Notre-Dame du Rosaire accédant aux prières de St-

Dominique. Le temps en a altéré les couleurs et le dessin laisse à désirer.

Le dernier tableau qui mérite de fixer l'attention des personnes de goût, est une copie en petit de l'Assomption de la Vierge du Guide. Il est derrière l'autel de Notre-Dame Auxiliatrice, à la droite du jubé. Les couleurs de ce tableau sont d'une douceur aérienne convenable ; les figures et les carnations sont naturelles et rappellent le tendre pinceau de l'Albane ; enfin pour nous servir du mot technique, nous dirons que cette délicieuse peinture a du *flou*.

Il nous reste à parler d'une pièce importante : c'est de l'orgue de notre église.

On sait que les premières orgues furent envoyées en France par Constantin Copronyme, empereur de Constantinople, qui en fit présent au roi Pépin, père de Charlemagne, en 757, et que cet instrument comme excitant la dévotion a obtenu la sanction du concile de Cologne, tenu en 1536.

L'orgue de Belfort fait l'admiration des connaisseurs, tant par la puissance et l'harmonie de son jeu que par l'étendue de ses claviers, la beauté et la richesse de son buffet et de ses immenses accessoires.

Ces orgues ont été entièrement remises à neuf, en 1848, par M. Callinet, aîné, facteur à Rouffach, artiste justement célèbre dans cette spécialité, et qui aime à citer la perfection de cet instrument, dans la reconstruction duquel il a déployé tout son talent.

L'orgue a 45 à 50 registres et va au *fa*. Il a sept pédales d'harmonie ; les basses commencent par un jeu de 32 pieds. Pour animer les voix de ce puissant instrument, il y a 8 soufflets dont les amples poumons sont occupés sans relâche à l'alimenter de leur haleine.

La montre de l'orgue est d'un brillant aspect ; le buffet est surmonté de statues dorées et garni de riches ornements d'une grande élégance.

La chaire à prêcher, les stalles des anciens chanoines et le tour du chœur sont en bois de couleur foncé et décoré de moulures et d'emblèmes religieux parfaitement sculptés.

Le sanctuaire était autrefois séparé par une magnifique grille en fer d'un très grand prix. Cette grille a été démontée pendant la Révolution et déposée à l'Arsenal pour en confectionner des piques et autres armes blanches. On rapporte que c'est à M. le commandant de la garde nationale Marcon, que l'on doit la conservation des belles boiseries du chœur. Voyant que les briseurs d'images, après avoir brûlé les statues des Saints devant l'église et abattu les croix conformément à l'arrêté du département, en date du 3 novembre 1793, allaient aussi porter la hache sur ces inoffensives sculptures, emporté par l'indignation, il tira son épée et menaça d'en frapper quiconque oserait commettre cet acte de vandalisme qui n'était pas prescrit par la loi.

Avant de sortir de l'église, nous rendrons un dernier hommage à l'architecte ou à l'artiste qui, pour terminer son œuvre, a eu l'heureuse idée de sculpter un fort joli petit ange, qui paraît s'être égaré du ciel et se repose entre les deux chapiteaux les plus rapprochés du porche de sortie, du côté de l'hôpital. Ce gentil chérubin, si jeune et si riant, est posé là-haut, parmi les feuilles d'acanthe, comme un oiseau dans son nid et qui n'ose se fier à ses ailes naissantes. Nous invitons les amateurs et tous ceux qui comprennent les difficultés de l'art, à venir admirer ou tout au moins apprécier ce morceau de sculpture microscopique, qui est tout simplement un chef-d'œuvre. Un tronc pour les pauvres se trouve à la portée de la main, à côté du bénitier.

Les deux tours renferment sept cloches : la plus grosse pèse 3,000 kilogrammes ; la troisième, qui pèse 1,250 kilogrammes, est remarquable par son ancienneté : elle a été fondue en 1442. Depuis passé quatre cents ans qu'elle fonctionne, elle est tellement usée des quatre faces qu'on ne peut plus changer de place son battant.

Devant le frontispice de l'église, le parvis se compose d'un vaste perron, auquel on arrive par quatre marches en pierre de taille, qui règnent sur les trois faces. Cette élévation explique l'absence de stylobate aux colonnes inférieures du péristyle.

Au bas de chacune des tours, on a pratiqué une niche pour y placer une statue de Saint ; mais ces niches sont restées vides jusqu'à présent. Les clefs de voûte des portes et de plusieurs croisées attendent aussi la main d'un sculpteur.

Il existe des catacombes sous ce magnifique monument, que l'on croit bâti sur pilotis. M. Mangin, chanoine, mort en 1752, et M. Noblat, sont peut-être les seuls qui aient été enterrés dans les caveaux : le premier dans la crypte qui se trouve sous les stalles, le second entre la chaire à prêcher et la chapelle de St-François-Xavier. La vieille église du haut de la ville, qui menaçait ruine, a été démolie en 1752.

En 1854, l'administration supérieure a ordonné la démolition de quatre petites échoppes qui étaient adossées à l'église, depuis soixante ans, du côté de la rue de la Botte. Ces boutiques, construites par des particuliers en 1793, étaient occupées par des fripiers et des revendeurs qui firent longtemps leurs petites affaires sur ce passage très fréquenté.

Le conseil de fabrique se compose de MM. Nizole, père, président du comité; Faitier, curé; Keller, maire; Saglio; Juster, père; et Adam.

MM. Seydel, organiste; Nicot, sacristain; Biétry, bedeau; Echeman, Duclos et Maré, chantres.

III

LA SOUS-PRÉFECTURE. (F)

> Un enfant devant eux s'avança plein de grâce.
> La foule en l'admirant devant ses pas s'ouvrait.
> DE LAMARTINE.

Autrefois, et pendant longtemps, la sous-préfecture a été établie dans l'ancien Hôtel de Duras, que l'on appelait aussi la Prévôté, parce que ce bâtiment ainsi que celui qui y était attenant, étaient autrefois l'habitation des prévôts de la ville et du chapitre.

L'Hôtel de la sous-préfecture est situé maintenant Grand'Rue, vis-à-vis la Petite-Fontaine. Cette maison fut bâtie vers 1783 par un seigneur du pays, appelé M. de Bellonde, qui avait, dit-on, des demoiselles d'une beauté admirable. L'une d'elles, ancienne dame d'atours de la duchesse d'Orléans, se trouvait encore à la cour de Louis-Philippe. La famille de Bellonde ayant émigré à la Révolution, cet Hôtel fut vendu comme propriété nationale à un fournisseur de fourrages nommé Colleré, de Foussemagne. Peu de temps après, cet acquéreur, qui n'habitait pas cet hôtel, le revendit à la famille Antonin, maître de forges, dont nous avons donné la courte biographie.

Cette maison rappelle des souvenirs touchants. D'abord l'opulence de ses derniers propriétaires chez lesquels la bienfaisance était la moindre des vertus, et qui furent ultérieurement victimes de leur générosité pour avoir donné asile à un illustre exilé. Les jeunes Belfortains sauront que c'est dans cette maison que logea l'impératrice Marie-Louise, lorsqu'elle quitta la France, en 1814, avec son fils Napoléon II. Dans le même temps, l'ancienne impératrice, la bonne et regrettée Joséphine Beauharnais, mourait à la Malmaison, près de Paris. Marie-Louise, ne pouvant se soustraire aux acclamations des habitants de Belfort, qui désiraient contempler pour la dernière fois le fils de l'Empereur, vint présenter le jeune prince au public du haut du balcon de l'Hôtel. L'enfant-roi, apercevant dans la foule un ancien hussard français, revêtu de son uniforme, s'écria, au grand scandale des factionnaires autrichiens qui gardaient la porte : « Voilà encore un soldat de mon papa. » Ce jeune roi de Rome, détrôné avant d'avoir régné, semblait dire au peuple attendri, assemblé sous ses fenêtres, ces vers que Voltaire met dans la bouche d'OEdipe :

> Je pars et vais chercher dans ma douleur amère,
> Des parents inconnus, qui sont ceux de ma mère,
> Et vivant loin de vous, sans états, mais en roi,
> Justifier les pleurs que vous versez pour moi.

C'est dans ce même Hôtel qu'au mois d'octobre de l'année suivante, 1815, mourut le général Lecourbe, ce défenseur héroïque de Belfort.

Depuis environ trente ans que cet hôtel est devenu le siége de la sous-préfecture, quelques réparations urgentes y ont été faites; néanmoins des améliorations nécessaires et de haute convenance s'y font tellement sentir que le conseil général a déjà voté des fonds pour cet objet. On sait qu'indépendamment de la destination de cet édifice, qui est l'état-major civil et politique de l'arrondissement, il est encore le pied-à-terre obligé des hauts fonctionnaires du département et des grands personnages qui peuvent accidentellement séjourner dans nos murs.

La façade de l'Hôtel présente six croisées à chacun de ses deux étages supérieurs. Le rez-de-chaussée, garni d'un large trottoir, est élevé à cause des caves. Le vestibule, qui est séparé en deux parties, est pavé en dalles, ainsi que la cour, où se trouve une fontaine, rendue intermittente au moyen d'un robinet.

Le devant du premier étage se compose d'un beau salon de réception, avec un cabinet à côté, servant de bureau particulier à M. le sous-préfet. Le balcon historique a disparu. Les cuisines, les logements et le commun se trouvent derrière. Les autres appartements sont au deuxième étage.

Les bureaux, situés au rez-de-chaussée, sont ouverts au public tous les jours non fériés, depuis neuf heures du matin jusqu'à quatre heures du soir.

IV

L'ARSENAL. (s)

Mousquet, poignard, épée ou tranchante ou pointue,
Tout est bon, tout est bien, tout sert, pourvu qu'on tue.
(La tactique, VOLTAIRE.)

L'Arsenal touche au corps de garde de la place d'Armes et fait face à la rue de la Grande Fontaine.

L'architecture de ce monument n'a absolument rien de remarquable que sa rigide simplicité.

L'Arsenal renferme des cours et des salles assez vastes, et beaucoup de magasins et de hangars ; mais rien ne justifie la fastueuse devise qui se lit sur le fronton, au dessous d'un trophée d'armes, sculpté en bosse dans la pierre :

Hic Fulmina Jovis
M, D, CC, XXVI

Comme dans tous les arsenaux possibles, ces foudres de Jupiter consistent en un approvisionnement de canons, sabres, fusils et pistolets, qui ne devait pas être très important en 1726, époque de cette construction, qui est aussi celle de la majorité de Louis XV. Avouons sans modestie que l'inscription ci-dessus serait mieux placée au frontispice de Vincennes, qui peut armer cinq cent mille hommes.

Il y a d'autres magasins pour l'artillerie et un immense parc à boulets, formant une annexe de l'Arsenal, dans les fossés sous le château.

V

LA BASCULE.

A chacun son compte.
(Proverbe populaire.)

Depuis la suppression des bascules du gouvernement, en 1851, la ville s'est rendue adjudicataire de l'ancienne bascule, qui était située près de son emplacement actuel, c'est-à-dire à la jonction des trois routes qui aboutissent à la tête du pont du grand faubourg.

Ce petit établissement, devenu propriété privée, ne pouvait par conséquent plus être maintenu à la même place, et surtout longeant une grande route, dont elle gênait la circulation. La ville l'a donc fait transférer, en 1853, sur son propre terrain, à 3 ou 4 mètres en arrière, à l'extrémité de la promenade. Cette translation a été faite d'une seule pièce et sans rien démolir.

La maisonnette bien réparée et d'un joli aspect sert en même temps de bureau d'octroi et ne dépare nullement l'agrément de ce lieu de réunion les jours de fête.

La ville retire un léger produit de cette bascule, qui est à la disposition du public pour le pesage des voitures, moyennant une faible rétribution.

L'administration des fourrages a aussi une bascule pour son usage particulier.

VI

LE CANAL. (1)

Ce paisible ruisseau coule bien lentement
Et s'éloigne à regret d'un pays si charmant.

Le canal qui traverse Belfort *intra-muros* est alimenté par une partie des eaux de l'étang de la Forge après avoir servi à faire mouvoir les roues de l'usine.

Ce canal prend naissance à l'écluse établie vis-à-vis la pointe de l'île de la buanderie militaire du côté sud, passe dans une partie des fortifications avant d'entrer en ville, où ses eaux servent immédiatement à faire tourner le moulin, puis, coulant entre les quais et se prolongeant sous le perron de l'église, il va raser le pied de la face ouest de l'Arsenal pour sortir par le

Fourneau hors de la ville. Il continue son cours jusqu'à moitié chemin de Danjoutin, dont il baigne la côte, et va rejoindre la Savoureuse, après avoir mis en mouvement la scierie du Fourneau et le moulin qui est en aval.

Ce qui manque à ce canal, c'est une plus grande abondance d'eau. Comme ces eaux appartiennent aux maîtres de forges (aujourd'hui la compagnie d'Audincourt) qui les emploient avec économie, il est difficile d'établir des abreuvoirs et des lavoirs convenables dans leur parcours intermittent et irrégulier.

Il n'y a pas plus de six ans que la partie de ce canal qui baigne les quais de la place d'Armes, était découverte et entourée de garde-fous ou de parapets en pierre peu élevés. Pour remédier aux désagréments des émanations insalubres qui s'échappaient de ce ruisseau souvent mis à sec par les grandes chaleurs et dans lequel on jetait toutes sortes d'immondices, et pour agrandir la place d'Armes, déjà très exiguë, ainsi que pour éviter à l'avenir des accidents qui arrivaient très fréquemment, l'administration municipale a fait couvrir ce canal au moyen d'une voûte qui règne sur toute la partie comprise entre la Halle et le pont qui sépare le corps de garde. On a ménagé des regards de prise d'eau pour les cas d'incendie. La place d'Armes y gagne du terrain ; les promeneurs ont un espace plus grand et plus sain, et les propriétaires des maisons situées sur ce quai, tout en étant débarrassés des inconvénients de ce fâcheux voisinage, se trouvent maintenant de plain-pied sur la place, ce qui leur a permis de faire pratiquer un large trottoir qui ajoute de l'agrément à cette utile amélioration.

La première fontaine, qui fut bâtie sur la place en 1752, était située près du canal, à côté du corps de garde, qui lui-même fut bâti sur ce canal en 1750.

VII.

LA MIOTTE, LA PIERRE DE LA MIOTTE
et l'Espérance.

> Rendez-moi ma patrie
> Ou laissez-moi mourir.
> (Le pré aux clercs.)

D'après quelques anciens géographes, la montagne de la Miotte s'appelait autrefois le *mont maudit*. Nous dirons plus loin quand et comment elle a changé de nom. Disons d'abord à ceux qui l'ignorent, que le sommet du monticule appelé la Miotte est le point le plus culminant des environs de Belfort, et que c'est un lieu de promenade des plus agréables et des plus fréquentés. L'œil embrasse à une grande distance un horizon varié et magnifique, dont les différents sites ne le cèdent en rien aux plus beaux points de vue de la Suisse.

La perspective du côté des Vosges s'étend jusqu'à la chaîne des montagnes dominées par le ballon de Giromagny. De tous côtés on voit se dérouler dans la plaine le paysage le plus pittoresque que l'on puisse imaginer. On aperçoit au loin la Savoureuse, dont les capricieux méandres circulent tortueusement comme un énorme serpent aux écailles argentées. Cette rivière répand ses eaux à travers les riches prairies qu'elle fertilise, puis, successivement augmentée dans son cours par de nouveaux filets qui s'échappent des sources, elle entre majestueusement dans le lit unique et resserré que la main des hommes lui prépare chaque année pour son passage dans nos murs.

Par un temps calme, on découvre dans le lointain la pointe des clochers de plusieurs villages. On distingue au penchant des montagnes, des maisons, des fermes et quantité de fabriques qui rehaussent l'éclat de ce poétique tableau.

Au pied du monticule, du côté du couchant, se trouvent les forges, dont les lourds marteaux font entendre leurs coups redoublés. Les eaux qui les font mouvoir sortent d'un vaste étang, où d'innombrables poissons viennent jouer à la surface. Du côté de la ville et des faubourgs, le panorama n'est pas moins admirable.

Il existait autrefois entre l'escarpement actuel et l'étang, une petite forêt bien regrettée des amateurs de la belle nature. Le penseur mélancolique, l'écolier studieux, allaient, loin du bruit de la ville, se reposer à l'ombre de ces riants bosquets, soit pour respirer un air pur, soit pour se livrer à de douces rêveries ou se récréer et fortifier l'esprit par d'attrayantes lectures, dans cette aimable solitude, qui n'était troublée que par le chant des oiseaux.

Qu'elles étaient agréables ces promenades au bois de la Miotte par les belles matinées du printemps ! Avec quel plaisir les jeunes enfants de la ville allaient-ils y cueillir des branches d'aubépine et des bouquets de cette fleur précoce et odorante qu'on appelle le bois-gentil ! Quel ravissement quand ils découvraient aussi dans un buisson la pervenche au calice bleu, cette simple campanule, jadis sans renommée, et que

Jean-Jacques Rousseau a immortalisée par quelques lignes du style magique dont il a emporté le secret dans sa tombe.

Cette charmante forêt a dû disparaître devant les nécessités de la défense de la place. Il y a vingt-cinq ans que la hache du bûcheron, en rasant ce bois jusqu'aux racines, a fait fuir pour jamais les divinités silencieuses de ces bocages dont les rameaux, pour comble de profanation, ont été convertis en fagots.

Autrefois, il y avait sous les rochers escarpés de la Miotte, une espèce de caverne ou de souterrain qu'on appelait *le trou de la grande Catherine*. D'après l'ancienne tradition, cette grotte a été le théâtre de deux événements tragiques que nous allons raconter.

Dans les temps reculés, une femme ou une fille étrangère était venue avec son jeune enfant habiter cette grotte solitaire pour y expier par une vie austère une faute de jeunesse. Cette malheureuse victime de l'amour, dénuée de tout, endurait sans se plaindre les plus rudes privations, sans jamais vouloir faire connaître son origine. Elle couchait, ainsi que son jeune fils, sur un lit de mousse, n'ayant ni meubles, ni linge, ni aucune des choses nécessaires à la vie, que quelques haillons pour se couvrir et pouvoir se montrer. N'ayant pas, comme Geneviève de Brabant, une biche pour allaiter son enfant, ni des fruits et des racines pour se nourrir, elle venait en ville de temps en temps chercher des charités que chacun s'empressait de donner à la pauvre hermite, dont tout le monde avait pitié. Enfin un jour, à la suite d'un hiver rigoureux, on trouva cette mère infortunée étendue sans vie sur le lit d'herbe et de mousse qui formait sa couche. Elle tenait dans ses bras le cadavre de son enfant également mort de froid et de faim. Dès lors, la grotte resta vacante.

A la fin du siècle dernier, une pauvre fille de joie, qu'on appelait la grande Catherine, étant sur le retour de l'âge et se voyant abandonnée, délaissée, repoussée même par ceux qui la recherchaient autrefois quand elle était jeune et jolie, n'eut plus d'autre ressource que d'aller se réfugier dans la caverne de la Miotte, que l'on croit être un reste de souterrain du château de Montfort et qu'on appela dès ce moment le Trou de la grande Catherine. La vie misérable de cette nouvelle Madeleine faisant pénitence, excitait la compassion des personnes charitables et curieuses qui allaient la visiter et lui faisaient quelques aumônes pour prolonger sa misérable existence. Enfin, ainsi que sa devancière, un jour on la trouva morte dans son souterrain. Cette grotte a disparu plus tard à son tour, de sorte que le trou de la grande Catherine, dont on parlera longtemps dans le pays, n'est plus qu'un mythe ou une légende locale.

Nous allons entretenir le lecteur d'un sujet qui n'est pas le moins intéressant du lieu où nous l'avons conduit, nous voulons parler de la *Pierre de la Miotte*.

Cette pyramide en maçonnerie, qui domine le monticule, a presque autant d'importance dans le pays, que les Pyramides d'Egypte ont pu en avoir autrefois dans celui des Pharaons.

Cette énigme de pierre a déjà beaucoup occupé et occupera peut-être encore longtemps l'imagination des OEdipe les plus persévérants, jusqu'à ce qu'on en ait trouvé le mot.

D'anciens historiens ont prétendu que cette tour s'appelait autrefois la *Pierre Muette,* et que le nom patois de *Pierre la Miotte* avait prévalu dans le langage. Divers archéologues, fatigués de chercher dans les livres, ont voulu par des fouilles et autres investigations matérielles, interroger cette pyramide pour connaître son âge et sa destination ; mais elle est restée muette comme son nom primitif.

Les uns ont pensé que ce pouvait être un dolmen gaulois recouvrant la tombe de quelque illustre guerrier; d'autres ont avancé que c'était probablement un monument votif destiné à transmettre à la postérité la mémoire d'une victoire remportée en ce lieu. La plus commune opinion, qui est aussi la plus vraisemblable, est que cette tour, à laquelle on assigne une origine commune avec le Château, avait dû servir autrefois de phare ou de télégraphe au moyen de signaux par le feu, comme on en trouve la description dans les mémoires de Polybe et de César.

Nos recherches nous ont fait découvrir une nouvelle conjecture qui n'est pas dénuée de vraisemblance. Elle est due à M. le professeur Trouillat, bibliothécaire à Porrentruy, que nous avons déjà cité page 23.

Cet écrivain, auteur de plusieurs ouvrages de mérite, entre autres de l'immense et savant recueil des anciens monuments écrits concernant le ci-devant évêché de Bâle, en transcrivant le traité fait en 1226, entre les comtes de Ferrette et de Montbéliard, dont nous avons donné la traduction dans la partie historique, a voulu rechercher l'endroit où avait pu être situé le château de Montfort, relaté dans cet acte. Après avoir longtemps médité sur ce sujet, il formule ainsi son opinion :

« Ce traité est le seul acte que l'on connaisse où il

« soit fait mention du château de Montfort. Voici
« maintenant les raisons qui me portent à conjecturer
« que ce château était à la Miotte.

« Il est prouvé qu'en 1235, c'est-à-dire neuf ans
« après le traité qui faisait désirer au comte de Mont-
« béliard la destruction de ce castel litigieux, les
« comtes de Ferrette jouissaient de leur advocatie de
« Delle, d'où il faut conclure que la partie du con-
« trat relative à la destruction du château de Mont-
« fort avait été exécutée. Ce château de Montfort, qui
« appartenait à Frédéric, comte de Ferrette, se trou-
« vait selon lui tellement sur la limite extrême de ses
« terres, qu'il prétendait même avoir quelques droits
« sur celles où se trouvait le château de Belfort. Ce
« fait est rapporté dans le traité en question. Par ce
« traité, le comte de Montbéliard se réserve bien et
« obtient sans conteste la libre et entière possession
« de son château de Belfort ; mais comme celui de
« Montfort lui portait ombrage, il stipule que ce der-
« nier sera détruit sous des conditions qu'il impose.
« Où pouvait donc être ce château rival, qui avait le
« mérite d'inspirer des craintes au propriétaire de
« celui de Belfort, tant pour sa sécurité personnelle
« que pour la sûreté de son château ? On doit néces-
« sairement le chercher dans le plus prochain voisi-
« nage, sur quelque point dominant et surtout où
« l'on trouve d'anciennes ruines qui viennent forti-
« fier cette assertion. C'était donc à la Miotte, puis-
« que c'est la seule position qui puisse lutter contre
« celle du Château, et que lorsqu'on y a fait des con-
« structions militaires, on a découvert en creusant
« les fossés, des traces de fondations, des restes de
« vieux murs, des débris de moëllons amoncelés et

« autres indices qui permettent hardiment de con-
« clure que le château de Montfort existait jadis en
« cet endroit, qui est le seul où l'on ait trouvé d'an-
« ciennes ruines. »

Cette hypothèse est d'autant plus admissible qu'on ne voit dans nos environs aucune autre place aussi convenable pour y bâtir un château que le haut de cette montagne, à laquelle d'anciens géographes ont donné le nom de Mont maudit, peut-être même à cause de la destruction du château de Montfort, faite à contre-cœur.

Ce lieu était d'autant mieux choisi qu'il domine tout ce qui l'entoure. La vue s'étend très au loin, une forêt était tout proche, et l'on avait à discrétion l'eau de l'étang, qui n'en est qu'à cent pas. Qui sait même si le trou de la grande Catherine n'était pas un reste des souterrains de ce vieux château.

L'opinion de M. le professeur Trouillat a trouvé faveur auprès de plusieurs personnes du pays, qui sont d'avis que la pierre de la Miotte remonte à l'époque où les comtes de Montbéliard possédaient Belfort et ses alentours, et qu'ils ont dû donner à cette montagne un des noms vulgaires qui leur étaient familiers. Il existe près de Montbéliard un monticule qu'on a fortifié, qui s'appelait *la Miche de pain*. Non loin de là, il y avait une autre montagne, sur laquelle on a bâti un petit fort que l'on nommait le châtelet de la *Crôte*, ce qui en patois signifie la croûte. Il est évident que le nom de la Miotte, qui veut dire *la Mie* ou *la Miette*, a la même origine et les mêmes parrains.

La pierre de la Miotte, construite sur les ruines et avec les débris du château de Montfort, a pu être érigée comme un monument d'orgueil, qui proclamait au loin la puissance du comte de Montbéliard. Ce seigneur, demeuré seul maître du logis, a pu également se servir de cette tour comme d'un phare destiné à appeler dans l'occasion ses vassaux et même son allié de Ferrette, à venir à son secours.

Quoi qu'il en soit, cette antique ruine que la main du temps a respectée, est, de temps immémorial, regardée par les Belfortains comme le palladium de la ville. Les habitants de tout le pays des environs professent un tel culte pour la pierre de la Miotte, qu'ils se donnent le surnom de *Miottains*. Ceux qui habitent des villages éloignés, mais d'où l'on peut apercevoir la pierre de la Miotte, tiennent à honneur de compter dans cette honnête confédération.

La pierre de la Miotte n'est pas considérée comme un fétiche, c'est un symbole. Au lieu de la vénérer comme les dieux lares des peuples de l'antiquité, on la regarde comme le drapeau immuable de la solidarité du canton et la représentation du foyer domestique.

La qualité de Miottain n'est point un titre chimérique. Dans les pays éloignés, ce mot équivaut à celui de frère. Tout enfant de la Miotte, quel que soit son rang ou sa fortune, qui, par le monde, rencontre un autre Miottain, trouve en lui un parent ou un ami tout prêt à lui rendre service ou à en être secouru s'il est dans le besoin.

Dans les anciens temps, peu de jeunes gens, surtout les militaires, quittaient le pays sans aller saluer la pierre de la Miotte et sa gigantesque croix de fer qui se dessinait dans le ciel comme le Labarum, et sans emporter comme amulette un petit morceau de pierre détaché de ce monument. Ils avaient foi dans la présence réelle et matérielle de cette portion de la terre sacrée qui recouvrait les cendres de leurs pères.

Quel étranger au pays se serait jamais douté que pendant les guerres de la République et de l'Empire une multitude de ces fragments de pierre couvraient l'Europe; que quelques-unes de ces reliques se promenaient des bords du Rhin à l'Adriatique, quand d'autres se croisaient du Nil au Borysthène et du Volga au Guadalquivir, et que, plus récemment encore, elles foulaient les ruines de Carthage, les cimes de l'Atlas et débarquaient dernièrement en Crimée dans le léger bagage de nos joyeux Miottains?

Beaucoup de vieux militaires belfortains, en racontant leur odyssée, montrent avec orgueil leur cher talisman qui, au milieu des calamités de la guerre, soutenait leur énergie et les empêchait de succomber aux souffrances physiques. Ils les ont rapportés au toit paternel pour les transmettre à leurs fils, après les avoir portés les uns et les autres en Italie, en Egypte, en Espagne, en Russie et en Algérie. Ces vieux soldats du Caire, de l'Alhambra, du Kremlin et des Portes de Fer, n'oublient pas de citer cinquante circonstances où des Miottains, qui ne se connaissaient pas avant de quitter le pays, s'étaient mutuellement rendu service, dans ces moments difficiles où l'on sauve la vie de son semblable avec une bouchée de pain. Il n'y a rien de si touchant que tous ces récits de véritable fraternité dont la source gît dans la pierre de la Miotte.

Lors de l'établissement du fort de la Miotte, commencé en 1830, il entrait dans les projets du Génie de raser cette pyramide, dont l'architecture n'offrait rien d'intéressant; mais lorsque M. de Bellonnet, commandant du Génie, eût appris combien cette ruine était chère aux cœurs belfortains, non-seulement il ne voulut pas détruire l'objet de cette respectable tradition, mais il contribua à l'affermir en donnant à la pierre de la Miotte un but d'utilité. En conséquence, il fit réparer les parties décrépites et fit reconstruire dans l'intérieur l'ancien escalier en pierre qui va jusqu'à la plate-forme. Cet observatoire pourrait être précieux en temps de guerre, car la vue s'étend à une distance immense. Ce belvédère étant élevé de 150 pieds plus haut que la terrasse du château, permet d'apercevoir à l'œil nu les brouillards ou vapeurs qui s'échappent du Rhin et en marquent le cours. Si les regards se portent au sud-est, on voit distinctement par un temps calme les Alpes et les montagnes les plus éloignées de la Suisse, dont les cimes sont éternellement couvertes de neige.

La reconnaissance des Miottains envers M. de Bellonnet s'est manifestée à deux reprises en l'élisant député de l'arrondissement à une grande majorité.

Sur la colline de l'esplanade de la Miotte, du côté de la ville, on avait établi, en 1840, un camp baraqué, construit par le Génie d'après toutes les règles de la castramétation moderne. On n'a jamais connu le but de ce campement assez restreint, d'autant plus qu'il n'a reçu la visite d'aucun prince ni haut dignitaire.

Ce camp, qui se composait de baraques en planches jonchées la nuit d'une couche de paille qui servait de lit aux soldats, manqua d'être incendié en 1842. Le feu y prit un certain soir, mais grâce aux prompts secours arrivés de la ville, il n'y eût que quelques baraques de brûlées sans aucun autre accident.

On s'étonne de ne pas voir ce lieu si avantageux pour y asseoir un campement, plus souvent occupé par de grandes réunions de troupes. Le pays est boisé et abonde en fourrage, on trouve de l'eau partout. Les plaines des environs une fois débarrassées de leur récolte d'herbes, offrent aux tacticiens toutes les ressources et les avantages de terrain nécessaires pour les manœuvres de ligne et les grandes évolutions. Les forts détachés sont si bien situés pour les simulacres de siége, qu'on ne saurait trouver mieux pour cette école; et l'Ochsenfeld, cette immense plaine de Cernay, une des plus belles de France, n'est qu'à quelques lieues et sa majeure partie est en friche. Tous ces éléments concourraient à former un camp magnifique.

La partie de l'esplanade de la Miotte qui se rapproche de l'ouvrage à corne, s'appelle la Croix de l'Espérance.

Tout le côteau est cultivé en petits jardins d'agrément garnis de riantes bastides appartenant aux citadins. Il n'y a pas encore deux siècles que chaque habitant pouvait aller choisir à volonté un emplacement dans tous ces terrains rocailleux, qui alors étaient vagues. On en devenait acquéreur en payant à la ville quelques deniers par toise. Lorsque l'architecte désigné par le magistrat avait reconnu et pris note de la situation et des limites, le propriétaire le faisait enclore d'un petit mur ou de palissades suivant ses facultés, et il allait souvent lui-même chercher sur la route ou dans les fentes des rochers un peu de terre pour composer ces jardinets si jolis et remplis d'une végétation si luxuriante aujourd'hui.

Sur le haut de la colline s'élèvent quatre arbres

robustes, plantés symétriquement, au milieu desquels il y avait autrefois une belle croix en pierre qui a été détruite. Quelques propriétaires de jardins de ce voisinage ont depuis peu fait replacer une autre croix, qu'ils ont entourée d'une balustrade pour la mettre à l'abri des profanations.

En recherchant dans les décombres les débris de l'ancienne croix, on en a retrouvé un morceau assez curieux, dont quelques parties de sculpture sont légèrement frustes et d'autres bien conservées. La forme de cette pierre, qui est celle d'un trèfle, indique par la position des personnages que c'était l'extrémité de la branche gauche de la croix brisée. Ce fragment a environ un demi-mètre de long sur autant de large. Il est en pierre tendre du pays et représente l'Ascension de Jésus-Christ. On reconnaît le type des figures de plusieurs des douze apôtres assemblés et prêts à se répandre par toute la terre pour y prêcher la doctrine qui vient de leur être enseignée par Jésus. Au bas de cette pierre on lit le millésime de 1683. Au revers on voit en relief Ste-Madeleine dans le désert, tenant dans ses bras une tête de mort et une croix. Les jardins viennent par une pente douce aboutir jusqu'à la naissance du glacis dont la vaste esplanade sert à enseigner aux soldats de recrue les exercices de détail.

Quelle que soit la longueur de cet article, il nous est impossible de le clore sans répéter cet ancien cri de guerre des Belfortains : *VIVE LA PIERRE DE LA MIOTTE !*

VIII.

L'ABATTOIR
et les Boucheries. (y)

<small>La chair fait la chair.
(Proverbe populaire.)</small>

L'abattoir, l'échaudoir et ses dépendances ont été construits en même temps que la prison qui y est contiguë, en l'année 1829, par M. Schultz, entrepreneur des fortifications, sur les plans dressés par M. Griois, architecte du département, à Colmar, et sous la direction de feu M. Poisat, père, architecte à Belfort.

La ville ayant cédé le terrain de ses anciennes boucheries pour agrandir la prison, le département s'est chargé de lui reconstruire tout à côté un autre abattoir, ainsi que les étaux existant actuellement et qui sont situés au sud-est, vis-à-vis le derrière de l'Hôtel-de-Ville, à l'extrémité du canal de sortie des eaux.

La dépense totale pour les acquisitions et pour la construction de ces deux bâtiments adjacents, prison et abattoir, s'est élevée à plus de cent mille francs.

Dans ces derniers temps, il avait été un moment question d'abandonner cet abattoir pour agrandir encore la prison, qui est devenue insuffisante. On parlait vaguement de la translation de l'abattoir dans un des faubourgs; mais on a renoncé à ce projet trop difficile à réaliser. On a préféré pour étendre la prison, acheter les maisons qui vont jusqu'à la place, et maintenir les boucheries où elles sont.

Une amélioration utile et peu coûteuse, que sans doute le manque de fonds a retardé jusqu'à présent, consisterait à surmonter au moins d'un étage l'abattoir actuel pour y faire des entrepôts ou magasins de certains débris, tels que les suifs, les peaux, les poils, les cornes, les cuirs, les os, les boyaux secs, etc., qu'on est forcé d'apporter en ville et qui, avec l'inconvénient de l'odeur, attirent les rats dans les maisons des bouchers et dans le voisinage.

Il a été abattu pendant l'année 1853, qui est une année moyenne, savoir :

680 bœufs, vaches et génisses, 700 veaux, 475 moutons et 524 porcs.

On ne doit pas inférer de ce compte-rendu que la consommation de la viande se borne à ce chiffre. Les environs de Belfort fournissent encore chaque semaine une quantité de viandes dépecées, que l'on appelle viande à la main, dont le total s'élève à plus de cent mille kilogrammes par année.

Les bouchers des villages de Danjoutin, de Frahier et surtout de Chalonvillars, sont autorisés à venir étaler et vendre leur marchandise en ville, deux fois par semaine, le mercredi et le samedi.

Ce surcroît d'approvisionnement, quoiqu'il ne consiste qu'en petite viande fraîche de porc, de veau et de mouton, est d'une grande ressource pour la plupart des aubergistes et des habitants. Cette utile concurrence met un frein à l'élévation du prix de cette denrée alimentaire.

L'hiver, ces bouchers du dehors apportent également au marché, du lard et autres viandes salées et fumées, et surtout des *andouilles* provenant de Chalonvillars et dont les gens de la campagne sont très-friands : c'est le saucisson de Bologne de la petite propriété.

IX.

CIMETIÈRE DE BRASSE.

> La mort a des rigueurs à nulle autre pareilles,
> On a beau la prier,
> La cruelle qu'elle est se bouche les oreilles
> Et nous laisse crier.
> Le pauvre en sa cabane où le chaume le couvre
> Est soumis à ses loix,
> Et la garde qui veille aux barrières du Louvre
> N'en défend pas les rois.

On rapporte qu'une personne de bonne humeur, voyant qu'on cherchait inutilement à prouver que Brasse avait servi d'origine à Belfort, dit un jour que Brasse paraissait avoir un tel attachement pour cette ville que n'ayant pu être son berceau, il a voulu devenir son tombeau.

En effet, c'est dans ce lieu que se trouve le cimetière des habitants de la ville, excepté des Israélites, qui ont ailleurs leur champ de sépulture.

Le cimetière de Brasse se trouve entre la rivière et la route des Vosges par Giromagny, au bout du faubourg des Ancêtres, à l'extrémité nord du hameau appelé le Magasin.

L'enclos est entouré d'un mur de deux mètres de hauteur. Au centre se trouve la chapelle sépulcrale, surmontée d'un petit clocher pyramidal.

Sur un autel à gauche de la nef, on voit la statue dorée d'une Vierge qui est en grande dévotion dans le pays. Tout autour de cette image, la pieuse reconnaissance a fait déposer une énorme quantité de tableaux et d'ex-votos, assez peu remarquables par leur composition et par leur richesse, mais qui témoignent du culte d'hyperdulie d'une foule de pèlerins.

On y remarque également une gigantesque statue d'une bonne exécution, représentant St-Christophe portant l'enfant Jésus sur ses robustes épaules.

Le chœur de cette chapelle, couvert d'une voûte à nervures gothiques, paraît beaucoup plus ancien que le corps de l'église, dont il est séparé par un mur percé d'une grande porte à ogive, qui semblerait avoir été l'ancienne entrée de ce Temple de la mort.

Depuis l'accroissement de la population, on a été obligé d'agrandir le cimetière. Cette circonstance a engagé l'administration à mettre plus d'ordre dans l'organisation de ce service. Chacun ne vient plus maintenant choisir selon sa convenance l'emplacement d'une fosse pour grouper les familles. On s'est aperçu trop tard qu'il en résultait une confusion regrettable et que, faute des petits sentiers qu'on avait insensiblement envahis par des tombes placées pêle-mêle et sans symétrie, on était obligé de fouler les cendres de ceux qui gisaient sous les chemins qu'on parcourait pour aller prier sur celles de ses parents ou amis, ce qui est une profanation.

La municipalité a établi un tarif pour la location du terrain mortuaire en proportion de la place qu'occupent les tombeaux ou mausolées, et en raison du plus ou moins grand nombre d'années qu'on en veut jouir. Voici ce tarif :

Le terrain suffisant pour l'inhumation d'une personne, homme, femme ou enfant, a été calculé sur le pied de deux mètres carrés, c'est-à-dire la valeur de deux mètres de long sur un mètre de large. Pour avoir le droit de poser et maintenir sur cet emplacement une tombe ou un monument funèbre quelconque pendant une période de quinze ans, le prix est fixé à 12 fr. 50 c., payables d'avance. Chaque augmentation de terrain ou de durée se paie proportionnellement. Pour une concession à perpétuité, le prix par personne s'élève à 125 francs.

Il est bien entendu que dans les cas ordinaires, on n'est tenu qu'au paiement de la fosse où chaque mortel va prendre place selon le tour que lui assigne le sort.

Les bornes de cet ouvrage ne nous permettant pas de faire la description des monuments funèbres du cimetière ; nous ne parlerons que de quelques-uns de ceux qui sont dans l'intérieur de la chapelle.

D'abord on voit côte-à-côte deux tombes plates formant les dalles du pavé du chœur.

On trouve sur la première :

CY GIT ET REPOSE LE CORPS
DU SIEUR MAURIS TESTU
MARCHAND BOURGEOIS DE B. F., QUI DÉCÉDA
LE 13 MAY 1714.
DIEU AYE SON AME. AMEN.

Et sur l'autre :

CY GIT LE CORPS
DE L'HONORABLE SIEUR JACQUE TESTU
ANCIEN MAITRE BOURGEOIS DE BELFORT
INTÉRESSÉ DANS LES AFFAIRES DU ROY 1)
AGÉ DE 78 ANS
QUI DÉCÉDA LE 15 AVRIL 1747.

Sur une autre tombe plate, à gauche de l'autel, toujours dans le sanctuaire, on lit :

---

(1) Cette qualification, inconnue de nos jours, signifiait *rentier de l'État*. Cela ressemble assez à ce qu'a dit Voltaire de ces gens autrefois pourvus d'un office et qui prenaient le titre de conseiller du roi, sans lui avoir jamais donné de conseils, ou de secrétaire du roi, sans jamais avoir su le moindre de ses secrets.

CY GIST LE VÉNÉRABLE JEAN-ANTOINE SAVIN
CHANOINE DE L'ÉGLISE COLLÉGIALE DE BELFORT
RECTEUR ET VICAIRE PERPÉTUEL
DE LA PAROISSE
BIENFAITEUR DE CETTE ÉGLISE
QUI ÉTANT MUNI DES SACREMENTS
EST MORT LE 18 DE NOVEMBRE 1725
AGÉ DE SEPTANTE-QUATRE ANS.
DIEU L'ABSOLVE.

Une autre tombe en élévation, qui se trouve noyée dans le mur de gauche, à environ deux mètres de la chaire à prêcher, est celle d'un ancien gouverneur du temps de Louis XIV et qui vécut le même nombre d'années que ce monarque, comme on le verra par son épitaphe.

Ce mausolée était orné de sculptures et d'armoiries en relief qui, à en juger par ce qui reste, n'étaient pas sans mérite artistique ; mais le marteau des démolisseurs n'a rien respecté. L'écusson avec les lions qui le soutenaient, les ordres, les casques, les lambrequins et autres ornements héraldiques et jusqu'aux têtes des cariatides, tout a été brisé pendant la première révolution. Ce qui semble indiquer cette époque néfaste, c'est que les mots *roy*, ainsi que la particule *de,* sont également effacés dans l'inscription qui suit :

CY GIST
MESSIRE SIMON CAMUS DE MORTON
GOUVERNEUR DES VILLE ET CHATEAU DE BELFORT
CY DEVANT CAPITAINE AU RÉGIMENT D'AUVERGNE
CHEVALIER DE L'ORDRE DE SAINT-LOUIS
BRIGADIER DES ARMÉES DU ROY, CAPITAINE
DES GENTILSHOMMES, INSPECTEUR DANS LE PAYS

MESSIN, GOUVERNEUR DU CHATEAU DE BISCH.
CINQUANTE-CINQ ANS DE SERVICE DANS LES ARMES
L'ONT ATTACHÉ AU ROY LOUIS XIV DIT LE GRAND.
IL MOURUT A BELFORT LE 16 FÉVRIER 1712
AGÉ DE 77 ANS.
PRIEZ DIEU POUR SON AME.
AMEN.

Plus haut, toujours sur le pavé, l'on remarque une tombe qui est entourée de quelques sculptures en bosse assez bien conservées, au dessus desquelles se trouve une couronne de comte ou de marquis, quoique l'inscription qui suit ne fasse aucune mention de ce titre :

CI GIT MESSIRE PAUL-JULES FERRIER
ÉCUYER, AVOCAT AU CONSEIL SOUVERAIN D'ALSACE
A BELFORT, ANCIEN MAGISTRAT DE LADITE VILLE
AGÉ DE 64 ANS, DÉCÉDÉ LE 12 SEPTEMBRE 1750.
QUE DIEU AIT SON AME.

La dernière pierre tumulaire se trouve de l'autre côté de la nef, sous les bancs. En voici l'inscription :

CI GIT LE CORPS
DE FRANÇOIS LEBLEU DIT LAFEUILLE
A SON VIVANT
ENTREPRENEUR GÉNÉRAL DES FORTIFICATIONS
DE BELFORT LEQUEL DÉCÉDA
LE 10 FÉVRIER DE L'AN 1712.
QUE DIEU AIT SON AME.

Il est l'aïeul de la nombreuse et honorable famille Lebleu, bien connue et considérée dans le pays.

Le côté nord extérieur du cimetière le plus rapproché de la chapelle est depuis longtemps affecté aux officiers de la garnison qui décèdent à Belfort; les autres militaires ont également un terrain spécial, où la mort les rassemble alignés comme de leur vivant. Un autre petit canton est destiné à la sépulture des protestants.

Nous eussions désiré pouvoir donner la description de quelques-uns des principaux monuments funèbres les plus modernes et dont plusieurs sont remarquables ; mais nous avons craint qu'on ne nous taxât de faire des préférences dans cette demeure où doit régner l'égalité.

Le gardien du cimetière est M. Joseph Charlix.

(Nota. Les sculpteurs de Belfort se chargent de confectionner tous monuments funèbres.)

X.

LE COLLÉGE.

Laissez dire les sots, le savoir a son prix.
(LAFONTAINE, L'avantage de la science.)

Le monument où se trouve le collége est situé au bout de la ville, à l'entrée de la rue du Pavillon. Cet hôtel, ancien pied-à-terre des archiducs d'Autriche, occupé ensuite par les prévôts, raison pour laquelle on l'a appelé long-temps la Prévôté, est devenu successivement une prison et une halle aux blés. On voyait autrefois devant la porte un pilori élevé de plusieurs marches, où l'on exposait les criminels au carcan. Plus tard, ce bâtiment fut distribué en écuries ; ensuite on en fit la sous-préfecture, et finalement on l'a approprié, en 1840, pour y établir le collége, qui s'y trouve maintenant dans les meilleures conditions, tant sous le rapport de la santé des élèves, que par son éloignement du bruit et autres motifs de distractions toujours contraires aux études.

Ce vieux et massif bâtiment a dans son ensemble quelque chose de lourd et de conventuel. Il serait à désirer qu'on pût le surmonter d'un étage. C'est le défaut de presque tous les monuments des anciennes petites villes de guerre d'être aplatis et écrasés sous leurs couvertures. Dans la restauration de cet édifice on a un peu embelli la façade en lui donnant de la symétrie. Il a fallu remplir les vides assez grands des anciennes fenêtres en forme de voûtes, qu'on avait construites ainsi pour donner plus d'air et de jour à la halle. On les a remplacées par des croisées géminées d'un style claustral, qui s'harmonisent parfaitement avec le caractère sévère de l'antique architecture de ce monument. Dans l'intérieur, il y a un préau, ou petite cour, entourée d'un portique pour les récréations.

Grâce au zèle de l'administrateur éclairé qui, depuis trois ans qu'il a été appelé à diriger notre collége, n'a cessé d'y introduire toutes les améliorations possibles et de lui donner les soins les plus assidus, et moyennant l'appui des savants professeurs qui ont été choisis pour le seconder, cet établissement jouit d'une renommée justement acquise. Les jeunes élèves y font de notables progrès. Indépendamment de l'instruction proprement dite, les collégiens peuvent y acquérir des connaissances dans les sciences physiques et mathématiques. On admet dans cet établissement des élèves externes ou des pensionnaires au gré des parents. L'uniforme est obligatoire.

A la fin de l'année 1854, on y comptait passé cent élèves.

XI.

LE THÉATRE.

<small>Castigat ridendo mores.</small>

Avant de parler de notre salle de spectacle, nous dirons un mot de l'histoire du théâtre en Alsace.

Avant 1681, époque de la capitulation de Strasbourg, qui acheva la réunion de toute l'Alsace à la France, la ville de Strasbourg n'avait aucun théâtre particulier. Cependant, dès l'année 962 de l'ère chrétienne, une troupe ou société d'amateurs, composée de poètes, d'acteurs et de chanteurs, qu'on appelait *meistersængers*, s'était formée pour donner de temps à autre des représentations de pièces tirées de la Bible, comme *Judith, Tobie, Esther, Jérémie*, etc. Ces sortes de *mystères* se jouaient jusque dans les églises, avec l'autorisation du magistrat qui accordait même à ces troubadours, pris dans tous les corps de métiers, une subvention de quelques florins.

Ce fut en 1700 qu'une première troupe française eut accès dans Strasbourg. Elle y joua le *Tartuffe* de Molière et une comédie intitulée *la Sérénade*, avec accompagnement de musique italienne. Pour cette représentation, le magistrat avait fait construire à la hâte une baraque en bois, qui servit encore pendant quelque temps.

Plus tard, on transforma en théâtre le magasin aux avoines, qui, en l'année 1800, devint la proie des flammes, après une représentation du *Petit Poucet*, comédie féerique, ornée de feux d'artifices qui occasionnèrent l'incendie.

Cet accident fit songer sérieusement à ériger, dans une ville aussi importante que Strasbourg, une salle de spectacle spacieuse, solide et isolée. Ce temple, consacré à Thalie et aux Muses, fut élevé à l'extrémité du Broglie. La construction, commencée en 1805, ne fut achevée qu'en 1820. Elle a coûté la somme fabuleuse de 2,147,612 francs. (*Courrier du Bas-Rhin, du* 25 *septembre* 1853)

Indépendamment de la jouissance gratuite de cette salle, la ville de Strasbourg accorde au directeur du spectacle une subvention annuelle qui, de 70,000 fr. tant en argent qu'en accessoires (*Courrier du Bas-Rhin du* 26 *mars* 1854.) s'élève, depuis 1854, à 85,500 francs, grâce à la magnifique dotation de un million faite à ce théâtre par M. Apffel, ancien juge à Wissembourg. (*Id. du* 10 *septembre* 1854.)

De ce qui précède, on peut conclure qu'autrefois Belfort ne dut pas jouir d'un théâtre proprement dit. Les plus anciens Belfortains se rappellent seulement que la grande salle de l'Hôtel-de-Ville servait jadis aux représentations théâtrales. Les acteurs et les spectateurs étaient de plain-pied, et les privilégiés qui approchaient de la scène, coudoyaient souvent les comédiens, comme les marquis du temps de Molière.

Ce ne fut qu'en l'année 1819, sous l'administration de M. Legrand, maire de Belfort, que l'on organisa le théâtre actuel, derrière l'Hôtel-de-Ville. L'architecte fut M. Poisat, père, et le peintre-décorateur M. Olivier. Malgré l'exiguité de cette salle, elle n'était ordinairement garnie de spectateurs que lors des représentations assez rares, données extraordinairement par quelques célébrités de Paris, qui daignaient fouler les planches de notre théâtre, tels que Mlle

George, Mme Dorval, Philippe, Firmin, Gobert, en 1850, Mlle Désirée et Achard, en 1851, Lepeintre, aîné, du Vaudeville, en 1852, et beaucoup d'autres acteurs et actrices de talent, qui ont bien voulu se faire applaudir par le public de notre ville, très appréciateur des beautés dramatiques et des fines et plaisantes subtilités des vaudevilles modernes.

Lorsque notre scène était délaissée, ce qui arrivait fréquemment, il se formait dans la ville des sociétés d'amateurs, tantôt civiles, tantôt militaires, qui donnaient des représentations assez suivies, parce que la recette alimentait la caisse de bienfaisance.

L'occasion se présente naturellement ici de témoigner la reconnaissance des habitants envers les militaires amateurs du 55e régiment de ligne. On se rappellera que les sous-officiers de ce régiment qui, à deux reprises, a tenu garnison à Belfort, en 1821 et en 1853, ont versé en diverses fois à notre caisse de bienfaisance quelque mille francs, provenant de la recette des représentations lyriques, dramatiques et chorégraphiques, qu'ils ont données avec le concours de la musique régimentaire, encouragés par la bienveillante autorisation du chef de corps. Ces militaires, qui sont partis dans le mois de juillet 1854 pour le camp de Boulogne, pouvant d'un jour à l'autre être envoyés à l'armée, nous désirons que cette mention reconnaissante les suive dans le cours de leur carrière spéciale, et que les couronnes de fleurs qu'ils emportent de Belfort, se mêlent un jour aux couronnes de lauriers dont leurs fronts sont dignes et qu'ils sauront également moissonner dans l'occasion.

A la longue, notre salle de spectacle devenant moins fréquentée et se trouvant presque toujours fermée, finit par se détériorer au point qu'elle n'était plus convenablement habitable. L'art dramatique allait périr chez nous, lorsque quelques amants des Muses se donnèrent tant de mouvement qu'ils obtinrent de l'autorité compétente, en 1848, que la salle serait immédiatement restaurée.

Ce travail fut confié à M. Boulanger, peintre-décorateur de Paris, élève de Cicéri, qui était venu en Alsace pour ornementer le théâtre de Colmar. Cet habile artiste dota notre scène d'un nouveau et économique système de décorations charmantes. Il embellit le pourtour des loges et le proscenium d'agréables peintures entremêlées de fleurs et d'arabesques rehaussées de dorures et de divers ornements de très bon goût. Il organisa l'équipage théâtral et les mécaniques, et couronna son œuvre par la peinture du rideau, qui est d'une grande richesse.

Malgré l'élégance de cette petite salle, ornée comme un boudoir, elle est encore trop grande pour le public qui la fréquente ordinairement. Les gens du monde ont leurs salons et les petits bourgeois, les marchands et les ouvriers regardent à la dépense. On ne considère pas assez que le théâtre est l'école des mœurs et que cette agréable et utile récréation a l'avantage de faire vivre une foule d'industries. C'est pourquoi les grandes villes accordent des subventions aux directeurs, lesquelles subventions rentrent dans la caisse d'où elles sont sorties, après avoir alimenté d'autres branches, qui se seraient desséchées sans elles.

Les fonctionnaires et la garnison ne peuvent pas toujours suffire à entretenir les acteurs qui viennent nous visiter de temps en temps, et notre budget ne permet pas de leur accorder la moindre indemnité.

Au mois de juin 1854, on vit s'abattre sur Belfort un essaim d'artistes dramatiques de divers théâtres de Paris, qui, profitant des vacances de la capitale, vinrent visiter notre province tout en utilisant leurs talents. Ces acteurs, depuis longtemps connus par leur réputation méritée, étaient MM. Serres, de la Gaîté; Chéri, Louis, de la Comédie Française; Robert Drouville, de la Porte-Saint-Martin; Eugène Bondois, du Vaudeville; Lingé, du Théâtre-Historique; Mmes Tanésy et Kime-Goy, du Gymnase, sous la direction de M. Claude. Cette troupe a donné cinq à six représentations composées des plus jolies pièces du répertoire moderne, et malgré les chaleurs de la saison, ces enfants d'Apollon ont vu chaque fois notre salle pleine, et sont partis en emportant nos regrets et nos bravos, ces véritables trésors de l'artiste.

A titre de renseignements, nous donnons ici le prix ordinaire des places :

Loges, 2 francs; Premières et Parquet, 1 fr. 50 c.; Secondes, 1 franc; Parterre, 75 centimes.

Personnel : Biétry, machiniste; Joseph Piequet, concierge, distributeur des billets; Frileux, commissionnaire et fournisseur d'accessoires.

XII.

LA PROMENADE. (DE)

> Arbres, que vous êtes heureux !
> Vous lui prêtez votre ombrage.
> (ETIENNE. Le rossignol, opéra.)

Belfort n'est pas riche en promenades : toutes les villes ne peuvent pas posséder un bois de Boulogne et des Champs-Elysées comme Paris, ni même des Contade et des Robertsau comme Strasbourg ; cependant le citadin est bien aise d'avoir à sa portée quelques allées sablées et plantées d'arbres, pour se promener sous l'ombrage, et garnies de quelques bancs pour se reposer ensuite, soit à la fin d'une belle journée d'été, soit le dimanche, quand il ne va pas s'ébattre à la campagne.

Nous jouissons donc de deux promenades, l'une en ville, longeant la place d'Armes, dont l'allée de tilleuls a été plantée en 1751, l'autre un peu plus spacieuse, qui côtoie la rivière à l'entrée du faubourg et qui a été plantée en 1766 et restaurée en 1829. A cette dernière époque, on l'a entourée de fortes chaînes de fer à mailles carrées, retenues par des bornes en pierre de forme conique, pour la garantir de l'atteinte des voitures parcourant sans cesse la grande route qui la touche parallèlement.

Le plus grand agrément de nos promenades, c'est que les musiques des régiments de la garnison ont l'habitude d'y venir alternativement les dimanches et les jeudis, dans la belle saison, exécuter des symphonies, ce qui attire la foule des dames et des amateurs.

Depuis quelques années, le Génie militaire a fait planter une quantité considérable de jeunes arbres à fleurs sur les glacis et sur le bord des chemins qui mènent aux points les plus élevés des forts environnants. Ces allées d'accacias et de marronniers qui commencent à pousser, deviendront par la suite d'agréables promenades et des asiles discrets pour les tendres épanchements des cœurs sensibles qui recherchent la solitude.

XIII.

PRISON DÉPARTEMENTALE. (x)

Ainsi que la vertu le crime a ses degrés.
RACINE.

Comme nous l'avons dit à l'article VIII, la prison actuelle a été rebâtie en 1829, en même temps que l'abattoir qui y est contigu. La prison se compose d'un rez-de-chaussée élevé d'un mètre au dessus du niveau du pavé, pour ménager la hauteur des caves. Elle a deux étages surmontés de greniers, plus un vestibule et une cour ou préau, dans lequel se trouve une pompe. Les fenêtres des étages sont percées à une grande distance des planchers et sont, ainsi que celle du rez-de-chaussée, garnies de solides barreaux de fer.

La population toujours croissante de cet établissement, qui est une maison de dépôt, s'élève souvent à passé cent quarante individus des deux sexes, ce qui nécessite impérieusement de donner plus d'étendue à ce local. Le *Moniteur* du 22 août 1854 a promulgué la loi qui autorise le département du Haut-Rhin à contracter, en 1855, un emprunt de 184,000 francs pour l'agrandissement de cette prison, dont les projets sont arrêtés. D'après la répartition faite par le Conseil général, une somme de 44,700 francs sera affectée aux achats des propriétés et des terrains, et les 139,300 fr. restant seront consacrés aux travaux d'agrandissement.

Les journées de prisonniers s'élèvent en moyenne chaque année à 1770; leur dépense annuelle est d'environ 24,500 fr.

XIV.

FONTAINES. (14, 16 et D.)

Dans ce charmant pays, des fontaines d'eau pure
Arrosent nos prairies ainsi que nos jardins ;
L'été, nous nous baignons dans leurs flots argentins,
Ombragés de berceaux formés par la nature.

Dans une ville bâtie presque sur l'eau, où l'on ne peut creuser une cave sans rencontrer une source, dont tous les environs offrent des réservoirs inépuisables, il est étonnant qu'il y ait si peu de fontaines monumentales et que celles qui existent aient encore la fantaisie de se reposer, précisément dans la saison où l'on aurait le plus besoin de les voir fonctionner. Heureusement que les puits publics et particuliers leur viennent en aide.

Les sources qui alimentent les fontaines militaires, sont au bout du Champ de Mars; les autres sont près de l'étang de Rethenans, derrière le Château. On paraît avoir abandonné l'ancien système des conduites d'eau en bois de chêne, forées et assemblées à bec de flûte, pour des tuyaux en poterie d'Alsace, à manchons garnis de ciment de Pouilly, qui sont moins sujets aux réparations et qui ne communiquent à l'eau aucun mauvais goût.

Il y a cinq fontaines dans l'intérieur de la ville, dont trois sont spécialement affectées à la garnison et entretenues par le Génie militaire : ce sont les fontaines du Moulin, du petit Manége et de la place d'Armes. Ces deux dernières sont pourvues de grands abreuvoirs en pierre, pour le service de la cavalerie. Les deux autres sont la Grande et la Petite Fontaine, situées sur les places de l'ancienne ville, auxquelles elles ont donné leur nom.

Il y a une trentaine d'années qu'on voyait encore sur les colonnes de ces deux fontaines, des statues que les siècles et la malveillance avaient tellement mutilées et défigurées qu'il était difficile au plus savant archéologue de discerner si elles avaient jadis représenté des Reines, des Saintes ou des Nymphes antiques. L'édilité de l'époque royale croyant y voir des restes de Déesses de la Liberté, les a fait enlever. Les fûts de ces colonnes restant veufs de leurs ornements, les habitants du quartier de la Petite Fontaine ont fait surmonter le leur d'un gros gland en pierre peinte, qui termine ce monument d'une façon plus gracieuse. Sur une des faces octogones du bassin de cette fontaine, on lit les dates de sa construction et de sa restauration :

1617
R N   V A
1763

Le faubourg de France ne jouit que de deux fontaines. La première est établie à la jonction des routes de Paris et de Lyon. Elle se compose d'un bassin rond en pierre de taille dure, qui sert d'abreuvoir, et elle est ornée d'une colonne tronquée, surmontée d'une pomme de pin. L'eau s'échappe par un seul tuyau, mais avec assez d'abondance. L'autre fontaine qui a été construite en 1825, se trouve au bout de la place du grand faubourg. Son vaste bassin octogone, servant d'abreuvoir, est alimenté par des goulots qui sortent de deux mascarons représentant des têtes de lion. Sur une colonne carrée, placée au centre du bassin, s'élève une statue de femme en pierre, étroitement couverte de vêtements collants. Nous l'avions prise d'abord pour la statue de la Pudeur, tant ses charmes sont voilés. L'imagination fait de vains efforts pour traverser cette robe de gaze afin d'en découvrir ou d'en deviner les beautés cachées. Des gens bien informés nous ont assuré que l'artiste avait eu l'intention de personnifier la rivière qui passe à Belfort, à l'instar de ces colossales figures allégoriques de bronze de Coustou, que l'on voit dans l'Hôtel-de-Ville de Lyon et qui représentent le Rhône et la Saône. Cette statue de femme est donc la Savoureuse. Afin de laisser un libre cours à l'intelligence des connaisseurs dans l'art des Phidias, on n'a pas jugé à propos de mettre au bas du piédestal le nom du sujet, qui a sur la Vénus de Milo l'avantage d'avoir des bras, quoiqu'un peu courts. Le sculpteur s'inspirant d'un vers de Boileau personnifiant le Rhin :

<blockquote>Appuyé d'une main sur son urne penchante,</blockquote>

a eu la précaution de faire poser nonchalamment un des bras de cette divinité sur une urne en forme de cruche, d'où s'échappe un léger filet d'eau. L'exiguité de cette cascade indique aux gens intelligents qu'il est question du torrent voisin et non pas d'un fleuve éloigné.

Sans compter les grands établissements publics qui ont leur fontaine ou leur puits, Belfort jouit encore de cinq à six pompes d'un nouveau style, disséminées dans plusieurs quartiers et dont deux s'élèvent de chaque côté de la fontaine de la place d'Armes, pour la symétrie du coup-d'œil.

XV.

HALLE AUX FARINES. (m)

Chacun porte aux cités les présents des hameaux
Et rapporte chez soi les tributs de la ville.

Nous avons déjà dit qu'une partie du magasin des subsistances militaires, situé au nord de la place d'Armes et appartenant à l'Etat, était cédée à la ville pour lui servir de halle aux farines. Nous disons halle aux farines et non pas halle au blé, car dans notre localité, les boulangers et les particuliers n'ont pas l'habitude d'acheter du blé et de le faire moudre: c'est pourquoi on n'apporte que fort peu de grains à ce marché; par contre l'approvisionnement de farines ne manque jamais. (Le marché aux grains du pays est à Dannemarie.)

Une partie du rez-de-chaussée et tout le premier étage, qui est le seul du bâtiment, sont réservés pour l'approvisionnement de la garnison. L'officier comptable des subsistances militaires y tient son bureau.

Ce bâtiment date de 1753 et a été réparé en 1788. L'architecture en est des plus simple. Le plan est un quadrilatère, dont les longs côtés se projettent de droite parallèlement au quai, et de gauche à la rue des Armes; cet édifice n'a point d'autre maçonnerie que les quatre murs qui l'entourent et qui sont percés de 7 à 8 croisées, et d'une porte sur chaque face; celle du côté de l'est a été murée. Ce bâtiment est couvert d'un toit surmonté d'une girouette; le plancher de l'étage repose sur des piliers de bois. Il y a trois ans, qu'en badigeonnant la façade principale, qui donne sur la place d'Armes et qui n'a rien de gracieux ni de remarquable, on a supprimé un gnomon ou cadran solaire, qui y était très bien placé et que regrettent fort les bourgeois habitués à y régler leur montre.

XVI.
CASERNES ET PAVILLONS.
1°. Casernes. (P Q R)

> Je t'attends à la caserne,
> Courbé sous le mousqueton :
> Tu verras comme on gouverne
> Celui qui veut prendre un ton.
>
> (Chanson du temps de l'Empire.)

Belfort possède assez de casernes, de pavillons et d'écuries pour y loger une nombreuse garnison, tant d'infanterie que de cavalerie. Nous allons en faire l'énumération, en commençant par ceux qui sont hors de la ville.

1° *La caserne du Château.* — Elle a été bâtie de 1824 à 1828. Ce solide bâtiment, d'une architecture sévère, est orné d'une corniche surmontée d'un attique, au dessus duquel règne la plate-forme qui le couronne. Cette caserne est voûtée à l'épreuve de la bombe; elle est en pierre de taille et ne renferme dans sa construction aucune parcelle de bois. La façade postérieure, qui donne sur la ville, est percée dans ses trois étages élevés à pic sur le rocher, de vingt et une croisées, y compris l'entrée d'un balcon qui décore agréablement cet édifice.

2° *La caserne de la Justice.* — Nous avons déjà dit que l'esplanade de ce fort s'appelait autrefois la

Potence ou les Fourches ; aujourd'hui, par un raffinement de bon goût, on l'appelle la Justice : c'est plus euphémique.

Dans une cour assez vaste s'élève la caserne, qui a été bâtie de 1828 à 1830. Les pierres en calcaire dur de cette construction ont été tirées des fossés mêmes qui en défendent l'approche.

3° *Le fort de la Miotte.* — Sur la colline voisine et parallèle à celle de la Justice, se trouvent les fortifications de la Miotte, bâties dans les mêmes conditions que celles dont nous venons de parler. Ces deux forts, ainsi que le Château, sont occupés par une partie de la garnison de la ville, qui se rechange tous les trimestres.

4° *Quartier neuf.* — En continuant le tour de la ville *extra-muros*, et descendant à l'extrémité du faubourg des Ancêtres, on trouve le nouveau quartier de cavalerie, dont les bâtiments ont été achevés en 1849.

Les deux principales casernes, placées sur la même ligne, sont d'une belle ordonnance et bâties d'après un modèle qui paraît avoir été adopté uniformément pour toute la France. Le rez-de-chaussée est destiné aux écuries. Chaque cheval a son auge particulière, creusée dans la pierre, et se trouve isolé de son voisin par un bat-flanc ou une barre de séparation. Les croisées des écuries sont en hémicycles et peuvent être ouvertes ou fermées à volonté au moyen de cordes et de poulies. Il est résulté de ces diverses améliorations une notable diminution dans la mortalité des chevaux.

L'étage sert de logement à la troupe et aux chefs ouvriers. Les greniers, éclairés par des croisées à tabatière, sont employés à divers usages.

Pour la première fois, on a couvert ces bâtiments en tuiles mécaniques d'Altkirch, fabriquées par MM. Gilardoni, frères, brevetés (s. g. d. g.). Ce système, qui est excellent, permet aussi de diminuer la force des charpentes.

Les cuisines, les infirmeries, magasins et buanderies, sont construits séparément. La place pour les manœuvres et les exercices est très vaste et sera naturellement rétrécie, lorsque les deux autres casernes et le manége couvert, qui sont projetés, seront érigés par la suite.

Cet établissement est entouré d'un mur. La cour est fermée par une belle grille en fer, décorée de chaque côté d'un petit pavillon, l'un pour loger le concierge, l'autre servant de corps-de-garde et de salle de police.

5° *Casernes de l'Espérance.* — C'est ainsi qu'on appelle les deux casernes qui sont dans l'ouvrage à cornes. La plus ancienne, qui est habitée par la troupe, ne date que de 1835. Elle est régulièrement bâtie; tout est en pierre, même les escaliers; les aires sont en béton. Pour éviter quelques filtrations provenant de la fonte des neiges, toujours si abondantes dans nos climats, on a couvert, en 1852, la plate-forme avec une toiture ordinaire en tuiles, ce qui rend l'habitation plus saine et procure la jouissance d'un grenier.

L'autre caserne semblable, située vis-à-vis, a été bâtie en 1845. Le rez-de-chaussée est occupé par la manutention des vivres et le magasin aux farines. Il est probable que cette caserne sera par la suite couverte en tuiles comme celle qui lui fait face. Cette précaution n'ôte rien à la résistance des voûtes à l'épreuve qui se trouvent dessous. C'est, par comparaison, comme une blouse de toile qui recouvre une cuirasse d'acier.

6° *Casernes intra-muros*. — Les casernes intérieures de Belfort sont toutes adossées aux remparts. Elles font sans discontinuation le tour des trois-quarts de la ville.

Ces bâtiments, construits par Vauban, en 1686, sont uniformes et d'une grande simplicité. Ils se composent d'un rez-de-chaussée et de deux étages, dont le plus élevé, qui était autrefois en mansardes, a été transformé, depuis quelques années, par les soins du Génie militaire, en chambres très habitables.

A l'exception des deux casernes du côté du sud, affectées à la cavalerie et qui sont pourvues d'écuries, le rez-de-chaussée des autres est particulièrement occupé par les cuisines, les buanderies, les cantines, les salles de danse et d'escrime. Les étages sont habités par la troupe.

7° *La caserne de la gendarmerie* est située au faubourg de Montbéliard. C'est une maison particulière, louée par le département.

2°. Pavillons. (L O Q)

S'il rencontre un palais il m'en dépeint la face.
Il me promène après de terrasse en terrasse.
(Boileau, Art poétique.)

1° — Au dessus de la porte de France, se trouve un petit pavillon qui est occupé par le chef du Génie et par les bureaux de cette administration militaire.

2° — Au bout de la petite place du manége, s'élève le pavillon 89, qui a été construit par la ville en 1766 et achevé en 1768. Ce sont les chevaux du régiment de Condé, qui ont été, la même année, logés les premiers dans ces écuries, et ce n'est qu'en 1771, que les officiers du régiment de Royal-Lorraine, cavalerie, ont occupé les chambres de ce pavillon.

L'étage du côté du nord servait autrefois au logement du commandant de la place, l'autre portion du côté du sud est affectée aux gardes du Génie.

3° — Le pavillon H, situé rue du Pavillon, sous la roche du Château, date de 1754. La dépense de cette construction, ainsi que celle du pavillon 89 et du manége couvert, bâtis également par la ville en 1766, s'étant élevée à passé 124,000 livres, ce qui avait absorbé les ressources communales et endetté Belfort, le magistrat pria M. le duc de Choiseul, ministre, de vouloir bien, au nom de l'Etat, accepter ces trois bâtiments et les entretenir. Cet arrangement fut approuvé par Sa Majesté Louis XV, à Versailles, en 1769.

Tout le rez-de-chaussée du pavillon H est composé d'écuries; l'étage est occupé par les cavaliers, et une partie sert de magasin pour les lits militaires, et de logement pour le préposé.

4° — Pavillon E. Ce bâtiment militaire est une maison ordinaire, acquise autrefois par l'Etat pour y loger le colonel-directeur des fortifications, lorsque Belfort possédait une direction du Génie. Depuis la suppression de cette direction, en 1848, on avait établi dans ce pavillon la sous-intendance militaire; mais par un arrangement plus récent, les bureaux du sous-intendant ont été transférés à l'extrémité de la caserne 84, derrière le manége. Le pavillon E, est affecté maintenant au logement du commandant de place et au bureau de cet état-major.

XVII.
LA BIBLIOTHÈQUE. (c)

>Celui qui lit beaucoup et jamais ne médite
>Ressemble à celui-là qui mange goulûment,
>Et qui de tous les mets surcharge tellement
>Son estomac, que rien ne lui profite.
>(LXIIe quatrain de PIBRAC.)

La source ou le fonds de la bibliothèque publique provient de l'ancienne bibliothèque du couvent des capucins de Belfort. La plus grande partie de ces livres se compose d'ouvrages d'archéologie, de géographie, de jurisprudence, de philosophie, de théologie et d'histoire, en français, en latin et même en allemand. Cette bibliothèque a été successivement augmentée de quelques ouvrages de science et de littérature achetés par la ville ou donnés par le gouvernement. Le catalogue, imprimé en 1845, annonce un total de 2,346 volumes, qui a dû s'augmenter depuis dix ans. Comme l'établissement et l'entretien d'un local public et le traitement d'un bibliothécaire spécial et permanent occasionneraient des frais que la ville n'est pas en état de supporter, les livres sont déposés et classés sur des tablettes étiquetées, placées dans deux cabinets du premier étage de l'Hôtel-de-Ville. La garde de ce petit trésor littéraire est confiée aux soins du receveur municipal, qui délivre aux personnes connues, d'après leur demande et sur un récépissé, les livres portés au catalogue.

XVIII.

L'HOPITAL MILITAIRE.

> L'hospitalière douce et bonne
> Etanche les plaies des soldats :
> Les secours qu'une femme donne
> Sont toujours purs et délicats.

L'hôpital militaire est situé à l'extrémité de la promenade du faubourg, entre la rivière de la Savoureuse et la route de Montbéliard. Ce terrain s'appelait jadis le *champ des lépreux* ou la *léproserie*, lorsque, par crainte de la contagion de cette hideuse maladie, importée en France par les croisades, on éloignait de la population les malheureux infectés de cette maladie endémique à la Palestine, qu'on parquait dans ce lazaret.

C'est dans le même lieu, comme nous l'avons dit ci-devant, qu'on établit, en 1619, le couvent des capucins. A la révolution, les bâtiments, considérés comme biens de main-morte, devinrent propriétés nationales et furent transformés en hôpital militaire. Pendant longtemps, le service de cet établissement fut confié aux soins des sœurs hospitalières et la dépense donnée à l'entreprise, c'est-à-dire qu'un directeur ou fournisseur était chargé de procurer les médicaments, le coucher, le linge et les vivres à tous les malades, d'après un prix d'abonnement de tant par jour, quelles que fussent les maladies à traiter. On sent combien cette méthode était défectueuse. Aujourd'hui le service de santé et de l'infirmerie, ainsi que celui des fournitures, sont réglementés suivant les principes de la comptabilité militaire, c'est-à-dire ce qu'il y a de plus exactement régulier en administration.

L'augmentation de la garnison et le traitement sur place de certaines maladies, pour la cure desquelles on expédiait autrefois les militaires dans les hôpitaux des grandes villes, nécessitèrent bientôt l'agrandissement de l'hôpital, malgré l'adjonction de différentes bâtisses qu'on avait successivement élevées à côté des anciennes. Pour donner à cet hôpital une organisation complète et définitive, on se décida à établir un nouvel édifice isolé, vaste et commode, et réunissant tous les éléments convenables de salubrité. En conséquence, le Génie fit construire, il y a huit ou dix ans, le corps de bâtiment qui longe la route et dont les 96 croisées, percées aux trois étages des principales façades, donnent moitié sur la campagne et moitié sur un beau et grand jardin, où les malades convalescents peuvent se promener. La chapelle et les établissements accessoires, tels que cuisines, buanderie, pharmacie, salles de bains, magasins, logements des officiers de santé, etc., ont été entièrement séparés et mis en parfait état. Cet hôpital, approprié pour 200 malades, n'est habité moyennement que par la moitié de ce nombre.

Derrière l'hôpital, il existe dans le lit de la rivière un gouffre qu'on appelle *le trou des capucins*. Quelle que soit l'intensité de la chaleur et des sécheresses, jamais le fond de cet abîme ne tarit. C'est, ou une source ou un entonnoir dont on ne peut sonder la profondeur. Il serait imprudent de se baigner ou de faire abreuver des chevaux près de ce gouffre dangereux, qui a déjà fait plusieurs victimes. C'est à peu près le seul endroit de la Savoureuse, autour de la ville, où le poisson abonde en tous temps.

XIX.

L'HOSPICE CIVIL. (e)

Oui, les soins d'une femme ont des charmes bien doux.
Ce sexe est tout pour nous : il soutient notre enfance,
Il prête à nos vieux ans son active assistance;
Etant fait pour aimer et prompt à s'attendrir,
Il nous engage à vivre et nous aide à mourir.

L'institution de notre hospice civil, nommé de Ste-Barbe, remonte, comme nous l'avons dit, à environ quatre siècles. L'origine de cet établissement, après l'extinction de l'hôpital des Poules, créé par la comtesse Jeanne, est dû à la bienfaisance d'une société d'anciens bourgeois commerçants de Belfort.

Cet hospice, assez restreint dans ses commencements, a été successivement agrandi en 1752 et en 1754. La ville a supporté longtemps une partie de la dépense de son entretien; mais ses revenus actuels, qui s'élèvent à environ trente mille francs, lui suffisent et forment l'objet d'une administration distincte et spéciale. Comme tous les établissements charitables, les fonds de cet hospice se sont accrus à la longue du montant des legs et donations testamentaires, faits par des personnes riches et pieuses, qui, après avoir soulagé l'infortune pendant leur vivant, n'ont pas voulu quitter cette terre sans laisser aux malheureux des marques posthumes de leur charité. Nous ne ferons pas ici l'énumération de tous les dons faits à l'hospice. Mais nous citerons parmi les principaux légataires, M. le chanoine Richard, dont nous avons parlé précédemment; Mme la supérieure Jeanson, de l'hospice même; M. Lacompard, ancien adjoint; Mlle Jeanne-Barbe Ugonin, qui, en 1826, a institué l'hospice civil son légataire universel, en lui donnant la plus grande part de ses biens, d'une valeur excédant cent mille francs. Et dernièrement encore, le 9 mars 1854, Mlle Rossée, sœur du président de la cour impériale de Colmar, qui a légué audit hospice une somme de vingt mille francs, ce qui a permis d'établir deux lits de plus. Puissent ces exemples avoir beaucoup d'imitateurs !

Le bâtiment, auquel on a ajouté depuis quelques années un troisième étage, est peut-être placé dans des conditions anormales, par rapport à sa proximité des casernes et par le voisinage des ouvriers à marteau, le passage des voitures et la qualité de l'air ambiant dans un quartier resserré; mais du reste les salles sont vastes, bien éclairées et aérées, les malades sont traités avec les soins les plus constants et la plus extrême propreté. L'établissement renferme tout ce qui lui est nécessaire, logements, cuisines, pharmacie, buanderie, écuries, cour, puits, etc. Les salles contiennent 47 lits, dont 6 payants. L'hospice compte moyennement 30 à 40 malades. Il a reçu, pendant le cours de l'année 1853, 280 personnes infirmes. La dépense absorbe les revenus.

Les sœurs, au nombre ordinaire de cinq, sont chargées du soin des malades. Elles s'acquittent de cette pieuse et pénible mission avec un zèle et une charité au dessus de tous les éloges. Ces dames appartiennent à l'ordre des sœurs grises hospitalières, de St-Vincent-de-Paule, de Besançon.

Le médecin est M. le docteur Herrgott et l'aumônier, M. l'abbé Chacha.

Le comité administratif de cette maison, se compose, savoir : de MM. Keller, maire, président; Gasner, père; Nizole, père; Em. Saglio; Quellain et Xavier Lebleu, membres; F. Adam, receveur.

XX.

HOTELLERIES et AUBERGES.

1° HÔTELLERIES.

> La beauté, les attraits, l'esprit, la bonne mine
> Echauffent bien le cœur, mais non pas la cuisine.

Nous n'avons à Belfort que quatre hôtels proprement dits, savoir : deux au faubourg et deux en ville.

Le plus considérable de ces établissements est sans contredit l'hôtel de l'Ancienne-Poste, situé sur la place du faubourg, en face du pont, et tenu par le propriétaire M. Jæglé, qui ne recule devant aucune dépense pour maintenir sa maison sur le meilleur pied. Le local, parfaitement placé pour ce genre d'industrie, est vaste et bien distribué. Tout y est grandiose. — Les logements sont meublés avec autant de luxe que dans les grandes villes. Les cours, jardins, écuries et remises, sont spacieux et commodes.

Cet hôtel, d'une très ancienne renommée, est ordinairement le pied-à-terre des voyageurs d'un certain rang, qui passent ou qui s'arrêtent momentanément à Belfort. C'est là que descendent les généraux-inspecteurs en tournée et ceux de la division en inspection. Le registre des voyageurs est illustré d'une foule de noms de personnes de distinction qui ont logé dans cet hôtel et parmi lesquels on remarque ceux de diverses célébrités artistiques et autres, des princes et des princesses, des lords et des altesses, voire même des majestés, ce qui n'empêche pas la nombreuse clientèle ordinaire des voyageurs d'y être traitée avec tous les soins et les égards possibles et au même prix qu'ailleurs. Le bureau des grandes messageries est dans l'hôtel même. C'est aussi dans cette maison que séjourne M. le dentiste Pétey, dans ses tournées périodiques fixées du 1er au 4 mai et du 1er au 4 novembre de chaque année.

La seconde hôtellerie du faubourg est l'hôtel des Messageries, tenu par M. Houbre. Cet hôtel, quoique moins important que le précédent, est néanmoins assez fréquenté. On y trouve de belles chambres, meublées avec goût et propreté, et tout le confortable que l'on peut désirer. La maison, qui est celle de la poste aux chevaux, offre aux voyageurs toutes les aisances convenables.

Plusieurs petites messageries des villes voisines s'arrêtent dans cet établissement, qui possède en outre un café avec billard.

Les hôtelleries de la ville *intra-muros* sont :

1° L'hôtel du Tonneau-d'Or, situé sur la place d'Armes. Cette ancienne maison a été considérablement augmentée par les soins du propriétaire actuel, M. Gschwind, qui a fait de cet établissement la meilleure hôtellerie de la ville. Comme la clientèle principale se compose des personnes qui habitent les environs, la cuisine est copieuse et appropriée à la mode du pays. Malgré les nombreuses écuries et remises la foule des voitures qui encombrent les environs de la maison, les jours de foire et de marchés, témoigne, ainsi que le bruit des conversations et le choc des verres, que l'on entend jusque sur la place, que l'hôtel est rempli du haut en bas. C'est aussi le bureau des messageries correspondant avec les chemins de fer de l'Est, par Cernay et Mulhouse. Le général-inspecteur de cavalerie y a logé au mois d'octobre 1854.

2° L'hôtel du Canon-d'Or, situé rue de l'Hôpital et qui date de 1778, a joui longtemps d'une grande réputation. Des malheurs successifs arrivés aux précédents propriétaires leur ayant fait négliger les urgentes réparations dont cet établissement avait besoin, l'achalandage de la maison en avait un moment souffert. Mais aujourd'hui, grâce aux soins actifs de M. Martin, le maître-d'hôtel actuel, le Canon-d'Or a reconquis son ancienne vogue. La table d'hôte est citée comme étant bonne et copieuse. Une vaste salle où l'on peut donner des bals et des festins, et divers magasins propices au déballage, sont à la disposition du public, des marchands et des bazars ambulants qui ont besoin de place pour étaler leurs marchandises.

2° AUBERGES.

Qu'on est heureux de trouver en voyage
Un bon souper, mais surtout un bon lit.
(Les Visitandines, opéra.)

Les principales auberges sont situées dans le grand faubourg de France, parce qu'elles sont particulièrement fréquentées par les rouliers et voituriers, ainsi que par les marchands forains et les voyageurs ayant chevaux et voitures, qui n'ont pas besoin d'entrer en ville.

Ces auberges, au nombre de quatre, sont :

1° L'auberge aux Canons, tenue par Mme veuve Lapostolest.

2° A l'Etoile, chez M. Pouchot, qui loue également chevaux et voitures.

3° A la Couronne, chez M. Besson.

4° Au Sauvage, chez Mme veuve Bély.

Ces auberges ont chacune une cour plus ou moins spacieuse, des écuries et des remises en suffisance, une bonne table et des chambres à divers prix.

On trouve encore au faubourg, les auberges de MM. Subiger, à la Chasse; Bourcard, aux Deux-Clefs; Bobée, au Postillon, sur la route des Vosges; Genot et André, au faubourg de Montbéliard.

Comme les grandes routes tournent la ville, il y a peu d'auberges dans l'intérieur pour loger à cheval. Celles qui existent sont ordinairement fréquentées par les personnes des environs qui viennent à Belfort pour leurs affaires, comme les notaires, les huissiers, les meuniers et quelques propriétaires et gens de la campagne, qui descendent chez Mme veuve Schmitt et M. Schwalm, rue Traversière, ou chez MM. Goffinet, rue des Quatre-Vents, et Gaspard, à la porte de Brisach, etc. Les petits marchands, les colporteurs, les musiciens ambulants et autres, logent ordinairement devant la caserne, chez Mmes veuves Namon, aux Balances, et Dehanot, à la Sirène.

Indépendamment des auberges, Belfort posséde plusieurs restaurants, dont le principal est celui de M. Anselm, traiteur, pâtissier, cafetier, tenant pension, rue du Quai; Mme veuve Rossée, rue de l'Etuve; MM. Schwalm, rue Traversière; Rérot et Mme veuve Piney, au faubourg.

L'auberge des Israélites est tenue par M. Jacques Brunschwig, rue de l'Eglise, maison Nathan.

XXI.

LES BAINS PUBLICS.

<blockquote>
Charmantes déités qui nagez dans mes ondes,
Que d'attraits inconnus vous offrez à mes yeux !
Jamais dans ses grottes profondes,
Amphitrite n'a vu rien de si précieux.
</blockquote>

Belfort possède trois établissements de bains, dits de santé.

Le premier est situé à la forge, à l'extrémité nord-est du Champ de Mars, sur le chemin d'Offemont. Il est tenu par le propriétaire, M. Alexandre Jeannin, qui est en même temps cabaretier et restaurateur.

Chacun s'accorde à reconnaître que l'eau de ces bains, sans avoir plus de vertu qu'aucune autre, jouit au moins au plus haut degré de la principale des qualités exigées par les baigneurs, c'est-à-dire d'une propreté incontestable, puisqu'elle est prise à sa source et qu'elle n'est souillée dans son cours par aucunes immondices.

On prétend que ces bains, les plus anciens de Belfort, ont été établis autrefois par un médecin qui, ayant analysé les eaux, leur aurait reconnu des propriétés curatives que rien n'a justifié jusqu'à présent.

La position de ces bains, assez éloignés de la ville, fait qu'ils ne sont fréquentés que pendant la belle saison. Les cabinets et baignoires sont bien tenus, le service s'y fait avec promptitude ; un petit jardin attenant à la maison est à la disposition des amateurs, et les prix sont excessivement modiques, soit par abonnement, soit isolément.

Le second établissement sont les bains de la ville,

qui comptent environ vingt années d'existence. Ils sont situés rue des Armes, près du moulin, au fond d'une cour donnant sur le canal. Ils fonctionnent en toutes saisons. Il y a deux étages de cabinets. L'eau très limpide provient d'un puits creusé *ad hoc*. Le service s'y fait présentement par les soins du propriétaire.

Le troisième établissement de ce genre sont les bains du Fourneau. Ils sont parfaitement tenus ; mais comme les premiers, ils ont l'inconvénient de ne pas être assez rapprochés du centre de la ville. Cela est aussi fâcheux pour les habitants que pour le propriétaire, car la situation est fort belle. Les cabinets faisant face au midi sont alignés au rez-de-chaussée et donnent de plain-pied sur un jardin qu'on peut qualifier de superbe pour la localité. Ce jardin, qui est très vaste, est couvert dans la belle saison d'une végétation luxuriante et fleurie. D'un côté il est bordé par le chemin vicinal de Danjoutin, de l'autre par un ruisseau dont le doux murmure, mêlé au chant des oiseaux perchés dans les bosquets d'alentour, porte à la tendre rêverie et remplit l'âme de ce charme délicieux et ravissant si vanté par les poètes champêtres. A l'entrée du jardin, il y a une jolie salle d'attente, où l'on trouve des livres et des journaux. Tout dans cette maison respire un air de gaîté et de propreté qui fait plaisir, aussi ce lieu agréable et tranquille est-il fréquenté plus particulièrement par le beau sexe.

Nous voudrions pouvoir dire un mot d'une espèce de bain d'eau naturelle de source, situé rue de l'Etuve, que les dames israélites vont visiter tous les mois ou lorsqu'elles ont payé un tribut à Lucine ; mais comme cette grotte mystérieuse des ablutions séléniques, où préside la paisible Hécate, n'est pas du nombre des établissements publics, nous n'y porterons pas nos regards indiscrets, de peur que la pudique Diane ne nous fasse subir le sort d'Actéon.

Ceux de nos lecteurs qui pourraient être affligés de quelque maladie dont la guérison exigerait l'application des douches ou d'un traitement hydrothérapique, apprendront avec satisfaction que, grâce à l'initiative d'un médecin de Belfort, la ville possède depuis peu d'années des établissements où l'on administre ce puissant remède. Le premier est situé près du pont du faubourg, au dessus de l'ancienne pharmacie Polin, tenue aujourd'hui par Mme veuve Séjourné. Le second, fondé par M. le docteur Petitjean, est fixé dans sa maison, sur la place d'Armes.

Il paraît que l'eau, considérée comme médicament externe et administrée à divers degrés de température, selon la variété des affections, vient d'être reconnue comme étant un excellent agent curatif. Aussi cette application de l'eau à plusieurs maladies a été décidée par la médecine régulière actuelle, après divers essais couronnés des plus heureux résultats.

XXII.

LES FORTIFICATIONS.

>Dans des antres profonds on a su renfermer
>Des foudres souterrains tout prêts à s'allumer.
>Par des chemins cachés pour tromper le courage,
>Le feu dans tous les rangs va porter le carnage.
>(La Henriade paraph. chap. vi.)

Le lecteur ne doit certainement pas s'attendre à trouver ici une description détaillée des ouvrages qui concourent à la défense de la place, ni le dénombrement, la mesure et les distances des retranchements, des fossés, des poternes, traverses, chemins couverts, souterrains et passages divers. Une pareille indiscrétion constituerait une imprudence non seulement blâmable, mais répréhensible, car chacun en comprend les conséquences.

Comme nous avons déjà fait l'énumération des bâtiments militaires, nous nous bornerons à parler des fortifications d'une façon tout-à-fait pittoresque, ne mentionnant que les ouvrages dont le relief est à découvert et à la portée de la vue de tout le monde, ce qui par conséquent est sans inconvénient.

Le noyau de tous ces travaux, c'est le rocher en calcaire dur qui domine la ville et sur lequel fut d'abord construit l'ancien château et le donjon, puis la tour des Bourgeois, qui existe encore, et enfin une chapelle qu'on a démolie en 1825 pour y bâtir la caserne actuelle. Successivement ces fortifications s'augmentèrent de tours à machicoulis, et la ville fut enceinte de murailles percées de meurtrières, avec des portes garnies de herses.

Lorsque, sous Louis XIII, le comte de la Suze s'empara de Belfort, on fit autour du château des ouvrages plus étendus, d'après les systèmes de Pagan et du chevalier Antoine de Ville.

Quand Louis XIV eut conquis l'Alsace, il chargea l'ingénieur Leprestre de Vauban, en 1686, de fortifier Belfort, d'après le système particulier dont il était l'auteur et qui a retenu son nom. La situation des lieux lui permit d'établir des tours bastionnées saillantes, d'une énorme résistance placées aux angles des courtines. Ces tours voûtées, à l'épreuve des plus forts projectiles, peuvent servir de magasins ou de logements et en même temps de batteries. Vauban fit creuser autour du château et de la nouvelle ville des fossés larges et profonds, garnis d'escarpes, contrescarpes, cunettes, chemins couverts et glacis. Les remparts furent, ainsi que les embrasures, préparés pour recevoir une multitude de canons.

Dans la nouvelle enceinte, dont les murailles en maçonnerie sont très épaisses et revêtues de pierre de taille, on n'a ménagé que deux portes publiques : celle appelée Porte de France, qui regarde l'intérieur, et l'autre qu'on appela Porte de Brisach, parce qu'elle est tournée du côté de la frontière d'Allemagne. Ces portes sont garnies de pont-levis, contre-gardes, demi-lune, etc.

Pour renforcer l'avancée de l'Espérance, on avait érigé l'ouvrage à cornes, qu'on a approprié depuis ce temps de manière à le faire concorder avec les nouveaux travaux faits dans son voisinage. Vauban fit encore bâtir les casernes dont nous avons déjà parlé et diverses autres constructions dont le détail est inutile ici.

Lorsque, par les traités de 1815, on décida que les fortifications d'Huningue seraient démolies, ce qui fut exécuté immédiatement, le gouvernement songea à donner plus d'importance à la place de Belfort. Il ordonna d'abord des études graphiques et accorda bientôt l'exécution de plusieurs projets. Depuis cette époque jusqu'à présent, on n'a pas cessé d'y travailler; mais c'est surtout depuis 1825 que les travaux ont acquis le plus d'extension. Nous avons déjà fait connaître la construction de la nouvelle caserne du château, superbe monument qui domine la ville et ses abords. De chaque côté de cette caserne règnent des batteries qui de la porte de Brisach s'étendent jusqu'au Fourneau. Les trois enceintes extérieures du côté de la campagne sont successivement défendues par de formidables ouvrages et dominées par un cavalier voûté inexpugnable.

Le puits du château mérite aussi d'être cité. C'est une œuvre gigantesque qui paraît dater de la fin du moyen âge. Il est creusé dans le roc et descend à 225 pieds, jusqu'au dessous du niveau des basses eaux de la rivière, ce qui le rend intarissable. Au lieu des seaux montant avec des cordes qui s'enroulaient autour de l'arbre de la mécanique, on y a substitué, en 1853, une chaîne sans fin, avec des godets en zinc, à l'instar des puits italiens et espagnols.

On ne remarque contre les parois de ce puits, qui sont parfaitement dressées et piquées à la tranche et au ciseau dans la pierre dure, aucune trace de barres à mine, de pistolets ou autres instruments à poudre, dont on fait ordinairement usage pour les extractions dans le roc.

C'est surtout depuis 1827 jusqu'en 1834, sous le commandement de M. de Bellonnet, chef du Génie, qu'on a exécuté les travaux les plus importants, tels que ceux du château, de la lunette 18, dans laquelle passe la route de Bâle, les forts de la Justice et de la Miotte, leurs casemates, magasins, souterrains, etc. Ces ouvrages, ainsi que les escarpes, ont presque tous été construits avec les pierres en calcaire dur, tirées des fossés qu'on a creusés tout autour. On peut juger de l'importance de ces excavations, lorsqu'on saura que la dépense seule de la poudre dépassait souvent vingt à trente mille francs par an.

Une compagnie de sapeurs du Génie et une compagnie de pionniers ont été employés pendant plus de six ans, concurremment avec les ouvriers civils, à la confection de la plus grande partie de ces travaux.

La fermeture du vallon, l'escarpement du camp retranché jusqu'à l'ouvrage à cornes, où se trouve encaissée la route de Bâle, sont de la conception de ce savant ingénieur militaire, dont l'activité sans bornes a été plus tard récompensé par les plus hauts grades.

Depuis cette époque, on a construit beaucoup de bâtiments militaires : par exemple, les deux casernes de l'Espérance, le nouveau quartier de cavalerie, ainsi que l'hôpital militaire au faubourg ; des magasins à poudre et d'autres pour l'artillerie, etc.

Chaque année de nouveaux projets sont soumis aux généraux-inspecteurs et présentés par le Génie au comité ministériel ; car, bien que les fortifications soient considérées comme achevées, les études journalières et le raisonnement de toutes les suppositions d'attaque et de défense, donnent lieu, tous les ans, à des améliorations et à des perfectionnements, qui témoignent de l'habileté et des profondes connaissances des officiers du Génie qui ont concouru jusqu'à ce jour à fortifier et à perfectionner cette forteresse, qui est désormais classée parmi les places fortes de premier ordre.

CHAPITRE VI.

Particularités et Anecdotes concernant Belfort.

PREMIÈRE SECTION.

Aperçu des Mœurs et Usages des Classes d'individus de différents Cultes qui habitent la ville et les environs.

I

ISRAÉLITES.

> Nous sommes nés mortels, ils le sont comme nous.
> Il nous faudra quitter nos grandeurs passagères.
> Nos cendres se joindront à celles de leurs pères,
> Et c'est le même Dieu qui nous jugera tous.

Presque tous les livres qui traitent des mœurs des juifs en parlent d'une manière si peu favorable, que, dussions-nous être blâmé par leurs antagonistes, nous regardons comme un devoir de rendre justice à ceux de notre pays, sans pourtant nous écarter de la vérité.

Les Juifs sont plus nombreux dans la Basse-Alsace qu'à Belfort et dans ses environs, parce que la proximité des frontières, joint à la connaissance qu'ils ont de la langue allemande, leur sont infiniment plus favorables pour le négoce tant interlope que régulier; car, quoi qu'on dise et qu'on fasse, le commerce est et sera toujours pour eux la véritable, sinon l'unique spécialité. Jamais les anciens Tyriens et Phéniciens, les Américains et les Hollandais de nos jours n'ont été si exclusivement voués au commerce que les Israélites. La preuve, c'est que sur 380, qui habitent Belfort, on ne compte qu'un horloger, un compositeur typographe, un relieur, un teinturier, un jardinier, un cultivateur, quatre bouchers, un boulanger et trois cordonniers. Tous les autres se livrent à diverses spéculations. Nous exceptons bien entendu, un rabbin, un fonctionnaire et un instituteur, qui, par leur éducation, leur instruction et le rang distingué qu'ils occupent dans la société, sont placés tout à fait hors ligne.

La position précaire des gens composant ce peuple, et les plus impérieuses nécessités les ont autrefois forcés à se vouer au commerce et à l'agio. Ils étaient rejetés de la société; tous les emplois leur étaient interdits, et on les obligeait encore à payer une capitation pour avoir le droit d'habiter ou de séjourner dans les villes, où ils étaient constamment en butte aux mauvais traitements de la populace. Ils furent donc obligés de chercher dans le trafic, des moyens de subsister et de subvenir aux exigences qu'on leur imposait. Huit fois ils furent expulsés de la France par les édits de nos anciens rois. Ce n'est qu'avec peine qu'ils rentrèrent, vers 1689, en Alsace, où ils n'étaient que tolérés jusqu'en 1791.

Les juifs de nos contrées, excepté quelques familles cosmopolites, proviennent de l'Allemagne et sont par conséquent thalmudistes.

Comme à chaque révolution ils ont vu le peuple des campagnes se faire justice de l'usure dont il avait été victime, on doit dire que ce délit devient bien moins commun. Aussi les préventions qui pèsent sur eux depuis dix-neuf siècles commencent à disparaître et permettent de penser qu'on ne les verra plus l'objet de regrettables agressions.

Quoique les exclusions qui les frappaient soient abolies depuis longtemps en France et que toutes les carrières soient ouvertes à ceux qui en sont dignes et capables, le goût pour le commerce leur est généralement resté. Ce n'est cependant pas le manque d'aptitude pour la culture des arts et des sciences qui les en éloigne, on pourrait dire au contraire que ceux qui s'y livrent, quoique rarement, y font presque toujours des progrès surprenants. Aussi trouve-t-on parmi les cent mille juifs qui existent en France, d'excellents fonctionnaires, de profonds économistes, de savants médecins et jurisconsultes, des financiers du premier ordre et d'habiles artistes; témoins les Rotschild, les Ratisbonne, les Fould, les Lévy, les Crémieux, les Meyerbeer, les Halévy et la célèbre Rachel, cette superbe impératrice des reines de théâtre, née dans notre pays, dit-on; mais ici la plupart dédaignant la gloire et la considération qu'on accorde aux talents, préfèrent le trafic, dont le bénéfice est plus palpable et n'amène aucune déception qui n'ait été prévue; aussi l'instruction de la masse est-elle très bornée, si ce n'est dans la science du calcul pour laquelle ils ont infiniment d'aptitude.

Les plus notables négociants juifs à Belfort font le commerce des étoffes, telles que rouennerie, soierie, rubannerie, indiennes, toiles et calicots; d'autres l'épicerie, la boucherie, la blatrerie, la peausserie, la ferraille, les chiffons, etc.; d'autres sont marchands de chevaux et de bestiaux.

Les juifs sont très hardis et très entreprenants. Ils achètent, vendent et s'entremettent dans toute espèce d'affaires. Ils sont actifs et laborieux et ont le coup-d'œil rapide et appréciateur pour la valeur intrinsèque ; mais ils sont si peu connaisseurs en fait d'objets d'art, que chez plusieurs, l'épée authentique de Jeanne d'Arc et les éperons de Bayard, courraient grand risque d'être relégués parmi la ferraille.

Des revendeurs peu aisés vous débarrassent moyennant un prix qu'il est toujours prudent de débattre, des choses devenues inutiles et dont vous ne sauriez que faire, ou ils vous procurent celles dont vous pouvez avoir besoin.

Ils achètent les vieux linges, hardes et métaux, les menus meubles et ustensiles; les plus minimes objets ont une valeur entre leurs mains. Quelques-uns parcourent les campagnes pour acheter des vieux fers et des chiffons. Ceux-là se donnent beaucoup de peine et ne gagnent que pour vivre, souvent très misérablement, car leur famille est presque toujours nombreuse, et les femmes ne les aident que peu ou point.

Les particuliers et les cultivateurs sont loin de regarder leur concurrence comme onéreuse ; au contraire, on considère les foires et les marchés et même les ventes et adjudications publiques comme presque nuls, lorsque les Israélites sont empêchés par leurs jours de fête ou de sabbat, qu'ils observent scrupuleusement.

Au rebours de ce qu'on leur reprochait autrefois, à tort ou à raison, ils montrent ici dans leurs transactions au moins autant de loyauté que beaucoup de négociants d'une autre croyance.

Les juifs forment une véritable nation à part; ils n'ont aucune alliance avec les autres peuples; ils ne se marient qu'entre eux et se perpétuent sans mélange, comme les Guèbres, les Banians et les Bohémiens. On prétend qu'ils sont intérieurement fiers de ce que leur religion est la mère de celle des chrétiens et des mahométans et qu'ils espèrent qu'un jour l'univers leur appartiendra. La génération actuelle peut sans inconvénient les laisser dans cette douce et innocente illusion.

On sait qu'ils ont en horreur la chair de porc et qu'ils ne se servent jamais d'aucun ustensile de cuisine des étrangers. Il faut que les animaux destinés à leur nourriture et jusqu'à la moindre volaille soient saignés par le sacrificateur et avec de minutieuses précautions, sans lesquelles la viande est considérée comme impure. Ils rejettent aussi certaines parties de l'animal, quoiqu'il ait été privé de la vie dans les conditions voulues. D'après le thalmud une seule goutte de lait ou de beurre tombée par mégarde sur des viandes en cuisson en fait une nourriture prohibée. Pour eux le vin est pris à la vigne; la bonde des tonneaux est cachetée, ainsi que les fossets, chaque fois que l'on en déguste, de façon que cette liqueur arrive pure et sans mélange jusqu'à la cave de l'Israélite. Cette précaution n'est certainement pas insensée.

Belfort possède une synagogue succursale, desservie par un rabbin payé par l'Etat. Elle est située au faubourg, dans le périmètre du nouveau quartier de cavalerie et doit être démolie sous peu pour cause d'utilité publique. Le projet est préparé et le terrain est acheté pour en reconstruire une autre dans le jardin de la maison Juteau, qui est à peu de distance. Mais ils ne le pourraient pas sans l'assistance du gouvernement qui sans doute leur viendra en aide.

Les femmes, une fois mariées, ne doivent plus montrer leurs cheveux; par compensation, elles ont le droit d'entrer à la synagogue, dont les filles sont totalement exclues.

Le cimetière des juifs se trouve à deux kilomètres de la ville, entre les routes de Montbéliard et d'Héricourt. Leurs tombes, qui sont toujours tournées du côté de l'orient, sont dressées comme des termes ou bornes, avec quelques inscriptions, mais sans aucun ornement symbolique et sans plantations. — Quand une personne du sexe vient à décéder, il n'est permis qu'à une seule femme, choisie ordinairement dans la parenté, de pénétrer avec le convoi dans cet asile de la mort, et c'est cette personne qui est chargée de placer sous la tête de la défunte un petit sachet renfermant de la terre. Hors ce cas, aucune femme ou fille ne peut assister à un enterrement, fut-ce celui de son mari, de son frère ou de son fils. Le deuil chez eux consiste à déchirer une partie de leurs vêtements; les hommes doivent de plus s'abstenir de *raser* leur barbe pendant 30 jours.

Pour prêter serment en justice, certains juifs se couvrent la tête avec leur coiffure ordinaire et placent la main droite sur leur cœur pour prononcer les mots:

Je le jure. Cette faculté leur a été explicitement accordée par un arrêt, en date du 4 octobre 1832, de la cour royale de Colmar, présidée par M. de Golbéry. Cette cour avait décidé, le 18 janvier 1828, ainsi que la cour de Pau, par son arrêt du 11 mai 1830, que, sans blesser l'égalité de tous les Français devant la loi et la liberté des cultes, garantie par la constitution, on pouvait astreindre les Israélites à prêter le serment *more judaïco*, que nous expliquerons tout à l'heure.

L'application de ce serment, exigée autrefois, notamment par les lois et ordonnances de 1530 des empereurs d'Allemagne Sigismond et Charles Quint et de leurs successeurs, est très controversée. La cour de cassation a même annullé de ces jugements. Grâce à la puissante parole de M. Crémieux, plaidant devant la cour de Nîmes, sa patrie, les tribunaux du Midi n'exigent plus ce serment des juifs de ces pays, qui observent le rite portugais. Ce qui a pu déterminer la cour de Pau, et plus récemment les cours d'Alsace et de Lorraine, à prescrire ce serment religieux pour des causes de peu d'importance, c'est que les tribunaux avaient remarqué que, dans plusieurs affaires civiles douteuses, on voyait des soi-disants débiteurs, soupçonnés à tort d'être de mauvaise foi, qui s'exécutaient et qui payaient de bonne grâce, plutôt que de prêter ce serment. Il a été souvent démontré, de la manière la plus claire, que cela ne prouvait pas plus en leur défaveur, que l'aveu de culpabilité d'un innocent qu'on va torturer et qui préfère mourir que de souffrir.

On saura que le serment *more judaïco*, réservé jadis pour les grandes occasions, est considéré par les juifs comme une chose tellement terrible, qu'ils sont contents de pouvoir s'en affranchir pour de l'argent, car c'est pour eux une torture morale. Les anciens mystères d'Isis et d'Eleusis, les serments maçonniques et ces promesses solennelles que l'on fait jurer aux initiés des sociétés secrètes, ne sont rien auprès de l'importance du serment *more judaïco*. C'est pourquoi, et c'est ce qui a pu tromper certains tribunaux, on a vu, quoique ce soit difficile à croire, des Israélites payer même ce qu'ils ne devaient pas, plutôt que de prêter légèrement ce serment religieux. Entre les juifs, cet acte est considéré comme tellement grave que celui qui s'y soumettrait, quoique avec raison, pour le gain d'une affaire de peu d'importance, serait considéré comme anathème et regardé par ses coreligionnaires comme un sacrilége, qu'un vil intérêt a conduit à profaner les mystères de sa religion.

Comme cette cérémonie devient de plus en plus rare, nous allons raconter comment elle était célébrée et avec quel appareil on solennisait ce terrible et majestueux serment, dernier reste du moyen-âge.

Il fallait d'abord que celui qui se soumettait à en subir l'épreuve par un intérêt personnel, y fut préparé par le rabbin, avec lequel il avait une longue conférence dont il résultait souvent un arrangement, car chacun dans la secte s'y intéressait et y mettait du sien. S'il fallait passer outre, le contendant et le rabbin se rendaient ensemble, au jour fixé, à la synagogue, où l'on avait convoqué comme témoins dix jeunes gens âgés au moins de treize ans qui représentent, dit-on, les anciennes tribus d'Israël. Là, le prétendant la tête coiffée de son chapeau, était revêtu de son *arba canphath*, espèce de scapulaire en laine blanche à leur usage, et garni du *zizzis* ornement après lequel pendent huit bouts de fil. Puis on lui enveloppait la tête de son *thalid*, sorte de voile épais en usage à la synagogue. Ensuite ayant son poignet droit lié un instant au poignet gauche du rabbin avec un de ses *thephilins* (1), il s'avançait devant le tabernacle, d'où l'on sortait le *Coscher Sepher Thora*, qui est un long parchemin sur lequel sont écrits les cinq livres de la loi de Moïse. Ce grand papyrus est enroulé autour de deux cylindres enrichis de plaques d'argent et le tout est renfermé dans un étui d'étoffe précieuse. Ce pentateuque était placé sur l'*al memor* ou l'autel, où on le déroulait jusqu'aux commandements de Dieu. Puis le rabbin, revêtu de son éphod et de tous les ornements de sa dignité, faisait approcher l'Israélite, qui, le front ceint de son second thephilin, posait son poignet droit jusqu'au coude sur le verset de cette Bible, où se trouve écrit en hébreu le deuxième commandement, qui dit :

Tu ne prendras point le Nom du Seigneur, ton Dieu, en vain; car Dieu ne laissera pas impuni celui qui aura profané son saint Nom.

Ensuite on passait à diverses invocations rappelant les temps anciens et les vicissitudes du peuple juif; puis on prononçait la terrible formule du serment,

---

(1) Prononcez *tfiline*. C'est une espèce de courroie ou lanière d'un doigt de large sur deux mètres de longueur, faite de cuir de bœuf, de veau ou de la peau de tout autre quadrupède dont la chair est destinée à la nourriture de l'homme. Les Israélites mâles seuls, doivent dès l'âge de treize ans, être pourvus de deux de ces thephilins. Avec l'un ils s'entourent le bras et la main gauche, quand ils prient la face tournée vers l'orient et en plein air si c'est possible; avec l'autre ils se ceignent le front. Au bout de chacun de ces thephilins, il y a une petite boîte scellée, renfermant des versets de la Bible, écrits en hébreu sur un parchemin vierge. Le tout est consacré suivant le rite mosaïque.

transcrite dans toutes les langues et qui est trop longue pour que nous la rapportions ici ; et enfin on terminait la cérémonie par des malédictions et des imprécations horribles et menaçantes, au cas où l'Israélite se serait parjuré.

A moins qu'il ne s'agisse d'un crime, il faut réellement qu'un homme soit terriblement intéressé et qu'il ait l'âme bien forte, pour subir une pareille épreuve et sortir de là sain de corps et d'esprit.

Les juifs s'entr'aident et se prêtent mutuellement assistance ; les malheureux indigents nomades ou plutôt errants de cette nation, qui voyagent sans cesse, n'ayant ni foyers ni patrie, allant toujours à pied, portant souvent leurs enfants sur leur dos, sont au moins certains de recevoir dans chaque maison de leurs coreligionnaires des localités qu'ils traversent, une aumône qui leur permet de continuer leur éternelle pérégrination.

Le type asiatique qui caractérisait jadis d'une manière très défavorable la physionomie des juifs, commence à s'effacer insensiblement. Ils sont aussi maintenant beaucoup plus sains de corps et s'habillent de vêtements moins sordides qu'autrefois. On en voit fort peu porter la barbe des temps primitifs. Ce progrès physique est encore plus remarquable chez les femmes ; cette raison porte à croire qu'elles sont plus jolies aujourd'hui qu'au temps d'Esther et d'Assuérus, et, si de nos jours on couronnait la beauté comme chez les anciens Perses, on serait forcé de convenir qu'un diadème ne messiérait pas au front gracieux de beaucoup de nos Esthers modernes, dont quelques-unes sont fort belles, mais généralement petites de taille.

II.

PROTESTANTS.

> Cependant, ô mon Dieu, soutenu de ta grâce,
> Conduit par ta lumière, appuyé sur ton bras,
> J'ai conservé ma foi dans ces rudes combats ;
> Mes pieds ont chancelé, mais enfin de ta trace
> Je n'ai point écarté mes pas.
>
> J.-B. Rousseau.

Nous avons peu de protestants à Belfort, et de temps à autre quelques-uns rentrent dans le giron de l'église romaine.

Comme dans le public on donne indifféremment le nom de protestants aux calvinistes et aux luthériens, nous croyons utile de faire connaître la distinction qu'il y a entre ces deux sectes.

Les luthériens doivent leur nom à Martin Luther, né en Prusse en 1483, lequel prêcha sa doctrine en 1518. Les luthériens sont de la confession d'Augsbourg, instituée par Mélanchton en 1530. L'inspection de cette église pour notre contrée est à Colmar.

Les calvinistes ou réformés sont de la secte française établie par Jean Calvin, né à Noyon en 1509. Ce second chef du protestantisme mourut à Genève en 1564, à l'âge de 55 ans. L'inspection du rite calviniste pour l'Alsace est à Mulhouse.

Les protestants qui habitent Belfort, sont trop peu nombreux pour y avoir un temple. Lorsqu'ils veulent remplir les devoirs de leur religion, ils sont obligés de s'adresser aux pasteurs de Brevilliers, d'Héricourt ou de Montbéliard, qui viennent aussi les assister à leurs derniers moments.

Les ministres ou pasteurs sont mariés. Les protestants n'admettent aucune image dans leurs temples. Dans les paroisses mixtes et peu riches, l'église du village sert alternativement aux cérémonies des deux cultes. Dans quelques-unes on sépare la nef en deux parties au moyen d'un rideau, et dans d'autres on se borne à voiler l'autel. Par une décision du ministre des cultes, en date du 15 mars 1843, le chœur des églises mixtes doit toujours rester exclusivement réservé à l'usage des catholiques.

A Belfort et dans les environs, on voit beaucoup de mariages entre les protestants, les anabaptistes et les catholiques. Les enfants sont presque toujours instruits dans cette dernière religion, ou bien les garçons sont élevés dans la croyance de leur père, et les filles dans celle de leur mère. Ces conditions font ordinairement l'objet d'un article du contrat et sont fidèlement observées.

III

ANABAPTISTES.

Le Seigneur est connu dans nos climats paisibles,
Il habite avec nous et ses secours visibles
Ont de son peuple heureux prévenu les souhaits.
Ce Dieu, de ses faveurs nous comblant à toute heure,
Fait de notre demeure
L'asile de la paix.

Beaucoup de personnes de l'intérieur de la France, qui n'ont pas voyagé mais qui ont lu l'histoire des anciennes guerres de religion et les massacres qu'elles ont occasionnés en Allemagne, voire même en Alsace, pendant les siècles passés, s'imaginent peut-être, d'après les relations, qu'un anabaptiste en costume doit être curieux à voir. Il n'en est rien pourtant et excepté qu'ils ne portent aucun bouton à leurs habits, qui sont presque semblables aux nôtres, à la couleur et à la finesse près, et que leurs grands chapeaux sont tout simples et à forme plate, comme ceux des quakers d'Angleterre, rien ne les distingue des autres hommes, que leur petite barbe, qu'ils laissent croître à la manière des juifs d'Allemagne, et qu'ils appellent « la barbe apostolique. »

On sait que la secte des anabaptistes a pour fondateur Jean de Leyde, qui se sépara du luthéranisme au XVIe siècle, puis Jacob Hutten, qui institua les frères Moraves, et enfin Thomas Muncer, qu'on fit périr sur l'échafaud en 1525, à Mulhausen, en Prusse.

Leur croyance ne diffère guère de celle des protestants que par le baptême des enfants, auxquels ils ne confèrent ce sacrement qu'à l'âge de raison et lorsque le néophyte est en état de répondre lui-même aux questions ordinaires de cette cérémonie.

Ils sont iconoclastes et n'ont aucun signe extérieur indiquant leur culte. On n'aperçoit plus chez eux la moindre trace de ce fanatisme qui autrefois a produit tant de combats sanglants et de meurtres sur les bûchers et les échafauds. Au contraire, on se plaît à leur reconnaître aujourd'hui un grand fonds d'honnêteté et de probité, qu'ils justifient par la régularité de leur conduite et la simplicité de leurs mœurs, éminemment hospitalières.

Leurs femmes et leurs filles, aussi robustes que belles, sont laborieuses et peu coquettes. La chronique la plus médisante ne peut leur reprocher le moindre déréglement.

Comme les anabaptistes suivent les traditions patriarcales de la Bible, ils sont tous cultivateurs et ont fort peu de goût pour les arts et le métier des armes. On ne les voit en ville que pour leurs affaires ou la vente de leurs denrées; ils habitent les fermes des environs dont plusieurs sont propriétaires, malgré les lois de leurs fondateurs, qui préconisaient le communisme, utopie à laquelle ils ont renoncé. D'autres ne sont que métayers. Le soin de leurs terres et de leurs bestiaux les occupe uniquement. Ils vivent en famille avec la plus grande frugalité et fabriquent eux-mêmes, à leurs loisirs, une foule d'objets pour leur usage. Joyeux et contents de leur sort, ils ne connaissent ni le luxe ni l'indigence.

Tous les matins, vous voyez arriver en ville, de jeunes garçons ou de jeunes filles au teint frais, qui viennent, dans une petite carriole à deux roues, apporter à leurs pratiques la provision journalière de lait, renfermé, à la mode suisse, dans des espèces de hottes en bois ou en fer-blanc, de la plus exacte propreté.

Pour l'exercice de leur culte, les anabaptistes nomment leur chef ou ministre. Ce pontife est pris ordinairement dans la classe des vicaires ou serviteurs, et ces serviteurs sont eux-mêmes choisis et nommés au scrutin parmi les plus instruits dans les Saintes-Ecritures. Le ministre préside les assemblées qui se tiennent tous les quinze jours le dimanche. La réunion a lieu dans une ferme appelée *la May*, près des Errues, à gauche de la route de Strasbourg. Leur chapelle ou salle d'assemblée n'a point d'autres meubles que des siéges ; comme dans l'intérieur des églises anglicanes, on n'y voit aucun ornement, peintures ou statues. Toutes leurs cérémonies consistent en prières et en instructions orales, après quoi ils s'entretiennent de leurs affaires dans un dialecte qui est un allemand corrompu; puis chaque famille remonte dans sa voiture et regagne son domicile.

En justice, les anabaptistes ne jurent jamais; aussi les juges de nos pays les dispensent-ils de lever la main, puisqu'ils prétendent que ce geste semblerait plutôt menacer la divinité, que de la prendre à témoin de la vérité qu'ils affirment. Malgré cette tolérance due au respect de la conscience, on n'a jamais eu l'occasion de remarquer chez eux aucun parjure.

Depuis quelques années, on voit avec peine partir beaucoup de ces utiles familles, qui émigrent pour l'Amérique, dont elles vont féconder le sol. Ce n'est point l'appât de l'or californien qui les tente; ils savent que la véritable fortune n'est que dans les produits de la terre bien cultivée, et ils se dirigent vers les contrées où cet immense élément de richesse appelle leurs bras vigoureux.

IV

PROCESSIONS EXTÉRIEURES A BELFORT.

Comme plusieurs personnes parlent diversement du droit que peut avoir le clergé de Belfort de faire des processions extérieures, nous allons rapporter les dispositions des lois qui régissent cette matière.

Le concordat de 1801 et celui de Fontainebleau, du 13 février 1813, n'interdisent les cérémonies extérieures de la religion que dans les villes où il y a des temples destinés à différents cultes. Un arrêté ministériel du 30 germinal An XI (1803) avait déjà déterminé que par villes renfermant différents cultes on devait entendre celles où il existait une église protestante consistoriale reconnue, et que l'intention du gouvernement était que les cérémonies extérieures pussent se faire librement dans les autres villes. Or, comme Belfort ne possède aucune église protestante consistoriale, reconnue ou non, il est évident qu'il jouit pleinement de ce droit.

En étendant même cette mesure au culte israélite, nous disons que la synagogue de Belfort n'est qu'un simple oratoire relevant de Colmar, et non pas une synagogue consistoriale, qui, d'après les lois précitées, ne peut être établie que dans un centre renfermant au moins 2,000 Israélites. Ainsi, celle du département du Haut-Rhin étant à Colmar, Belfort jouit du privilége de faire, comme il l'a fait de temps immémorial, ses processions extérieures, dont nous allons donner une idée par la relation de celle de 1854.

Procession de la Fête-Dieu a Belfort en 1854.

> Dieu bienfaisant, auteur de la Nature,
> Etre Suprême, objet de notre amour,
> Vois tes enfants réunis en ce jour
> Te présenter l'offrande la plus pure.

En 1854, comme les années précédentes, on remit la procession au dimanche qui suit la Fête-Dieu, par conséquent elle eut lieu le 18 juin. Dès la veille, les rues et les places publiques étaient appropriées et semblaient revêtues d'une parure de fête. Le devant des maisons était débarrassé de tout ce qui pouvait gêner la circulation et froisser le coup-d'œil.

PARTICULARITÉS ET ANECDOTES. 279

Selon la coutume, toute la jeunesse de la ville s'était depuis longtemps occupée à préparer les guirlandes de fleurs et de feuillage qui devaient orner les quatre reposoirs traditionnels.

Le premier, construit à l'angle de la place et de la rue des Armes, se distinguait par sa belle ordonnance, imitée du gothique. L'autel était élevé sur une estrade à laquelle on arrivait par un double escalier placé à chacun des côtés. La façade et le rétable représentaient une antique basilique avec ses capricieuses arabesques, ses ogives et ses clochetons découpés en dentelle, le tout exécuté en feuillage et en mousse relevés de bordures et de guirlandes blanches qui tranchaient supérieurement sur le fond vert de cette délicate construction.

Déjà l'année précédente, les militaires du 2e dragons de notre garnison avaient bien voulu travailler à la décoration de ce reposoir, qu'ils avaient orné de trophées d'armes et d'attributs religieux, formés de croix et de banderolles, et surmonté du Labarum, avec la devise de Constantin : *In hoc Signo Vinces*.

Le second reposoir, à l'autre extrémité de la rue des Armes, près du moulin, était composé d'un berceau de feuillage, sous lequel s'étalait un gradin recouvert de riches tapis et garni de vases en porcelaine dorée. Ces vases, remplis de fleurs artificielles de la plus grande beauté, étaient rangés par étages et entremêlés de candélabres garnis de cierges et accompagnés d'autres ornements. Sur le devant de l'autel, élevé de quelques degrés, on avait pratiqué un jet d'eau qui retombait en cascade sur des rochers garnis d'herbes aquatiques d'un effet très pittoresque.

Le troisième reposoir, construit au bas de la rampe

du collége, se composait d'une grotte de verdure, sous laquelle était placée l'estrade, ornée de magnifiques vases de fleurs et de riches flambeaux. Le devant de l'autel resplendissait d'ornements fournis par les personnes du voisinage.

Le quatrième reposoir, dont on avait malheureusement cette année changé l'emplacement à cause des réparations faites aux maisons voisines, a perdu par cette raison le droit qu'il avait autrefois de prendre le premier rang.

De temps immémorial, on établissait ce reposoir devant la grande Fontaine. Les citoyens de ce quartier qui, par leurs professions artistiques et mécaniques, sont des hommes de goût, savent tirer parti de cette situation pour embellir ce reposoir de jets d'eau et autres pièces de curiosité hydrauliques qui font ordinairement l'admiration des visiteurs.

Le 18 juin 1854, bien que le temps annonçât la pluie, les rues où devait passer la procession étaient dès le matin, jonchées de fleurs. Enfin, le son des cloches annonce aux fidèles que la grande cérémonie va commencer. Déjà des compagnies d'élite de la garnison, avec leurs musiques, les sapeurs et les tambours sont réunis sur la place d'Armes, attendant le moment de prendre leur rang.

Le signal est donné par le branle de toutes les cloches. Le cortége se met en marche.

C'est d'abord la modeste bannière des jeunes enfants du sexe, élevées dans la classe d'asile. Ces petites filles, habillées de robes grises, suivent sur deux rangs la bannière de leur conférence, en chantant des cantiques. Au milieu, on remarque une phalange de petits enfants aux ailes d'ange et tenant dans leurs mains des paniers de fleurs et des guirlandes de verdure. Puis on voit défiler pas à pas un cortége de jeunes filles portant la statue de la Vierge, éblouissante de dorure. Elles sont suivies d'autres jeunes personnes élégamment parées.

Viennent ensuite sur un rang les élèves du pensionnat de Mme Hantz ; dans le rang opposé marchent les élèves du pensionnat de Mlle Mayer.

Ces grandes demoiselles qui suivent et qui sont uniformément habillées de robes d'un bleu léger, c'est le pensionnat des dames Calmel. Les deux directrices ont l'œil constamment ouvert sur la moindre démarche de ce cher troupeau, afin de faire sentir plus tard à celles qui seraient distraites, l'inconvenance d'un regard jeté de côté par mégarde ou par curiosité. — Puis viennent deux longues files de jeunes personnes de tout âge et de toutes conditions priant le chapelet. — Voici la confrérie des demoiselles. On voit en tête de leurs rangs briller la magnifique bannière de la Vierge, sous laquelle elles paraissent fières de marcher. Cette bannière en satin blanc, brodée et enrichie de franges, de crépine et de gros glands d'or, surmontée d'une croix de même métal, représente sur une de ses faces l'image de la Vierge et sur l'autre l'effigie de Ste-Thérèse.

Ces citoyens qui vont et viennent, tenant à la main un long bâton surmonté d'un soleil et dont la hampe est entourée de fleurs, ce sont les bâtonniers : leurs fonctions consistent à maintenir la régularité dans le cortége, et à transmettre les ordres du clergé pour s'arrêter aux stations et repartir avec exactitude et sans confusion.

Voici venir la bannière des garçons. Elle est en

damas de couleur amarante, brodée en or. Elle représente d'un côté la Vierge Marie, et de l'autre saint Louis de Gonzague. Cette oriflamme est accompagnée de vingt petits garçons habillés en abbés, avec le surplis. La classe de M. Morlot vient ensuite.

Ecoutez cette musique si touchante par son rythme cadencé : c'est la symphonie du 2e régiment de dragons. Au milieu de ces trente artistes qui produisent des sons si doux avec leurs instruments de cuivre, on aperçoit le jeune timbalier, mais cette fois il est privé de son double tambour d'origine arabe, car cet instrument, si beau dans les marches guerrières, n'est pas précisément portatif.

Remarquez la statue de l'Ange Gardien, à la robe et aux ailes dorées. Il tient de la main gauche un enfant, auquel il montre le ciel. Un long discours n'en dirait pas autant que ce geste, tant il est bien exprimé. Cette statue est portée par quatre petits garçons. Ils sont suivis de l'école du faubourg, tenue par M. Vérain ; l'école de M. Moissonnier vient ensuite.

Le cortége des dames nous est annoncé par la présence de leur riche bannière. On y voit d'un côté, sur un fond blanc la représentation du Saint-Sacrement et de l'autre sainte Anne. Cette bannière, ornée de broderies, de franges et de glands d'or, est l'indication de la congrégation des femmes. Toutes ces dames parfaitement mises défilent avec recueillement tenant en main un chapelet ou un livre de prières.

Voici le collége communal. Les élèves sont en grande tenue : habit bleu, boutons dorés, la palme brodée au collet, la taille serrée d'une ceinture de cuir verni fermée par une plaque carrée aux armes de la ville, et coiffés d'un képi galonné. Les plus sages ou les plus capables ont sur la manche les galons d'or qui distinguent les sous-officiers dans l'armée. Le principal et les professeurs les accompagnent.

Après le collége vient une troupe de petits enfants habillés en abbés.

Le bruit des tambours annonce l'approche de l'Arche sainte. — Ce tableau est imposant. — Voyez d'abord arriver majestueusement cette section de sapeurs, ornés de leurs tabliers blancs, coiffés d'énormes bonnets à poil et le cimeterre au côté; considérez les figures sévères de ces hommes, auxquels la longue barbe qui leur descend jusque sur la poitrine donne un aspect redoutable; remarquez ces fusils armés de leur baïonnette qu'ils portent en bandoulière, et voyez dans leurs robustes mains gantées ces haches d'acier au tranchant aigu, qu'ils tiennent sur leurs épaules : c'est le vivant emblème de la Force et de la Vaillance s'inclinant devant le culte de la Divinité.

Ce ne sont plus ces licteurs des cérémonies païennes précédant les dictateurs romains et prêts à frapper les victimes qu'un geste despotique va leur indiquer; non, ces vigoureux soldats d'élite qui accompagnent le sanctuaire représentent la puissance des armes docile devant la religion. Par cette alliance avec les paisibles choses du ciel, cette terrible force de la terre acquiert une puissance cent fois plus formidable dans l'occasion, car c'est au nom du Dieu qu'elle vénère, qu'on bénira ses glorieux drapeaux avant les combats.

Après les sapeurs viennent les tambours qui battent aux champs. De tous les instruments, il n'en est pas est pas un seul qui fasse autant d'impression sur les organes de l'homme que le tambour ; aussi son effet est-il prodigieux dans cette cérémonie.

Prêtons attentivement l'oreille : voici l'excellente musique du 55ᵉ de ligne, qui joue ses marches harmonieuses.

La bannière de la congrégation des hommes arrive pas à pas, car elle est lourde par l'abondance de ses ornements. Les peintures représentent d'un côté la Vierge et de l'autre St-François-Xavier, patron de la confrérie.

Le suisse en grande tenue, habit rouge galonné, le chapeau bordé d'argent, un large baudrier qui supporte son épée en verrou et la hallebarde en main, précède le cortége sacerdotal. Il est suivi d'un porte-croix accompagné de deux acolytes et d'un groupe de 24 enfants de chœur. — Vient après, une compagnie de 15 thuriféraires et de 15 jeunes clercs chargés de jeter des fleurs sur le chemin du Saint-Sacrement. Les premiers balancent leur encensoir et les autres puisent des fleurs dans des cornes d'abondance dorées, au signal du prêtre qui leur a enseigné cet exercice. Les jeunes lévites sont chargés de fournir l'encens dont leur navette est toujours pleine, et d'apporter des fleurs effeuillées de l'approvisionnement qui suit dans de grandes corbeilles portées par des enfants de chœur. Les thuriféraires, ainsi que les fleuristes, sont revêtus de magnifiques robes blanches, brodées et garnies de dentelles, sur lesquelles tranchent de larges ceintures en soie, de couleur rouge pour les uns et bleue pour les autres, afin que chacun reconnaisse son rang dans les diverses évolutions.

Voici l'escorte militaire du Saint-Sacrement. Comme nous l'avons dit tout à l'heure, il n'y a rien de si solennel que la présence des hommes d'armes dans les fêtes religieuses. Cet appareil guerrier est d'un effet émouvant qui donne à la cérémonie beaucoup de lustre et d'éclat. Cette escorte du symbole de la foi catholique, se composait d'un détachement du 2ᵉ régiment de dragons, en grande tenue, commandé par un officier, et d'un peloton de grenadiers du 55ᵉ de ligne, sous les ordres d'un lieutenant. Au milieu des rangs, sous le dais, M. Froment, aumônier de l'hôpital militaire, revêtu d'une chasuble de la plus grande richesse, porte le Saint-Sacrement posé sur une brillante écharpe en sautoir. Il est accompagné des deux vicaires de la paroisse faisant fonctions de diacres. Tout autour du dais, soutenu par huit congréganistes, sont les porteurs de lanternes et de cierges ardents. Derrière le dais suivent les autorités et les administrateurs de l'église.

Tout à coup le bruit des tambours et de la musique a cessé ! Les chants du prêtre annoncent qu'il vient de monter à l'autel. Les fidèles s'agenouillent pour recevoir la bénédiction. Un silence majestueux règne partout. Au commandement de l'officier, la troupe présente les armes et met le genou en terre ; les tambours battent aux champs ; toutes les têtes s'inclinent devant le Signe Mystérieux de la rédemption, élevé par le ministre de la religion. Nous renonçons à dépeindre l'émotion solennelle qui se produit dans ce court moment.

La bénédiction est donnée ; les musiques font entendre des airs mélodieux, et la procession reprend sa marche jusqu'à la dernière station, en embaumant l'air du parfum des roses et de l'encens qu'elle répand sur son passage.

Nous avons fait le dénombrement des personnes qui composaient la procession en 1854, et, bien que le temps fût menaçant, le cortége comptait 2,000 âmes.

V

L'ANCIEN MONASTÈRE DE FROIDEVAL
AUJOURD'HUI UNE MÉTAIRIE.

> Le soir brunissait la clairière,
> L'oiseau se taisait dans les bois,
> Et la cloche du monastère
> Tintait pour la dernière fois...

A 1 kilomètre à l'ouest de Danjoutin, sur le territoire d'Andelnans, à peu de distance de la forêt du Moramont, dans la plus délicieuse position, il existait jadis et depuis des temps très reculés, un monastère de moines de l'ordre des Antonistes, qui relevait du grand couvent d'Isenheim. C'était une maladrerie des chevaliers de Malte. On voit encore à l'angle d'un vieux mur du chœur de l'église qu'on a conservé en rebâtissant, les armoiries de la communauté, savoir : la mitre du prince évêque et deux ours en fasce, sur un écusson, et sur un autre une croix couverte de coquilles comme en portent les pèlerins, des tours, etc. — A l'angle opposé se trouve également un petit écusson sur lequel figure en relief le monogramme des Antonistes, un grand A surmonté d'une croix †, la barre du milieu de la lettre est relevée de chaque côté en forme de V.

Il y avait dix moines dans cet établissement qui a subsisté jusqu'en 1791. Plusieurs vieillards se rappellent encore être venus à la messe dans ce monastère, qu'on appelait le couvent de Froideval. Ce charmant vallon est traversé par la rivière qui mêle ses eaux à celle qui fait rouler l'usine de Bavilliers. Cette rivière, très poissonneuse, offre cette singularité, qu'on y trouve force carpes et brochets, deux sortes de poissons qui n'ont pas l'habitude, étant en liberté de vivre dans les mêmes eaux. (1)

Des étymologistes prétendent que le nom francisé de Froideval dérive du mot allemand *Friedwald*, qui veut dire forêt ou vallon de la paix. Les gens du pays disent encore *Fredval*.

Par respect pour les moines de Froideval, il était d'usage de laisser paître en liberté le troupeau du monastère sur toutes les terres du voisinage. Les bergers du canton en avaient soin, et pour cette raison, le 1ᵉʳ du mois de mai, tous les bergers, pasteurs et gardiens de troupeaux du pays, pouvaient venir au couvent se régaler depuis le matin jusqu'au soir, à discrétion : la table était ouverte en permanence. Pour

---

(1) Lorsque nous avons parlé ci-devant, du village de Bavilliers et du cours d'eau qui fait mouvoir les roues de la fabrique, nous avons oublié une particularité qui mérite d'être rapportée. La source d'où sort ce ruisseau s'appelle le *trou de la Dame*, parce qu'on raconte qu'une dame de haut parage, passant autrefois par cet endroit, dans son carrosse à plusieurs chevaux avec ses laquais devant et derrière, s'enfonça tout à coup dans cet abîme, la croûte du terrain qui formait une voûte s'étant rompue sous le poids. Cette dame, dont on a oublié le nom, disparut dans ce gouffre avec ses gens et son carrosse, sans que jamais on en ait retrouvé la moindre trace. Au moment de leur disparition, on vit jaillir une immense source qui bouillonna en gerbe comme un puits artésien, puis, quand les eaux, qui demandaient à se faire jour, eurent pris leur niveau, on régularisa leur cours comme il existe maintenant.

ces pauvres gens, habitués à faire maigre chère toute l'année, c'était un jour de fête; aussi les voyait-on revêtus de leurs beaux habits, leurs chapeaux garnis de rubans, aller, venir, sauter, danser et témoigner leur allégresse par mille démonstrations.

On a trouvé dans les décombres, une pierre sculptée portant un millésime gothique assez fruste, mais dont les lettres permettent de croire que c'est 1427, quoique le chiffre 4 ait la forme d'un X.

Dans la cour, il existe une source d'eau excellente pour tous les usages. On a attribué à cette eau la merveilleuse vertu de guérir les maux d'yeux. Beaucoup de gens viennent encore en chercher avec confiance en ce remède. Il faut croire que sa principale qualité c'est qu'elle est très pure. Le propriétaire a fait entourer cette source, qui forme un ruisseau, d'une jolie petite piscine couverte en pierre de taille, représentant une grotte.

Lorsqu'à la première révolution on eut aboli les couvents, celui-ci fut en partie démoli en 1791 ; mais comme les dépendances comprenaient des terres et des forêts d'une valeur importante, le domaine entier fut vendu par l'Etat comme bien national, et l'acquéreur fut M. Keller, père du capitaine d'artillerie Joseph Keller, dont nous avons déjà parlé (1).

---

(1) Nous avons dit, page 178, au sujet de cet officier, qu'il était le seul des anciens capitaines belfortains qui ne fut pas décoré, parce qu'il s'était retiré du service avant 1804, époque de la création de la Légion-d'Honneur. Mais nous aurions dû dire que M. Keller, qui avait fait avec distinction plusieurs campagnes pendant la République, avait reçu du gouvernement la plus haute récompense de l'époque, c'est-à-dire un sabre d'honneur. Nous sommes heureux de pouvoir réparer cet oubli.

Au décès du propriétaire, ce bien passa comme héritage dans les mains d'un autre de ses fils, M. Antoine Keller, dit l'Anglais, ancien fournisseur des armées impériales. Il y a une douzaine d'années, qu'à la mort de ce dernier, ce joli domaine échut à son neveu M. Alphonse Klenck, fils, qui l'habite aujourd'hui et qui y a fait construire de nouveaux bâtiments, granges, etc., pour arrondir sa propriété.

L'ancien cloître dont on reconnaît parfaitement l'emplacement par les contreforts qui existent encore, est devenu le logement du fermier. Le chœur de l'antique chapelle a été transformé en un petit salon carré et plafonné, dans lequel se trouvent les vieux piliers ronds qui supportaient la voûte. Au sud-ouest de ce bâtiment, on a conservé les armoiries dont nous avons parlé et sur lesquelles on voit une console en pierre et la niche qui abritait la statue de St-Antoine, patron du monastère, avec son inséparable compagnon ayant une clochette pendue au cou (1).

On raconte que, longtemps même après la révolution, des pèlerins qui avaient foi en la protection de St-Antoine, venaient presque chaque jour l'invoquer, et pour se le rendre favorable, ils déposaient au pied de sa statue, des ex-voto et des offrandes d'une étrange nature : c'étaient des jambons, des saucisses, des morceaux de lard, des andouilles, etc., dont le

---

(1) Le 2 octobre 1131, le jeune roi Philippe, fils de Louis-le-Gros, passant près de St-Gervais, un cochon s'embarrassa dans les jambes de son cheval, qui s'abattit. Le prince tomba si rudement qu'il en mourut le lendemain. Dès lors il fut défendu de laisser vaguer les pourceaux dans les rues de Paris ; mais par une faveur spéciale, on en excepta ceux de l'abbaye de St-Antoine, qui pouvaient librement circuler, moyennant qu'ils eussent une clochette au cou.

propriétaire faisait son profit. Mais un jour le curé de Danjoutin fit comprendre à son paroissien qu'un pareil *commerce* constituait une véritable simonie expressément défendue par l'Eglise. Comme cet ancêtre de M. Klenck était riche et bon catholique, et qu'il ne se souciait pas de se brouiller avec son pasteur pour un casuel qu'il n'avait pas provoqué, mais qui néanmoins lui rapportait bon an mal an une centaine d'écus, il fit enlever la statue et le quadrupède qui l'accompagnait; dès lors, il ne trouva plus de charcuterie déposée contre sa maison.

Froideval est un lieu charmant, où beaucoup de familles bourgeoises ont l'habitude d'aller quelquefois faire de petites promenades l'été, boire du lait à la ferme, pêcher à la ligne, etc.

DEUXIÈME SECTION

Jugements criminels, Exécutions, etc.

I

LE SOLDAT DE LA TOUR-D'AUVERGNE.

> En avant, partons, camarades,
> L'arme au bras, le fusil chargé ;
> J'ai ma pipe et vos embrassades,
> Venez me donner mon congé.
> (BÉRANGER, Le vieux caporal.)

En 1808, le régiment de la Tour-d'Auvergne se trouvait en garnison à Belfort. Un soldat de ce corps, très bel homme, dit-on, avait fait, dans sa précédente garnison, la connaissance d'une fille avec laquelle il devait se marier. La tradition verbale rapporte que son capitaine dont les avances avaient été repoussées par la même demoiselle, jaloux de la préférence qu'elle avait accordée à ce militaire, garda à celui-ci une rancune dont le dénouement fut fatal à tous les deux.

Le soldat, qui avait obtenu un congé pour aller régler les préliminaires de son établissement futur, ayant dépassé le temps fixé par sa permission, fut porté déserteur. Ce militaire, mal recommandé auprès du conseil de guerre et dans un moment où l'Europe entière était en armes, fut condamné à être fusillé. L'exécution eut lieu au bas du chemin appelé *la montée des chèvres*, près de l'entrée des eaux du canal, où se trouvent aujourd'hui les fours à chaux de l'entrepreneur des fortifications. Le patient marcha au supplice d'un air ferme et la tête haute, accompagné de M. le curé Milet, qui tenait un crucifix. Il ne voulut pas qu'on lui bandât les yeux et témoignait le désir de mourir debout. Son capitaine lui ordonna de se mettre à genoux ; alors le soldat, par un geste sublime, montrant le ciel à son officier, lui dit : « Capitaine, je vais mourir injustement et par suite de votre influence ; mais je vous appelle au tribunal de Dieu, où j'emporte la conviction que vous ne tarderez pas à paraître. » — Il s'agenouilla et vingt coups de fusils firent jaillir sa tête par morceaux contre le roc.

En rentrant en ville, la troupe chargée de cette exécution se croisait avec le courrier qui apportait sa grâce... Il était trop tard, et, ainsi que l'avait prédit ce malheureux jeune homme, huit jours après on enterrait son capitaine.

II.

UN SACRILÉGE.

Grand Dieu, tes jugements sont remplis d'équité.
Desbarreaux.

Ce régiment de la Tour-d'Auvergne ayant quitté notre garnison peu de temps après l'événement que nous venons de raconter, repassa par Belfort en 1840. Il paraît que, pendant son séjour en cette ville, un soldat avait eu la tentation de s'approprier une couronne dorée, posée sur la tête de la statue de la Vierge qui était dans notre église, comptant probablement que cette couronne était d'or massif.

Profitant du moment de son passage pour découcher à l'insu de ses chefs et mettre à exécution son projet, ce soldat se laissa enfermer le soir dans l'église, espérant sans doute sortir le lendemain matin sans être vu, après avoir commis son larcin.

Les choses se passèrent d'abord comme il l'avait prévu. Etant seul dans l'église fermée, il s'empara de cette couronne tant convoitée et qui n'était pourtant que de cuivre doré ; puis, une fois lancé sur le chemin du crime, une nouvelle abomination ne lui coûtait plus rien à commettre : il enfonça la porte du tabernacle, enleva les vases sacrés et répandit sur les dalles les hosties renfermées dans le St-Ciboire, dont il s'empara, ainsi que du calice en vermeil, des patènes et autres objets précieux. Lorsqu'il fut muni de ce riche butin, il alla se poster dans un coin pour attendre le lendemain.

Dieu seul peut savoir si cet homme, chargé d'un

pareil forfait, songeait à se livrer au sommeil, qui, dans le silence de la nuit et les ténèbres de cette église, devait fuir loin de la paupière de cet impie, pour faire place au remords, si son âme en avait été capable.

Un si énorme sacrilége ne pouvait pas rester impuni. La fille du sacristain, nommée Françoise Briffaut, aujourd'hui Mme veuve Piney, qui avait la mission de sonner chaque soir la cloche de la retraite bourgeoise, voyant s'approcher les dix heures du soir, se rendit à l'église comme de coutume pour remplir ce devoir. Elle était accompagnée d'une autre jeune personne de sa connaissance qui l'aidait à sonner la cloche. Elle ouvrit une des portes latérales et, lorsqu'elle fut entrée avec sa camarade, elle retira la clef et ferma la porte en dedans. Se croyant seules, ces deux jeunes filles se dirigeaient en causant à voix basse du côté où sont pendues les cordes des cloches, lorsqu'à la lueur de leur lanterne, elles aperçurent une ombre qui fuyait en se cachant derrière les piliers ; puis tout-à-coup le bruit d'un objet métallique tombé sur les dalles vint à retentir sous les voûtes de la cathédrale : c'était la couronne accusatrice qui s'était échappée des mains du profanateur. Il paraît qu'ayant vu arriver une lumière du côté où il s'était blotti, il aura voulu subitement changer de place, en emportant son trésor dans ses deux bras, qui suffisaient à peine.

Au lieu de se livrer à la peur, ces deux jeunes filles, qui avaient à peine l'âge de 17 à 18 ans, regagnèrent avec précipitation la porte par laquelle elles étaient entrées et eurent la présence d'esprit de retirer la clef et d'enfermer le malfaiteur. Aussitôt sorties elles allèrent donner l'alarme et chercher du secours. Plusieurs voisins accoururent avec des flambeaux et aidés de quelques hommes de garde armés, on chercha à s'emparer du coupable ; mais, comme l'église est vaste et que les traqueurs se trouvaient peu nombreux, il fallut beaucoup de temps pour réduire et prendre cet homme, qui espérait toujours s'échapper.

Dans cette partie de barres interminable, le fuyard recevait par-ci par-là force coups de bâtons et de crosses de fusils; on lui jetait des chaises et des bancs pour l'entraver; mais il se sauvait toujours à travers ces obstacles, arrosant le pavé du temple, du sang qui coulait de ses blessures. On marchait sur les hosties qu'il avait jetées à terre et qu'on foulait aux pieds sans le savoir : c'était un spectacle effroyable. Pendant ce temps, comme on avait fermé les portes, la foule instantanément avertie, grossissait au dehors et remplissait les rues avoisinantes. A la fin, on se rendit maître de ce sacrilége, que l'on conduisit en prison. On lui fit plus tard son procès et il fut condamné à 20 années de fers.

Pour purifier l'église de cette profanation, on célébra un service de circonstance, suivi de processions intérieures et extérieures, selon les prescriptions du culte catholique, afin d'effacer moralement ces abominables souillures.

Cet événement fit une telle impression dans la ville que toutes les personnes âgées s'en souviennent encore.

III.

UNE FILLE DE BELFORT
CONDAMNÉE A ÊTRE ENTERRÉE VIVANTE.

> J'étais devant le grand inquisiteur,
> On me saisit, prisonnière on m'entraîne
> Dans des cachots, où le pain de douleur
> Était ma seule et triste nourriture,
> Lieux souterrains, lieux d'une nuit obscure,
> Séjour des morts et tombeau des vivants !
> Après trois jours on me rend la lumière,
> Mais pour la perdre au milieu des tourments.
>
> (VOLTAIRE, La Pucelle chant VIIe.)

Dans l'histoire de la ville d'Ensisheim par Merklen, nous trouvons le détail suivant de l'affreux supplice auquel fut condamnée, en 1570, une fille de Belfort accusée d'infanticide. Pour l'honneur de la nation, le lecteur remarquera que l'Alsace n'appartenait pas encore à la France à cette époque de barbarie.

Cette fille, nommée Agathe, ayant été convaincue d'avoir fait périr son fruit, fut condamnée par la cour suprême d'Alsace, qui siégeait alors à Ensisheim, à être enterrée toute vivante, avec les circonstances suivantes :

Il était dit dans l'arrêt, que le bourreau, après avoir creusé une fosse, devait y coucher la patiente nue, entre deux fagots d'épines, et lui couvrir ensuite la figure avec une écuelle percée de trous, dans un desquels on laisserait passer un tuyau communiquant avec la bouche, pour ne pas intercepter l'air extérieur en l'enterrant.

Ce barbare supplice, dicté par des juges arbitraires, parut si atroce que plusieurs nobles et puissantes dames s'étant intéressées au sort de cette coupable infortunée, obtinrent la commutation de sa peine. On la mena près du pont de l'Ill, où elle fut précipitée et noyée dans les flots.

IV.
CLAUDINE MASSON.

Et que son corps sanglant privé de sépulture,
Des vautours dévorants devienne la pâture.
(OEdipe.)

En l'année 1688, Claudine Masson, fille d'un charbonnier, née dans les bois de Damjustin, étant servante chez M. Besançon de Cravanche, demeurant à Belfort, fut accusée d'infanticide.

Dans son interrogatoire, elle déclara que le père de son enfant était un soldat nommé Chésel, de la compagnie de M. de Laval, du régiment de Normandie.

Deux médecins furent chargés de visiter le cadavre de l'enfant, pour constater s'il était né viable. Il paraît que dans ces temps, la médecine et la chirurgie n'étaient guère avancées : ces docteurs ne firent aucune autopsie pour reconnaître l'état du poumon et s'assurer si cet organe de la respiration contenait de l'air vital. Ils se bornèrent à faire le rapport suivant :

« Nous, etc... certifions nous être transportés *sur*
« la maison de ville, pour visiter un petit enfant mort
« que nous avons trouvé serré au col sur *los esopha-*
« *gue* (sans doute le canal membraneux de l'œso-
« phage), avec une contusion de la grandeur de six
« pouces, et n'avons trouvé sur son corps autre coup
« qui lui puisse avoir donné la mort que *cella*. En
« foi de quoi, nous avons fait ce présent rapport en
« Dieu et conscience. »

On conçoit qu'un procès-verbal aussi savamment rédigé ne pouvait pas manquer d'éclairer suffisamment les juges; aussi cette fille fut-elle condamnée à mort. Son jugement portait qu'elle serait pendue et étranglée jusqu'à ce que mort s'en ensuivît, au lieu ordinaire (les fourches), et que son corps resterait exposé jusqu'à la consommation d'icelui; que *ses biens* seraient acquis et confisqués au profit de monseigneur le duc de la Mailleraie, seigneur haut justicier de Belfort et aux dépens.

Au temps où nous vivons, cette peine paraîtrait déjà passablement forte : c'était aussi l'avis de l'accusée, qui en appela ; mais, d'autre part, le procureur-général du roi, qui, de son côté trouvait apparemment la punition trop douce, releva appel *à minimâ*.

Le conseil souverain d'Alsace, qui siégeait en la ville neuve de Brisach, faisant droit sur l'appel *à minimâ* du procureur-général du roi, rendit son arrêt par lequel il était dit :

« *Qu'il a été mal jugé et bien appelé*; en con-
« séquence condamne ladite Claudine Masson à faire
« amende honorable à jour de marché, nue en che-
« mise, la corde au cou, tenant en sa main une torche
« ardente du poids de deux livres, tant au devant de
« la porte principale de l'église paroissiale de Bel-
« fort, qu'au devant de la maison du sieur Besançon
« de Cravanche, et là, à genoux, dire et déclarer que
« méchamment elle a célé sa grossesse et jeté son
« enfant dans les latrines; en demandera pardon à
« Dieu, au Roi et à Justice; ensuite de quoi elle sera
« conduite par l'exécuteur de la haute justice au lieu
« accoutumé à faire les exécutions, pour y être pen-
« due et étranglée jusqu'à ce que mort s'en ensuive;

V.

VOL DOMESTIQUE
PUNI DE MORT.

> Pendu, pendu.
> Pendu, pendu.
> (Le Postillon de Lonjumeaux, opéra comique.)

Le 9 janvier 1686, à la requête du procureur fiscal de la seigneurie de Belfort, le nommé François Bosson dit Servance, domestique de M. de Dampierre, lieutenant du roi en cette ville, convaincu d'avoir, en l'absence de son maître, forcé sa cassette et lui avoir pris environ trois cents francs en espèces d'or et d'argent, plus quelques cravates, deux tabatières et un couteau, fut condamné par le tribunal de Belfort à être pendu et étranglé sur la place publique, où, disait sa sentence, son corps mort devra demeurer vingt-quatre heures et sera ensuite porté aux fourches patibulaires; ses biens acquis et confisqués au profit de qui il appartiendra, etc. *(Extrait des Archives de Belfort.)*

VI.

DEUX FEMMES QUI SE BATTENT A L'EGLISE.

> Dans notre église on vit deux femmes,
> Se battre un jour devant le chœur ;
> Le ton menaçant de ces dames
> Aurait effrayé Jean-sans peur.
> Tous les assistants s'éloignaient
> De ces mégères effroyables,
> Et sans le bénitier où leurs mains se trempaient,
> On eut crû que c'était deux diables.

Ce dernier et petit procès, qui vient ici comme le

vaudeville après la tragédie, concerne deux commères de Belfort qui se sont injuriées et culbutées à l'église, il y a 160 ans, pour conquérir une place sur un banc. Il faut croire qu'une vieille rancune existait déjà entre elles.

Le fait s'est passé en l'année 1695. Marie Courtot et Marie Cappel, toutes deux de Belfort, se sont dit des injures, et se sont poussées et bousculées à l'église, pendant la messe, à propos d'une place pour s'asseoir sur un des bancs publics.

Ce scandale dans le lieu saint, fit traduire en justice les deux champions femelles, assignées dans toutes les formes par M⁰ Alexandre Déponté, « huissier à « cheval, exploitant par tout le royaume de France, « demeurant à Belfort ». — La principale accusée, Marie Courtot, considérée comme la plus coupable, fut condamnée à fournir six livres de cire à la fabrique de l'église et à tenir la prison pendant une nuit, plus aux deux tiers des dépens; et Marie Cappel, seulement à donner deux livres de cire, à tenir prison jusqu'à la retraite battue et au tiers des dépens.

VII.

LA COMTESSE DE LA SUZE.

Sa bonté, ses talents, la gloire de son père,
Ses grâces, sa beauté, cet heureux don de plaire,
Qui mieux que la vertu sait régner sur les cœurs,
Attiraient tous les vœux par leurs charmes vainqueurs.
(La Henriade paraph., chant 3e).

Nous avons dit, page 16, que nous reparlerions de la comtesse de la Suze; nous allons donc achever sa biographie.

Henriette de Coligny naquit en 1618. Son père était le petit-fils de l'amiral de Coligny, la plus noble victime de la St-Barthélemy.

Chez la jeune fille, les grâces crûrent avec l'âge, et son instruction augmentant de même avec les années, elle devint bientôt une personne accomplie. Elle fut mariée, en 1643, au comte de Hadington (Hamilton), gentilhomme d'une famille écossaise et protestant très zélé. Etant devenue veuve, elle se remaria avec Gaspard de Champagne, comte de la Suze, qui, ainsi que nous l'avons dit, fit la conquête de Belfort et autres villes de la Haute-Alsace, dont Louis XIII lui conféra le titre de seigneur. C'était un homme de guerre, bon militaire, mais d'un caractère sérieux et étranger aux délicatesses et au langage de la bonne compagnie.

On raconte que, pendant le siége que soutint le comte de la Suze contre le maréchal de la Ferté, qui vint investir Belfort par ordre de Louis XIV, la belle et courageuse comtesse allait jusque sous le feu de l'ennemi panser les blessés et leur porter des secours.

L'échec que subit le comte à Belfort, où il fut obligé de capituler, ne fit qu'aigrir son caractère. Sa femme, qui commerçait avec les Muses, aimait ardemment la liberté, cette passion du poète; mais le mari, jaloux à l'excès, la tenait dans une dépendance d'autant plus étroite, qu'il prenait pour des rivaux réels les personnages de romans et autres, avec lesquels s'entretenait sa moitié dans ses églogues. Les Tyrcis, les Cupidons, les Daphnis, les Tytires et les Léandres auraient passé un mauvais quart-d'heure, s'ils se fussent rencontrés face à face avec le comte furieux et jaloux. Heureusement que ces gentils damoiseaux étaient invisibles pour lui, et qu'il trouvait toujours sa femme seule, quand il allait la surprendre à la fontaine de Bermont.

Le mariage à la fin leur étant devenu insupportable, la comtesse alla vivre à Paris. La reine-mère qui l'aimait s'intéressa à sa conversion; elle commença par la cajoler, puis après l'avoir vue assez bien disposée, elle lui députa un avocat protestant converti, nommé Milletière, qui acheva de la persuader.

La comtesse de la Suze abjura donc le protestantisme, le 20 juillet 1653, devant le nonce du pape et en présence de la reine Anne d'Autriche, du frère du roi et de plusieurs évêques, prélats, seigneurs et nobles dames de la cour. Christine de Suède, qui avait elle-même abjuré le luthéranisme, devint son amie et sa protectrice et tâcha d'embellir les dernières années de son existence. Elle mourut en 1673, précédant dans la tombe deux autres femmes, auteurs contemporains, longtemps en possession d'une célébrité qui commence à s'éteindre, savoir : Mme Des Houlières, dont les pastorales ont joui jusqu'à présent d'une certaine illustration, ainsi que ses maximes entre autres celle sur le jeu :

> On commence par être dupe,
> On finit par être fripon.

et Mme de Sévigné, renommée par le style coulant de ses lettres.

Les œuvres de la comtesse de la Suze, ont été imprimées quelquefois seules et d'autres fois dans des recueils ou mélanges de poésie. — Les serpents de l'Envie ont non-seulement sifflé contre ses ouvrages, mais ils ont cherché à empoisonner de leur venin les mœurs de cette spirituelle femme, trop bonne pour vouloir se défendre.

Ceux qui croient, d'après Buffon, que le style c'est l'homme, pourront juger du caractère de la comtesse par les quelques vers suivants sortis de sa plume :

ÉLÉGIE IX.
(Edition de Trévoux, 1725.)

Hélas ! il est bien vrai qu'en l'amoureux empire,
La plus grande douceur est un cruel martyre,
Et que tous ces appas qui nous charment si fort,
Font naître des langueurs qui nous donnent la mort.
Depuis le jour que j'aime à peine je respire,
Si je veux respirer il faut que je soupire,
Et depuis que je sers mes ingrates amours,
J'ai trouvé le secret de mourir tous les jours.
Le repos que la nuit laisse au plus misérable
Ne vient jamais flatter le tourment qui m'accable,
Et le dieu du sommeil, ennemi de l'Amour,
S'accorde avecque lui pour me fuir à son tour.
Ce Démon inquiet, ou par ruse ou par rage,
Vient me donner la mort et m'en ôter l'image.
Tout ce que je connais parle de mon trépas,
Il n'est que le sommeil qui ne m'en parle pas.
Lorsque le dieu du jour quitte le sein de l'onde,
Pour apporter la joie et la lumière au monde,
Ma tristesse m'éloigne et du monde et du bruit
Et laisse dans mon âme une éternelle nuit.

CHAPITRE VII.

Nomenclature générale des Fonctionnaires civils et militaires, Officiers ministériels et Employés des divers services, tant de l'administration de la Ville que de celle de la Guerre, à la fin du mois de décembre 1854.

I.

FONCTIONNAIRES ET EMPLOYÉS CIVILS
DES ADMINISTRATIONS PUBLIQUES
COMMUNALE, DÉPARTEMENTALE, ETC.

Mairie et Municipalité.
MM. Christophe KELLER ✲, avoué, maire;
Philippe VOUZEAU, avocat, premier adjoint;
N...   2ᵉ adjoint.

Conseillers municipaux.
MM. Dantzer, chandelier; Napoléon Bardy, juge; Ph. Vouzeau, avocat; Emile Saglio ✲, banquier; Xavier Lebleu, négociant; Prosper Termonia, greffier; Paul-Jean-Baptiste Willemin, commissaire-priseur; F. Fritsch, dit Lang, négociant; Charles Nizole, avocat; Xavier Boltz, serrurier; J. Thierry, cultivateur; Michel Lollier, arpenteur; F.-X. Quellain, percep-

teur; Ferdinand Lalloz, avoué; A. Antonin, ex-receveur; C. Keller, avoué; Ed. Mény, notaire; Baize-Felemez, négociant; Hip. Petitjean, médecin; F. Juteau, négociant; B. Hyvernat, vétérinaire, et N. Etterlé, boulanger.

Victor Dantzer, receveur municipal et trésorier de la caisse d'épargne.

F. Adam, secrétaire de la mairie.

Ignace Duquesnoy et Emile Antonin, employés.

Sous-préfecture.

M. Anatole de Barthélemy, sous-préfet.

MM. François-Xavier Duquesnoy, secrétaire; Xavier Schwalm, employé.

Tribunal de première instance, Parquet, Greffe, etc.

MM. Kling, président; Nap. Bardy et Auguste Rubat, juges; Hippolyte Jannesson, juge d'instruction; C. Keller, C. Lapostolest et de Schauenburg, juges suppléants.

M. Wagner, procureur impérial.

M. Amédée Lacombe, substitut.

MM. Prosper Termonia, greffier; J.-T. Christen, commis greffier; Maurice Jecker, huissier, interprète juré pour la langue allemande.

Avocats.

MM. Fidèle Nizole, père, bâtonnier de l'ordre; Philippe Vouzeau, Ch. Lebleu, Ch. Nizole, Auguste-Valère Antonin, fils; Gustave Parisot, Michel Thiault, Louis Erard, de Juvigny.

Avoués.

MM. C. Keller, A. Antonin, père, Pierre Royer, F. Lalloz, C. Lapostolest, Aloïse Schmitt, Octave Berthold, Georges Lehmann.

Notaires.

MM. Louis Erard, C.-M.-J. Lardier, Ed. Mény, Octave Péquignot.

P.-J.-B. Willemin, commissaire-priseur.

Huissiers.

MM. Maurice Jecker; Ed. Antonin; Paschal Petitjean; J.-P. Roy; C. Richardot; P. Pattat.

Justice de Paix.

MM. Joly, juge de paix; F. Nizole et P. Vouzeau, avocats suppléants.

A. Giroy, greffier.

Tribunal de Commerce.

MM. F.-X. Lebleu, président; F. Fritsch, dit Lang, Em. Saglio, X. Rochet, juges; Baize et F. Juteau, juges-suppléants; Joseph Durosoy, greffier.

Enregistrement, Domaines et Timbre.

MM. Oudille, vérificateur; Martin et Sabon, contrôleurs.

Ed. Arnal, receveur des actes civils; Mayeton, receveur des actes judiciaires et des domaines.

Hypothèques.

M. Rupied, conservateur.

Finances.

M. César de WALDNER O ✳, receveur particulier.

MM. Dom. Baccara, chef de comptabilité; Marsot, caissier; Besançon et Kanengieser, employés; Léon Felmann, surnuméraire.

MM. Larger, percepteur de la ville; Laroque, id. de la banlieue.

Poids et mesures.

M. Paul Besson, vérificateur.

Contributions indirectes.

MM. Henri Marionnelz, inspecteur; René Villemin, receveur principal et entreposeur; Grappe, contrôleur; Séb. Démeusy, premier commis; Andelauer, Victor Bouillet, A. Mazaudier et F. Hoffmann, employés; Taillandier, surnuméraire; Ed. Demesy, garde magasin des poudres et tabacs; Girardet, employé en retraite, receveur buraliste pour le commerce du faubourg.

Douanes.

M. Brageux, préposé de l'administration.

Poste aux lettres.

M. de Villaucourt, directeur.

MM. Menétré, Berbez et Goutzwiller, commis; Vuillemin, facteur pour la ville, et Touvrey, pour le faubourg.

Eaux et Forêts.

MM. Camille Elminger, inspecteur, et Myrtil Lyon, sous-inspecteur.
Désiré Besson, brigadier-forestier sédentaire, employé chez l'inspecteur.
Marc Lepavec, id. au triage de Perouse et Belfort.
Alexis Courtot, id. à Dorans.
Joseph Crolotte, garde à Vétrigne.
François Martel, id. à Vézelois.
Xavier Devantoy, id. à Chèvremont.
Durand, idem à Cravanche.
François Brué, id. au Salbert.
François Courtot, id. à Bavilliers.
Constant Gigondet, id. à Danjoutin.

Ponts et Chaussées.

MM. Eugène Bogard, conducteur principal, faisant fonctions d'ingénieur; Georges Cacheux, conducteur de 1re classe; A. Pryziesky, Vital et Ambroise, conducteurs; Follot et Winterer, agents secondaires.

Chemins vicinaux.

M. Claude Guillot, agent-voyer de l'arrondissement.

Chemin de fer de Paris à Mulhouse.

MM. Marsillon, ingénieur; Rique, chef de bureau; Chollet, chef de section; Faliès, sous-chef.

Télégraphie électrique.

M. Lacordaire, inspecteur pour la traversée de Belfort.

Prison ou maison d'arrêt.

M. Weltstein, gardien-chef.

Cultes.

Catholique. — MM. FAITIER, chanoine honoraire, curé; Erard et A. Marchal, vicaires.

Israélite. — M. Léopold Lehmann, rabbin.

INSTRUCTION PUBLIQUE.
Collége.

MM. MICHEL, officier de l'Université, principal, chargé de la logique.
Marchal, vicaire de la paroisse, aumônier.
Lecoq, officier d'académie, professeur de mathématiques supérieures.
Noël, professeur de mathématiques élémentaires.
Maire, licencié ès-lettres, professeur de rhéthorique et de seconde.
Wehrlé, licencié ès-lettres, id. de 3e et de 4e.
Girard, professeur de 5e.
Tavernier, id. de 6e.
Noll, id. de classe française.
Eltzer, maître d'études, chargé de la 7e.
Moschenros, id. chargé de la 8e.
Genty, maître de dessin.
Himbert, maître d'écriture.

M. J.-B. Heinrich, inspecteur de l'instruction primaire.

Instituteurs.

MM. A. Morlot, F. Vérain, P. Moissonnier, — Bloch, pour les Israélites.

Pensionnats de demoiselles.

Mmes Calmel, institution supérieure; Mlle Mayer et Mme Hantz, institutions secondaires.

Comité d'hygiène publique.

MM. J. Herrgott, docteur en médecine, (appelé aux fonctions de chef de clinique à Strasbourg); Hippolyte Petitjean, docteur en médecine; Laurent Beloux, pharmacien, E. Bogard, ingénieur.

Médecins civils, etc.

MM. J. Herrgott, A. Regnauld, H. Petitjean, Jules Jacquesmoux; Ponceot ✸, chirurgien aide-major en retraite.

Architectes.

MM. Diogène Poisat, inspecteur des bâtiments communaux, Aristide Poisat, Constant Tisserand.

Officiers de pompiers.

MM. Mény, notaire, capitaine; Frossard, marchand, et Meyland, tailleur, lieutenants.

Poste aux chevaux. — Mme veuve Bély, au faubourg.

Vétérinaires. — M. Benoit Hyvernat.

Dépôt d'étalons du haras régional de Strasbourg, chez Mme veuve Noël Lapostolest, aubergiste.

Police.

MM. Guillaume Hoffmann, commissaire de police; P.-J. Cuenot, sergent de police; Gaspard Gerhardstein, Alf. Meunier, Beuret, agents; F. Bick et J. Perrier, agents auxiliaires.

Préposés à l'abattoir. — MM. B. Croizat, receveur-buraliste central; J. Metzger, préposé à l'inspection des viandes et du bétail, dans l'intérêt de la santé publique.

Octroi. — MM. Séb. Démeusy, préposé, surveillant en chef; Monségur, receveur à la porte de Brisach; Straub, au faubourg de Montbéliard; Garnache, père, au faubourg de France; Winckler, au faubourg des Ancêtres.

Nota. Un nouveau tarif de l'octroi avec environ 10 p. 0/0 d'augmentation vient d'être promulgué pour 10 ans, le 15 décembre 1854.

Préposé à la Halle, M. Godard.

Bascule de la ville, M. Séb. Démeusy, préposé.

Fermier-collecteur des droits d'étalage aux foires et marchés, M. Pierre Valet.

Entrepreneur de l'éclairage, M. Etienne Porterat.

Enlèvement des boues, M. J.-P. Pierrejean.

Tambour de ville, afficheur et crieur public, M. Georges Populus.

Gardes champêtres du ban de Belfort.

MM. Vallet, de Danjoutin au Valdoie ; Sujet, du Valdoie à la Justice ; Beuret, de la Justice à Danjoutin.

II.

FONCTIONNAIRES MILITAIRES
ET EMPLOYÉS DES DIVERS SERVICES
DE L'ADMINISTRATION DE LA GUERRE.

Etat-major de la Place.

M. François PIERSON, O ✹, lieutenant-colonel, commandant de place.

MM. Romulus SANTELLI ✹, capitaine, et PHILIPPE, lieutenant, adjudants de place.

Portiers. — MM. Seiller, à la porte de France ; Riandey, à la porte de Brisach ; Jude ✹, au Château.

Sous-intendance militaire.

MM. GALLER, sous-intendant ; Dantzer, adjudant.

Subsistances militaires.

M. MÉRILLON, officier comptable.

Service de santé.

M. COLETTE ✹, médecin principal.

MM. N..., médecin-major ; NN... médecins aides

majors; N..., pharmacien-major; Boulin, officier-comptable; Cousin, adjudant en second; M. l'abbé Froment ✻, aumônier.

Lits militaires, M. Malton, préposé.

Gendarmerie.

MM. F. Noirot ✻, lieutenant; And. Vonthron, maréchal-des-logis; Heim, brigadier.

Artillerie.

MM. Ed. Perrey ✻, chef d'escadron; Alexis Corvaisier ✻, capitaine; S. Laurent ✻ et P.-E. Bohan, gardes.

Génie.

MM. Le Provost ✻, commandant, chef du génie; Alexandre ✻, capitaine; Elix Droit et J.-Ch. Toussaint, gardes.

Concierges des bâtiments. — MM. Baumann ✻, au quartier Neuf; Betton, à la Justice; Himbert, en ville.

Chauffage des troupes. — MM. Victor Widemann et Henri Bontemps, fournisseurs.

Convois militaires. — M. J.-B. Canet, commissionnaire pour les transports de la guerre.

CHAPITRE VIII.

Tableau de tous les Négociants, Fabricants, Marchands, Artistes et Industriels de la ville de Belfort, à la fin du mois de décembre 1854.

(Afin de mieux renseigner les étrangers sur l'emplacement des établissements industriels de la ville, nous ferons précéder de ce signe § ceux qui sont situés dans les faubourgs, et que nous indiquerons à la file après ceux de la cité.)

Accoucheuses. — Mmes : femme Jacques Mayer ; femme Vernier ; femme Auguste Mayer ; Mlle Julie Biétry, ventouses et bains de vapeurs.

Agents de remplacement. — § MM. F.-C. Genin ; Bloch, frères.

Armuriers. — M. J. Henriot.

Arpenteurs. — M. Michel Lollier.

Assurances contre l'incendie et sur la vie. — Le Phénix : M. Laroyenne ; le Soleil : M. Laporte ; la France : MM. Sibre et Gressien ; la Générale : M. Ignace Duquesnoy ; l'Union : M. J.-P. Roy ; le Globe : M. Roman ; la Paternelle : M. Rameau ; l'Aigle : M. Reinach ; § la Nationale : M. P. Garnache ; l'Urbaine : M. Paul Willemin.

Aubergistes. — MM. J. Goffinet, à l'Ange ; X. Schwalm, et café ; veuve Schmitt, au Raisin ; veuve Namon, à la Balance; veuve Dehanot, à la Sirène ; J. Brunschwig, pour les Israélites ; ⸔ veuve Bély, au Sauvage ; veuve Lapostolest, aux Canons; F. Besson, à la Couronne ; X. Pouchot, à l'Etoile; veuve Meillère, au Cerf; Subiger, à la Chasse; Bobée, au Postillon ; Bourcard, aux Deux Clefs ; veuve Bourquin, au Paon ; Vallet, à la Route de Montbéliard ; Génot, à l'Arbre Vert ; Gaspard, au Lion Vert ; Koch, à l'Ours Noir ; Laurent Schuller, au Cerf.

Bains publics. — MM. Baize, père ; ⸔ Godard, au Fourneau; Alexandre Jeannin, à la Forge. (*Voy.* Douches.)

Banquiers. — MM. Emile Saglio, ⸔ Juteau, frères, X. Lebleu, J.-B. Canet.

Bâtiments (Entrepreneurs de).—MM. J. Feldkirch, P. Düss, pour les travaux communaux et particuliers. ⸔ MM. Schultz, pour les fortifications, et Deffayet, pour les chemins de fer.

Bois à brûler. — MM. Widemann et Bontemps.

Bonneterie et cotons filés. — MM. Jacquerez, F Goux, ⸔ Herbelin.

Bottiers et cordonniers. — MM. Jeansen, Jund, C. Traut, Nicot, Jourdren, André, Gaillard, S. Lévy, Populus ; ⸔ L. Capron, Wanhowe, Gressler.

Bouchers. — MM. Merle, Hauptmann, Ab. Aron, Maur. Aron, Neph. Grombach.

Boulangers. — MM. N. Etterlé, Muller, Jenn, Coré, Mermet, Weitmann, J.-B. Huntzbüchler, L. Huntzbüchler, R. Boulanger, Picard, ⸔ Ferdinand Lhomme, Séb. Amm, Fritsch, Stiégler, Perret.

Bourreliers. — MM. G. François, ⸔ H. Brechon, Petet, Avenière, Bonville.

Brasseurs. — ⸔ MM. G. Lux, Corbis, Schmitt.

Broderies en blanc. — Dépôt chez M. David Lévy, au magasin de LA PETITE JEANNETTE. Dessins, calques et impressions, Mlle Perrin, Mlles Fleury, à la Forge, et Mme Boudet. (*Voy.* Modistes et Nouveautés.)

Cabaretiers. — MM. P. Merle, à la Chaîne d'Or ; Bretillot, à l'Etoile d'Or; J. Brosy; J. Herbelin, à la Comète; Lacolombe, au Rendez-vous des Lorrains ; Julie Biétry, et gîte pour les passants (1); Michel, au Pompier; Piotte, et café, au Chevreuil; Jh. Couthrut, au Soleil; Widemann, au Chevalier Romain ; Huntzbüchler, à la Croix d'Or ; veuve Grimaud, aux Deux Nègres; Mlle Tony Dantzer, à l'Arbre Vert ; Beton, au Chariot d'Or ; Nap. Goffinet, au Lion d'Or ; P. Durand; au Pélican; veuve Bétry, dit Bosquet, au Petit-Tonneau; Laurent Schouller, père, au Bœuf Rouge; Centlivre à la Croix d'Or ; Jacquerez, à l'Aigle ; veuve Bindler, au 4e Hussards; Piercy, à la Clef d'Or; Christophe Cottet; Christophe Mistelet, au Lion Vert ; A. Loviton, au Cheval Blanc; Sébast. Amm; Klein, à la Demi-Lune; Rousselet, à l'Ours Brun ; Christophe Schouller et Louis David, au Fourneau.

Cafetiers. — Mlles Morel (café des officiers) ; A. Mesple; Boul, café du Haut-Rhin; Florian Grosclaude, café de l'Europe ; P. Wailliang ; Ph. Riethmüller, café Français ; Dom. Anselm; X. Schwalm; Richard Cousin ; C. Masson, café Militaire ; André Piotte, au Chevreuil ; C. Varin ; Laurent Schouller, brasserie de l'Espérance, à la porte de Brisach ; L. Houbre, Hôtel des Messageries; J. Juteau, café du Commerce ; Séb. Démeusy, café d'Alsace ; E. Chevre, café du Faubourg ; Vinc. Cusin, à la Réunion ; Schmitt, et brasserie, et George Lux et brasserie au Fourneau.

Carossiers. — M. P. Meillère.

Casquettiers. — MM. J. Eltgen, P. Dominique, F. Vuillemin, Salomon Lévy.

Chandeliers et Ciriers. — MM. P. Dantzer, P. Baize-Felemez, Sébastien Fournier.

Chapeliers. — MM. F. Fritsch, dit Lang, F. Jamais.

Charcutiers. — MM. J. Metzger, P. Merle, Ph. Himbert, P. Legros, Legros, dit Valentin, X. Hauptmann.

Charpentiers. — MM. A. Vallet, pour les fortifications ; F. André, Fré. Vallet.

---

(1) Disons-le bien haut, afin que chacun le sache, que dans ce modeste mais charitable logis, véritable succursale de l'hospice du Saint-Bernard, connu seulement des malheureux, maint pauvre voyageur exténué de fatigue et sans argent, y a souvent trouvé gratis son coucher e t de quoi appaiser sa faim.

Charrons. — MM. J.-C. Meillère, P. Breton, François Poutignac, P. Mermet, J. Thierry, P.-L. Thurin.

Coiffeurs et perruquiers. — MM. Louis Morlot, J.-G. Morlot, C. Philippon, Lachiche, frères, J. Rémond, ⚭ veuve Vinot, Martin Brémond.

Coiffeuses. — Mmes Maître, André, et veuve Monin ; Mlles Garet, Frileux, Falekre, Toin, Geisser. ⚭ Genin et Lestievent.

Commissionnaires de roulage. — ⚭ MM. Louis Royer, Juteau, frères, J.-B. Canet.

Confiseurs. — MM. J. Paillard, E. Schultz, J.-B. Gérard.

Couturières en robes. — Mlles Adèle West, Eugénie Charmois, Pauline Baguet, Antoinette Miotte et sœurs, et Joséphine Rémy.

Corroyeurs, Mégissiers et marchands de cuirs. — MM. Bontemps, J. Laurent, Sam. Lévy, ⚭ Péquignot.

Cristaux, verrerie, porcelaine et fayence. — Mme veuve Baruzzi, MM. V. Blondé, Th. Vaurs, ces deux derniers, spécialités pour la fayence et la poterie.

Couteliers et rémouleurs. — MM. Oriez et Dépierre.

Daguerréotypie et Photographie. — M. Joseph Vernier, au Fourneau, portraits, vues, etc.

Douches et établissements hydro-thérapiques. — M. le docteur Petitjean ⚭ et dans la maison de la pharmacie de feu M. Séjourné, au faubourg.

Ebénistes et menuisiers. — MM. Joseph Charmois, Louis Keller et fils ; G. Colmerauer, F. Isselin, J. Portine, Alex. Pélisson, fils, spécialité pour billards, X Rérot, T. Daval, ⚭ F. Kirchmeyer et Gressler.

Epiciers. — MM. F. Gauvin, J.-B. Menétré, F. Gueydan, Ar. Gueydan, A. Juster, X^r Juif-Conrad, L. Felemez, J.-B. Petitjean, V. Blondé, J.-Ch. Frossard, Jacq. Sibre, Adèle Guillerey, veuve Jourdain, et poteries; Jh. Gravier et dépôts de sangsues; J. Laporte, Célestin Oriez, Jh. Rueff, Louis Petitjean, Béchevet, Perroz, Nicot, P.-A. Vallet, veuve Netzer, J. Voisinet, ⚭ X^r Lebleu, en gros; Baize-Felemez, Heitz, Victor Cusin, veuve Moppert, Meillère, J.-B. Riffart, Ruotte, veuve Rüttre, veuve Vinot, Judice. sœurs.

Fabriques diverses. — MM. J. Mayer, couvercles de pipes ; ℘ Anatole Berthold, même fabrication, papier frangé pour les confiseurs et torchons en fils de fer ; J. Villien, corps en bois pour pompes et conduites d'eau ; Mme veuve Girard et Mlles Knotterer, fleurs artificielles.

Ferblantiers. — MM. F. Monchot, J. Mayer, J. Frossard, J. Magliocco, G. Damotte, Salomon Marsot, ℘ Théod. Mayer.

Fers, métaux et quincaillerie. — Mme veuve Leroux, MM. Cél. Stainacre, Abel Beloux, crin, plume et instruments pour la pêche; ℘ P. Garnache.

Fripiers. — MM. Cél. Centlivre, J. Renaud, veuve Grimaud, Félix, fils, et chaussures d'occasion.

Graveurs. — MM. J. Poulain et Ch. Croulet.

Horlogers. — MM. L. Felemez, C. Perrin, P. Wasmer, J. Digue, Emmanuel Bomsel.

Hôtelleries. — MM. C. Gschwind, au Tonneau d'Or ; J.-B. Martin, au Canon d'Or ; ℘ A. Jæglé, à l'Ancienne Poste ; L. Houbre, Hôtel des Messageries.

Imprimeurs et Lithographes. — Mme veuve J. Clerc et J.-B. Clerc, Journal de Belfort et du Haut-Rhin.

Jardiniers. — ℘ MM. Bucher, frères, P. Grille, Grille, père et fils, Chr. Hautier, et fils, P. Fournier, C. Charles, Emm. Genot, J.-B. Larmet, veuve Loviton, J.-F. Vernier, N. Vinez, L. Tournier.

Libraires et papetiers. — Mme veuve J. Clerc, MM. P. Pélot et articles de piété, V. Duperron et cabinet de lecture, Leh. Lévy, papetier.

Loueurs de voitures. — ℘ MM. A. Katterlé, J. Moppert, F. Bourcard, veuve Moppert, X. Pouchot, Al. Moppert et courrier de Montbéliard.

Marchands divers. — MM. Juliard, parapluies, tapis et toiles cirées ; Ponchie, id. ; Bretillot, Donzelot, veuve Stroltz et Cuenat, fromages ; veuve Thériot, vanneries, paillassons, etc. ℘ J. Gravier, N. Courtot et J.-B. Ravi, marchands de planches ; J. Voisinet, marchand de vaches et de génisses ; F. Bernard, Bloch, S. Lévy, Ar. Nathan, C. Picard et Léonard Weill, marchands de chevaux et de bestiaux ; J. Cloutier et G. Ross, vendeurs de bric-à-brac.

Maréchaux ferrants. — MM. J. Nicot, ⚔ Aimable Boulantier, J. Katterlet, X. Petit, F. Meillère, J. Barberet.

Mécaniciens. — MM. J. Villien et pompier, J. Henriot et fondeur.

Mercerie et quincaillerie en gros. — MM. F. Grosborne, César Perret, veuve Leroux, ⚔ Vannoz et Brun.

Merciers, marchands. — MM. F. Cayot, Guillot et épiceries, Jh. Durand, veuve Fressenot, J. Bompas, Mmes Fleury.

Messageries impériales et générales réunies. — M. Victor Spetz et Ce au faubourg ; Gschwind, place d'Armes.

Meubles, literie et objets d'occasion. — MM. Nat. Katz et quincaillerie ; J. Brunschwig.

Modes, lingerie et nouveautés. — Mlles Angerran, Jaloustre, Dorvaux, Cénay, Petitjean, West, Fanny Gressien, Mmes Hip. Guenot, Baruzzi, Kieffer, Seurr, Boudet, Louis Morlot ; et pour la spécialité des corsets, Mmes Rivière et Mans, Mlles Adélaïde Riandey et Eugénie Monchot.

Musiciens pour bals et soirées. — MM. J. Eltgen, basse ; Lachiche, frères, violon, flageolet, ophicléide et basse ; V. Kaiser, cor et piston ; J. Armand, second violon ; ⚔ F. Guenal, clarinette, F. Laurent, basse.

Nouveautés et articles de Paris. — Mme veuve Baruzzi, MM. Hipp. Guenot, fleurs et chaussures ; A. Jeanclerc et draperie ; J. Manchon, ambulant.

Orfèvres et bijoutiers. — MM. J. Poulain, dépôt de l'orfèvrerie Christofle, remet les dents et mâchoires artificielles, système Fattet ; Ch. Croulet, veuve Baruzzi, A. Jeanclerc.

Papiers peints. — MM. Prosper Moissonnier, Leh. Lévy.

Parfumerie. — MM. Guenot, Manchon, etc. (*V.* Coiffeurs)

Pâtissiers. — MM. J.-B. Gérard, Domi. Anselm.

Peintres. — Artistes pour le portrait et le décor, MM. Ch. Gaumain et Henri Boudet, fleurs et fruits, animaux et dessins ; en bâtiments et colleurs de papiers, MM. Ch. Gaumain, P. George, J. Maurice, A. Mesple, J.-B. Ruotte, D. Tousset et vitrier, A. Echappe.

Pharmaciens. — MM. L. Parisot, Hip. Regnault, Laurent Beloux, Fortuné Richemer, ⚔ feu Séjourné, en gérance.

Placeuse de servantes, Mlle Adé. Dominique.

Planches, lattes, etc. — (*Voy.* Marchands.)

Professeurs de musique, pour le piano, MM. E. Salmon, F. Seydel, organiste, Mlles Thér. Mayer et Virginie Graff; pour le violon, M. Patinot ; pour la comptabilité, M. Prosper Hocmard, teneur de livres.

Ramoneurs. — MM. Jacq. Duré, et Barth. Fritz.

Relieurs. — MM. J. Beischer et Lehm. Lévy.

Restaurateurs. — MM. Dom. Anselm, veuve Rossée, à la Pierre de la Miotte; X. Schwalm, ⸱ veuve Piney et Rérot.

Rouenneries, étoffes, ·*etc.* — MM. A. Jeanclerc, Moïse Hauser, David Brunschwick, Jacob et Moïse Lévy, veuve Léopold Brunschwick, Brunschwick-Dreyfouss, Charles Hauser, et rubannerie, L. Picard, id, Ruben Brunschwick, F. Cayot, Mmes Kieffer, Cénay, Gressien, Mlle Deschamps.

Sablerie. — Mme veuve Leroux, MM. Stainacre, Beloux, Katz, ⸱ Garnache.

Sabotiers et galochiers. — M. Marconnot.

Scierie de planches, bois, etc. à l'usine du Fourneau.

Sculpteurs. — MM. E. Meigret, sur pierre et sur bois, ornements, etc.; G. Schneider, sur pierre.

Serruriers. — MM. X^r et G. Boltz, pour les fortifications ; Charpiot, père et fils, F. Duquesnoy, Ferd. Hux, J.-B. Maré, ⸱ A. Lestiévent et E. Jacquot.

Tabac et poudre (débits de). — MM. Léop. Felemez, Cél. Oriez, et tabac de cantine pour l'armée, poudre de chasse et *poudre de mines*; Jacq. Sibre, Mlles Antonin, et poudre de chasse; J. Voisinet, ⸱ Baize-Felemez, et poudre de chasse ; Heitz, veuve Ruttre, Th. Rousselet.

Tailleurs. — MM. And. Giros, fils et marchand de drap; Muller-Colasson, id.; F. Maître, Th. Meyer, J. Perroz, J. Siès, Martin Walch, R. Holtzlaad, Jean-Claude Girard, F. Echappe, Bringé, Arndt, Franck, Mans, Wolmer, ⸱ Meyland.

Tanneurs. — ⸱ MM. Bontemps, Laurent et Herbelin.

Tapissier. — M. Antoine Jaloustre.

Teinturiers. — MM. P. Coré, J. Dupont, ⚭ N. Herbelin, Adolphe et Pierre Tavel frères.

Tonneliers. — MM. Did. Brellemann, Et. Muller, F. Muller, ⚭ A. Bury, J. Himmelspach, N. Dubail.

Tourneurs. — MM. J.-B. Dorvaux, J. Gressien, Melchior Duclos, ⚭ Gaspard Cuenin, pour bois de fauteuils.

Tuilier. ⚭ — M. Hubert, au Coinot.

Vins en gros. — MM. Gressien et Sibre, F. Gauvin, Ad. Rameau, Richard Cousin, J.-B. Menétré, A. Cusin, ⚭ Fritsch, dit Lang, frères, Cyprien Fiereck, Dubail-Douvillé, Salom. Lehmann, X. Bloch et F. Mouilleseaux.

Vitriers. MM. D. Tousset, Dépierre, Valchera et Lanzini.

CONCLUSION.

<blockquote>
Ecrive qui voudra, chacun à ce métier
Peut perdre impunément de l'encre et du papier.
BOILEAU.
</blockquote>

Ainsi qu'un navigateur peu expérimenté qui, après sa première traversée orageuse, éprouve une vive satisfaction de toucher au port, nous ressentons de même un véritable plaisir d'être arrivé à la fin de notre tâche, tant nous avons éprouvé d'inquiétudes par la crainte de donner trop de prise à la critique. Nous avons aussi appris par cet essai, qu'il ne suffit pas de la seule bonne volonté pour écrire même une simple compilation, mais qu'il faut encore posséder un certain fonds d'instruction, afin de bien coordonner les faits et embellir les descriptions par un style concis et agréable.

Les personnes instruites, en si grand nombre en ce pays et qui auraient pu certainement beaucoup mieux que nous traiter le sujet que nous avons entrepris, occupent des emplois sérieux et n'ont, par conséquent, pas de temps à perdre à des recherches et à des démarches souvent pénibles qu'elles pourraient non sans raison considérer comme étant au dessous d'elles. Il fallait donc, à défaut d'un écrivain érudit, que quelqu'un d'assez confiant dans ses propres moyens, essayât d'accomplir cette tâche et voulût bien encore hasarder les frais toujours considérables que nécessite l'impression d'un ouvrage. Nous avons eu cette hardiesse, quoique notre livre eût pu avoir le sort de ceux dont parle Boileau : heureusement qu'il n'en a pas été ainsi, et que l'*Histoire pittoresque de Belfort*, telle que nous la présentons au public, a été accueillie dans le pays avec une faveur vraiment inespérée, puisque le placement de la moitié de l'édition était assuré avant que l'ouvrage fût entièrement imprimé. Nous n'ignorons pas que nous sommes redevable de ce succès de bon augure, aux personnes bienveillantes qui se sont empressées de souscrire à notre ouvrage et qui, après avoir eu connaissance de quelques fragments du manuscrit, ont bien voulu nous recommander dans le cercle de leurs amis. Nous les prions de recevoir ici nos sincères remercîments pour avoir encouragé notre début et soutenu nos efforts; aussi avons-nous redoublé de zèle pour répondre à ce témoignage d'affectueuse confiance, dont nous leur sommes infiniment reconnaissant.

Il ne reste plus à l'auteur qu'à réclamer l'indulgence du lecteur, auquel il n'a rien de mieux à dire, pour se le rendre favorable, que ce que disait autrefois Lafontaine au Dauphin :

> Si de vous agréer je n'emporte le prix,
> J'aurai du moins l'honneur de l'avoir entrepris.

A. CORBET.

Belfort, le 25 décembre 1854.

TABLE DES MATIÈRES

CONTENUES DANS CET OUVRAGE.

	Pages.
ABATTOIR et BOUCHERIES	222.
ANABAPTISTES	274.
ANTONIN	164, 205.
ARSENAL	206.
ARTISTES CÉLÈBRES	179.
ARTUS (le bailli)	162.
ASSURANCES	311.
AUBERGES	254, 311.
AVANT-PROPOS	VI.
AVOCATS ET AVOUÉS	304.
BAINS PUBLICS, DOUCHES, etc.	256, 312.
BASCULE	207.
BAVILLIERS	135.
BELLONNET (de)	172.
BIBLIOTHÈQUE	247.
BLÉTRY	163.
BLOCUS DE 1814	73.
— DE 1815	78.
BOYER (le général)	154.
BRASSE (le cimetière de)	224.

TABLE DES MATIÈRES.

	Pages.
CANAL	208.
CARLHAN, médecin	167.
CARROUSELS de la garnison	97.
CASERNES	242.
CÉLÉBRITÉS DU PAYS	151.
CHARDOUILLET	156.
COLLÉGE	229, 307.
CONCLUSION.	319.
CONSEILLERS MUNICIPAUX	303.
CONSPIRATION DE 1822	84.
DEGÉ, tabellion	165.
DÉPUTÉS et représentants	122.
DOUCHES, etc.	314.
DUROSOY (l'abbé)	153.
ECOLES	126.
EGLISE PAROISSIALE	194.
EPHÉMÉRIDES de la dernière période républicaine	102.
ENVIRONS de Belfort vus à vol d'oiseau	129.
ESPÉRANCE (l')	210.
EXÉCUTIONS CAPITALES.	62, 66, 290.
FELEMEZ (l'abbé)	157.
FÊTES des environs de Belfort	129.
FOIRES et marchés	122.
FONCTIONNAIRES civils	121, 181, 303.
— militaires	121, 309.
FONTAINES	238.
FORTIFICATIONS.	258.
FOURNEAU (le)	141.
FROIDEVAL	286.
GALANS de Chèvremont (les).	146.
GIROMAGNY	131.
HAAS, député	166.
HALLE aux farines	241.
HISTOIRE de Belfort (partie historique)	9.
HÔPITAL militaire	248.
HOSPICE civil	250.

TABLE DES MATIÈRES. 323

Pages.

Hôtel-de-Ville	192.
— de la Sous-Préfecture	204.
Hôtelleries 252,	315.
Industries diverses	311.
Instituteurs	307.
Israélites	263.
Jugements remarquables	290.
Justice (la)	142.
Keller (Jean), magistrat	165.
Kléber (le général), architecte . 63, 160, 169,	193.
Lamblé	158.
Laporte, Sébastien	156.
Lapostolest. 65, 133,	186.
Lecourbe (le général) 79, 171,	205.
Lollier, médecin	176.
Maires de Belfort jusqu'à ce jour	121.
Marcon	68.
Médecins	308.
Mengaud (général)	161.
Messageries 127,	316.
Miotte (la Pierre de la)	210.
Montbéliard	68.
Monuments publics	191.
Négociants, Marchands, etc	311.
Noblat (la famille)	137.
Nourriture	119.
Octroi et Tarif 124,	308.
Officiers dans l'ancienne armée	177.
— en activité	183.
— anciens de la garde nationale . .	188.
Particularités et Anecdotes	263.
Pavillons	245.
Pensionnats 126,	307.

TABLE DES MATIÈRES.

	Pages.
Perouse	143.
Pierron curé	152.
Population	114.
Porte (l'abbé de la)	151.
Prison	237.
Procession en 1854	278.
Promenades	235.
Protestants	273.
Renseignements divers	116.
Restaurateurs	255, 317.
Richard (le chanoine)	173.
Rosemond (le) ballade	46.
Roussel, général	161.
Sexe	13.
Statistique	113.
Stroltz (le général)	160.
Stroltz la famille	64, 186.
Suédois (les)	40.
Suze (la comtesse de la)	15, 137, 299.
Température	117.
Théatre (le)	231.
Trou de la grande Catherine (le)	212.
— des Capucins	249.
— de la Dame	287.
Turenne (le maréchal)	56.
Valdoie (le)	133.
Vauban	52.
Vernouillet (le marquis de)	159.

FIN.

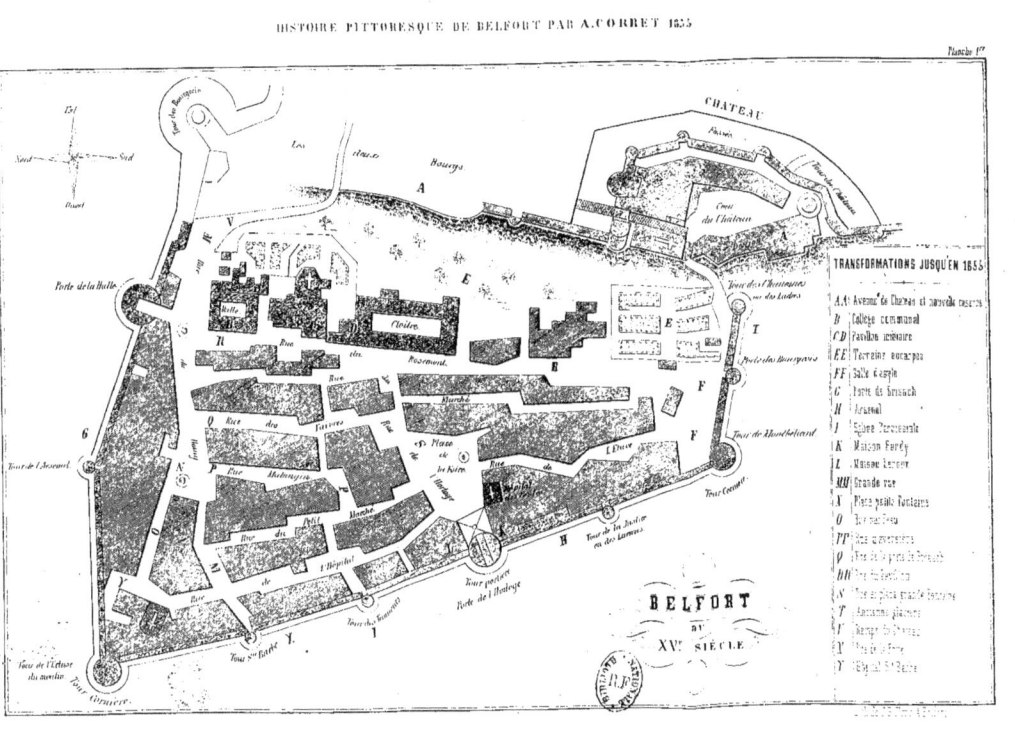

HISTOIRE PITTORESQUE DE BELFORT PAR A. CORBET. 1855.

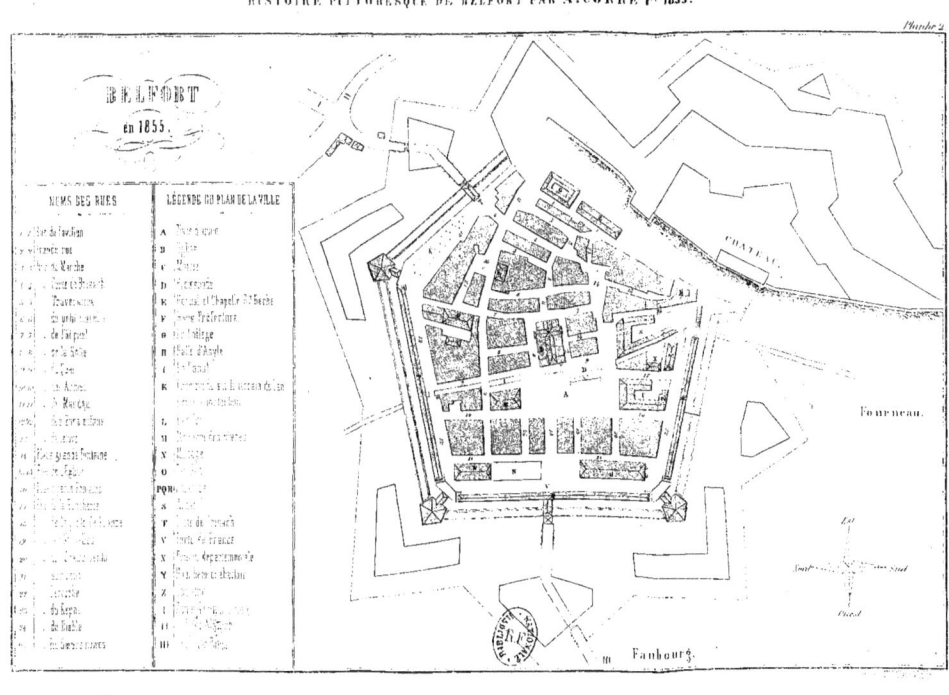

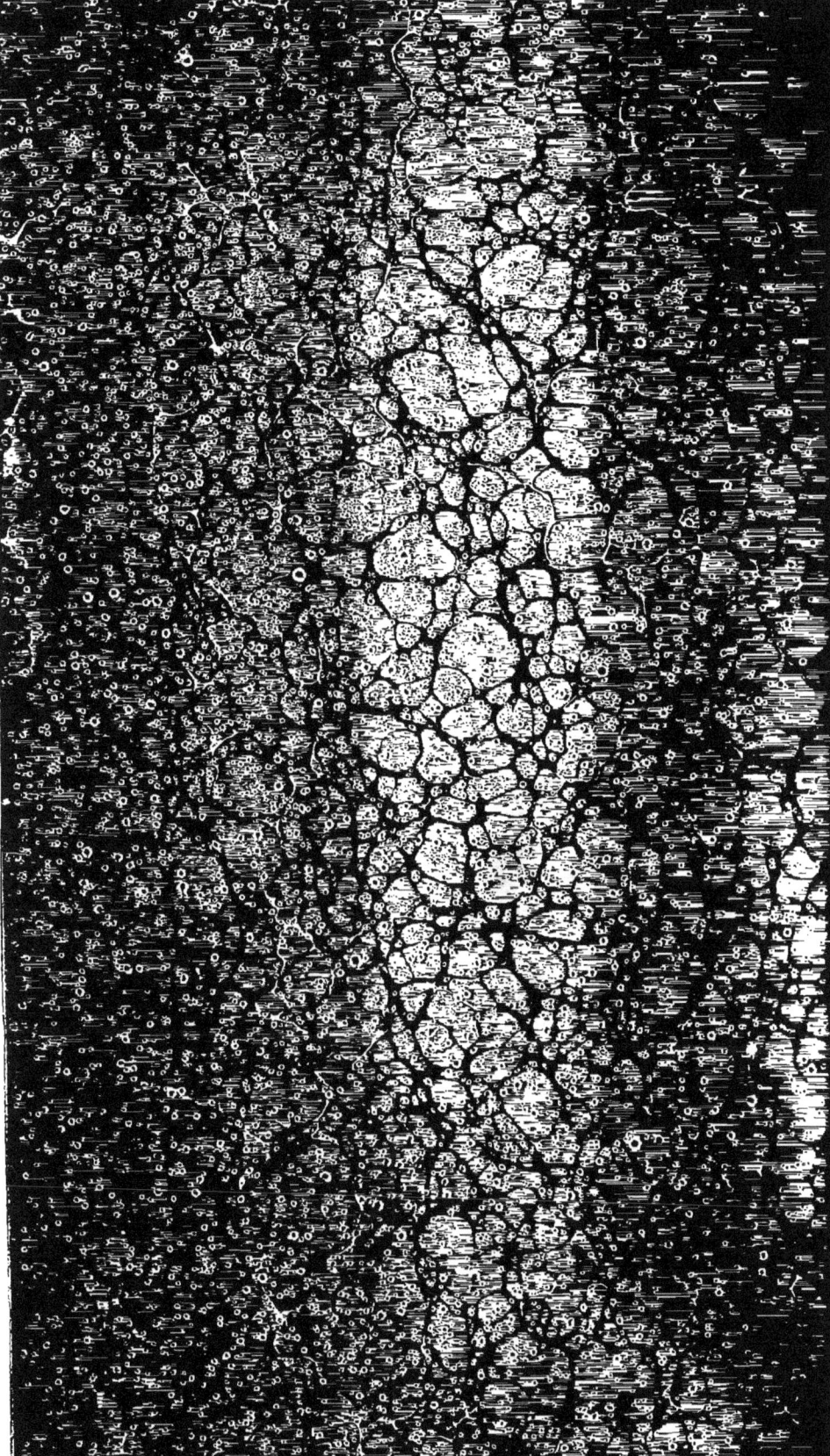

www.ingramcontent.com/pod-product-compliance
Lightning Source LLC
Chambersburg PA
CBHW072020150426
43194CB00008B/1183